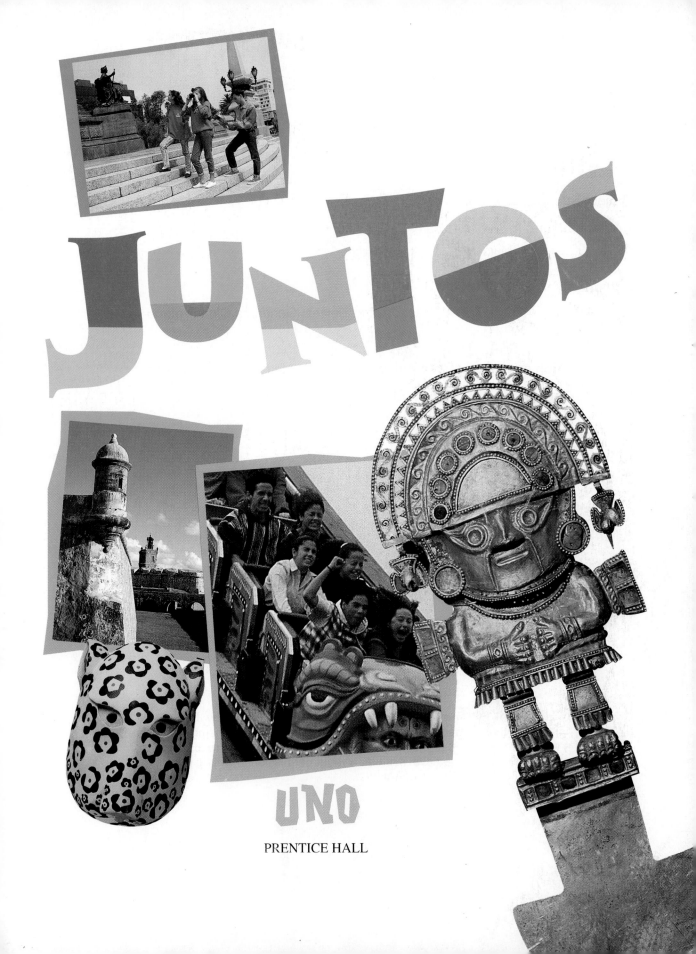

JUNTOS

UNO

PRENTICE HALL

PRENTICE HALL STAFF CREDITS

Director of Foreign Languages: Marina Liapunov

Director of Marketing: Karen Ralston

Project Support: Julie Demori

Advertising and Promotion: Carol Leslie, Alfonso Manosalvas, Rip Odell

Business Office: Emily Heins

Design: Jim O'Shea, AnnMarie Roselli

Editorial: Guillermo Lawton-Alfonso, José A. Peláez, Generosa Gina Protano, Barbara T. Stone

Manufacturing and Inventory Planning: Katherine Clarke, Rhett Conklin

Media Resources: Libby Forsyth, Maritza Puello

National Consultants: Elisa C. Rodríguez, Mary J. Secrest, Camille Wiersgalla

Permissions: Doris Robinson

Product Development Operations: Laura Sanderson

Production: Janice L. Lalley

Sales Operations: Hans Spengler

Technology Development: Richard Ferrie

PRENTICE HALL

CONTENIDO

¡BIENVENIDOS!

Bienvenidos al mundo hispano XX
  Welcome to the Spanish Speaking World

Mapas XX
  Maps, Tables, Population Estimates

  España XXII
  América del Sur XXIII
  México, América Central y el Caribe XXIV
  Estados Unidos de América XXVI
  El mundo XXVIII

¿Por qué estudiar español? XXX
  Reasons to Study Spanish

Consejos XXXII
  Tips for Learning Spanish

ENCUENTROS

Encuentros is an introductory unit that preteaches essential communicative themes that will be reentered and reviewed throughout the program.

En el aeropuerto 2

¿Dónde está...? 4

¿Cómo te llamas? 6

¿Cómo estás? 8

¿De dónde eres? 10

¿Cuántos años tienes? 12

¿Quién eres? 14

¿Qué te gusta hacer?................................... 16

La familia 18

¿Cómo es? 20

¿Qué día es hoy?...................................... 22

¿Qué hora es? 24

En la escuela 26

¿Qué hay en la clase?................................. 28

¿Cuánto cuesta? 30

De compras 32

PARA TU REFERENCIA 34

**Thematic Summary of Words and
Expressions Used in Encuentros**

¿QUÉ DICEN LAS INSTRUCCIONES? ..37

English Reference for Spanish Directions

EL ABECEDARIO ESPAÑOL 39

The Spanish Alphabet

UNIDAD 1

MÉXICO HOY 40

Unit Theme: Sightseeing and Eating in Mexico

CAPÍTULO I ¡DESCUBRE LA CIUDAD! 42

CHAPTER THEME: GETTING AROUND THE CITY

Conversemos   Communicative Overview 44
¿Adónde vamos?

Realidades   Authentic Cultural Reading 46
¡Visita la Ciudad de México!

Palabras en acción   Vocabulary Focus 48
¿Qué hay en la ciudad?

Para comunicarnos mejor   Grammar Summary 50
¿Adónde vas? The verb *ir + a*
¿Qué compras? The present tense of *-ar* verbs

Situaciones   Proficiency-Building Situations 54
Una visita a Teotihuacán

Para resolver   Cooperative Problem-Solving 56
¡Vamos de excursión!

Entérate   Reading for Cultural Information 58
Chavos en la ciudad

Vocabulario temático   Vocabulary Summary and Review 59
La conexión inglés-español Language Connections

¿Qué aprendiste? Self-Test, Activity Book
PRONUNCIACIÓN AUDIO, CAPÍTULO 1

CAPÍTULO 2 ¿QUÉ VAS A COMER? 60

CHAPTER THEME: FOOD AND EATING OUT

Conversemos   Communicative Overview 62
La comida y tú

Realidades   Authentic Cultural Reading 64
¡Vamos a comer en México!

Palabras en acción   Vocabulary Focus **66**
    El menú del día

Para comunicarnos mejor   Grammar Summary **68**
    ¿Qué te gusta? The verb *gustar* + noun
    ¿Qué comes? The present tense of *-er* and *-ir* verbs

Situaciones   Proficiency-Building Situations.................. **72**
    ¿Adónde vamos a comer?

Para resolver   Cooperative Problem-Solving **74**
    El menú de la cafetería

Entérate   Reading for Cultural Information **76**
    La comida mexicana

Vocabulario temático   Vocabulary Summary and Review **77**
    La conexión inglés-español   Language Connections

    ¿Qué aprendiste? Self-Test, Activity Book
    PRONUNCIACIÓN AUDIO, CAPÍTULO 2

ADELANTE 78
INTERDISCIPLINARY CULTURAL SECTION

Antes de leer   Reading Strategies **78**

Del mundo hispano   Interdisciplinary Cultural Reading **80**
    Un paseo por Chapultepec

Después de leer   Reading Comprehension Activities............ **82**

Taller de escritores   Real-World Writing **83**

Manos a la obra   Hands-on Cultural Project **84**
    Tortillas y tacos

Otras fronteras   Connections to Other Disciplines............... **86**
    CIENCIAS, ARTE, HISTORIA Y ARQUEOLOGÍA

UNIDAD 2 — TEXAS: CONSERVANDO LA HERENCIA HISPANA 88

Unit Theme: Texas Hispanic Heritage

CAPÍTULO 3 CELEBRACIONES 90

CHAPTER THEME: FAMILY CELEBRATIONS

Conversemos   Communicative Overview 92
Las celebraciones y tú

Realidades   Authentic Cultural Reading 94
Noticias de San Antonio

Palabras en acción   Vocabulary Focus 96
¡Feliz cumpleaños!

Para comunicarnos mejor   Grammar Summary 98
¿Cómo es la fiesta? **Adjective/noun agreement; the verb**
ser **and an adjective**
¿Qué haces para la fiesta? **The verb** *hacer;* **the verb** *conocer*

Situaciones   Proficiency-Building Situations 102
Fotos y recuerdos

Para resolver   Cooperative Problem-Solving 104
Planes para una fiesta

Entérate   Reading for Cultural Information 106
El Día de los Muertos

Vocabulario temático   Vocabulary Summary and Review 107
La conexión inglés-español Language Connections

¿Qué aprendiste? Self-Test, Activity Book

PRONUNCIACIÓN AUDIO, CAPÍTULO 3

CAPÍTULO 4 ¿DÓNDE VIVES? 108

CHAPTER THEME: HOME AND NEIGHBORHOOD

Conversemos   Communicative Overview 110
Tu vecindario y tú

Realidades   Authentic Cultural Reading 112
El centro de San Antonio

Palabras en acción **Vocabulary Focus** 114
   Mi casa

Para comunicarnos mejor **Grammar Summary** 116
   ¿Dónde está? The verb *estar* and prepositions
   that show location
   ¿Qué tienen en su dormitorio? Possessive adjectives:
   mi/mis; tu/tus; su/sus; nuestro(a), nuestros(as)

Situaciones **Proficiency-Building Situations** 120
   Mi casa es tu casa

Para resolver **Cooperative Problem-Solving** 122
   Hogar, dulce hogar

Entérate **Reading for Cultural Information** 124
   El camino de las misiones

Vocabulario temático **Vocabulary Summary and Review** 125
   La conexión inglés-español Language Connections

   ¿Qué aprendiste? Self-Test, Activity Book
   PRONUNCIACIÓN AUDIO, CAPÍTULO 4

ADELANTE 126

INTERDISCIPLINARY CULTURAL SECTION

Antes de leer **Reading Strategies** 126

Del mundo hispano **Interdisciplinary Cultural Reading** 128
   Ritmos de Texas

Después de leer **Reading Comprehension Activities** 130

Taller de escritores **Real-World Writing** 131

Manos a la obra **Hands-on Cultural Project** 132
   ¡A romper la piñata!

Otras fronteras **Connections to Other Disciplines** 134
   PRENSA, GEOGRAFÍA, IDIOMA Y ARTE

PUERTO RICO, ISLA DEL ENCANTO........136

Unit Theme: Puerto Rico—A Wonderful Island

CAPÍTULO 5 ARENA, SOL Y MAR 138

CHAPTER THEME: THE BEACH AND LEISURE ACTIVITIES

Conversemos   Communicative Overview 140
La playa y tú

Realidades   Authentic Cultural Reading 142
Deportes acuáticos en Puerto Rico

Palabras en acción   Vocabulary Focus 144
En la playa

Para comunicarnos mejor   Grammar Summary 146
¿Qué sabes hacer? **The verb** *saber* **+ infinitive**
¿Qué quieres hacer? **The verb** *querer* **+ infinitive**

Situaciones   Proficiency-Building Situations 150
Deportes favoritos

Para resolver   Cooperative Problem-Solving 152
Planes para una excursión

Entérate   Reading for Cultural Information 154
Deportistas boricuas

Vocabulario temático   Vocabulary Summary and Review.. 155
La conexión inglés-español Language Connections

¿Qué aprendiste? Self-Test, Activity Book
PRONUNCIACIÓN AUDIO, CAPÍTULO 5

CAPÍTULO 6 ¿CÓMO TE AFECTA EL TIEMPO?...156

CHAPTER THEME: THE WEATHER

Conversemos   Communicative Overview 158
El tiempo y tú

Realidades   Authentic Cultural Reading 160
El tiempo: El pronóstico para mañana

Palabras en acción Vocabulary Focus 162
¿Qué tiempo hace?

Para comunicarnos mejor Grammar Summary 164
¿A qué les gusta jugar? *Nos/le/les* with *gusta;*
the verb *jugar*
¡Lleva un paraguas! **Affirmative commands with** *tú*

Situaciones Proficiency-Building Situations 168
A mal tiempo, buena cara

Para resolver Cooperative Problem-Solving 170
De norte a sur

Entérate Reading for Cultural Information. 172
El pronóstico para hoy...

Vocabulario temático Vocabulary Summary and Review 173
La conexión inglés-español Language Connections

¿Qué aprendiste? *Self-Test, Activity Book*
PRONUNCIACIÓN AUDIO, CAPÍTULO 6

ADELANTE 174
INTERDISCIPLINARY CULTURAL SECTION

Antes de leer Reading Strategies. 174

Del mundo hispano Interdisciplinary Cultural Reading 176
El Yunque

Después de leer Reading Comprehension Activities 178

Taller de escritores Real-World Writing 179

Manos a la obra Hands-on Cultural Project . . . 180
Cielo, viento y ¡chiringas!

Otras fronteras Connections to Other Disciplines . . 182
ECOLOGÍA, ARTE, CIENCIAS Y MÚSICA

UNIDAD 4

ESPAÑA DÍA A DÍA 184
Unit Theme: Everyday-life in Spain

CAPÍTULO 7 LA VIDA ESTUDIANTIL 186
CHAPTER THEME: SCHOOL

Conversemos   Communicative Overview 188
La escuela y tú

Realidades   Authentic Cultural Reading 190
Mi álbum de la escuela

Palabras en acción   Vocabulary Focus 192
Ayer en la escuela

Para comunicarnos mejor   Grammar Summary 194
¿Qué estudiaste ayer? **Preterite of -ar verbs**
¿Qué hiciste ayer en la escuela? **Preterite of -er,
and -ir verbs; preterite of hacer**

Situaciones   Proficiency-Building Situations 198
La revista escolar

Para resolver   Cooperative Problem-Solving 200
Collage de recuerdos

Entérate   Reading for Cultural Information 202
¿Qué estudian los jóvenes de España?

Vocabulario temático   Vocabulary Summary and Review 203
La conexión inglés-español Language Connections

¿Qué aprendiste? Self-Test, Activity Book
PRONUNCIACIÓN AUDIO, CAPÍTULO 7

CAPÍTULO 8 PREPARÁNDOSE PARA SALIR 204
CHAPTER THEME: GOING OUT

Conversemos   Communicative Overview 206
Después de la escuela

Realidades   Authentic Cultural Reading 208
Guía del ocio

Palabras en acción Vocabulary Focus 210
   Antes de salir

Para comunicarnos mejor Grammar Summary 212
   ¿Puedes salir esta noche? The verbs *poder* and *salir*
   ¿Cómo te preparas para salir? Reflexive verbs

Situaciones Proficiency-Building Situations 216
   ¡Actividades para todos!

Para resolver Cooperative Problem-Solving 218
   Andalucía, ¡qué maravilla!

Entérate Reading for Cultural Information 220
   La moto está de moda

Vocabulario temático Vocabulary Summary and Review 221
   La conexión inglés-español Language Connections

   ¿Qué aprendiste? Self-Test, Activity Book
   PRONUNCIACIÓN AUDIO, CAPÍTULO 8

ADELANTE 222

INTERDISCIPLINARY CULTURAL SECTION

Antes de leer Reading Strategies 222

Del mundo hispano Interdisciplinary Cultural Reading 224
   Maravillas de Andalucía

Después de leer Reading Comprehension Activities 226

Taller de escritores Real-World Writing 227

Manos a la obra Hands-on Cultural Project 228
   Azulejos españoles

Otras fronteras Connections to Other Disciplines 230
   ECOLOGÍA, TECNOLOGÍA, IDIOMA Y LITERATURA

UNIDAD 5 ESTADOS UNIDOS: COMUNIDADES LATINAS EN FLORIDA, CALIFORNIA Y NUEVA YORK..... 232

nit Theme: Latino Communities in Florida, California and New York

CAPÍTULO 9 LOS MEDIOS DE COMUNICACIÓN.. 234

CHAPTER THEME: LATINO MEDIA

Conversemos   Communicative Overview 236
¿Qué ves? ¿Qué escuchas? ¿Qué lees?

Realidades   Authentic Cultural Reading 238
El Nuevo Herald

Palabras en acción   Vocabulary Focus 240
Un día en Los Ángeles

Para comunicarnos mejor   Grammar Summary 242
¿Qué viste anoche? **Preterite of** *ver;* **comparatives of adjectives with** *más/menos… que, mejor* **and** *peor*
¿Lo leíste? **Direct object pronouns**

Situaciones   Proficiency-Building Situations 246
Los ritmos de la radio

Para resolver   Cooperative Problem-Solving 248
¡A celebrar…con música latina!

Entérate   Reading for Cultural Information 250
MTV Latino

Vocabulario temático   Vocabulary Summary and Review 251
La conexión inglés-español   Language Connections

¿Qué aprendiste? Self-Test, Activity Book
PRONUNCIACIÓN AUDIO, CAPÍTULO 9

CAPÍTULO 10 ¿VAMOS DE COMPRAS? 252

CHAPTER THEME: SHOPPING IN A LATINO NEIGHBORHOOD

Conversemos   Communicative Overview 254
Las compras y tú

Realidades   Authentic Cultural Reading 256
De compras en español

Palabras en acción   Vocabulary Focus **258**
En la feria

Para comunicarnos mejor   Grammar Summary **260**
¿Adónde fuiste ayer? **Preterite of** *ir;* **demonstrative adjectives**
¿Qué le regalaste? **Indirect object pronouns; present and**
preterite of *dar*

Situaciones   Proficiency-Building Situations **264**
¡Todo es una ganga!

Para resolver   Cooperative Problem-Solving **266**
Compras por teléfono

Entérate   Reading for Cultural Information **268**
La población hispana

Vocabulario temático   Vocabulary Summary and Review **269**
La conexión inglés-español   Language Connections

¿Qué aprendiste? Self-Test, Activity Book
PRONUNCIACIÓN AUDIO, CAPÍTULO 10

ADELANTE **270**

INTERDISCIPLINARY CULTURAL SECTION

Antes de leer   Reading Strategies **270**

Del mundo hispano   Interdisciplinary Cultural Reading **272**
Los murales: una tradición hispana

Después de leer   Reading Comprehension Activities **274**

Taller de escritores   Real-World Writing **275**

Manos a la obra   Hands-on Cultural Project **276**
Pintar a lo grande

Otras fronteras   Connections to Other Disciplines **278**
LITERATURA, HISTORIA, INFORMÁTICA Y TEATRO

UNIDAD 6 PERÚ, ARGENTINA, CHILE: UN VIAJE AL SUR......... 280

Unit Theme: *Traveling in Peru, Argentina, and Chile*

CAPÍTULO 11 VIAJES DE INTERCAMBIO 282

CHAPTER THEME: STUDENT EXCHANGE PROGRAMS

Conversemos Communicative Overview 284
Los viajes de intercambio y tú

Realidades Authentic Cultural Reading 286
Guía de intercambio estudiantil

Palabras en acción Vocabulary Focus 288
La feria de intercambio estudiantil

Para comunicarnos mejor Grammar Summary 290
¿Qué dice? ¿Qué te pide? The verbs *decir* and *pedir*
¡Haz las maletas! Irregular affirmative *tú* commands

Situaciones Proficiency-Building Situations 294
Folleto de intercambio

Para resolver Cooperative Problem-Solving 296
¡A viajar!

Entérate Reading for Cultural Information 298
El poeta chileno Pablo Neruda

Vocabulario temático Vocabulary Summary and Review 299
La conexión inglés-español Language Connections

¿Qué aprendiste? Self-Test, Activity Book

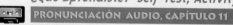
PRONUNCIACIÓN AUDIO, CAPÍTULO 11

CAPÍTULO 12 BIENVENIDOS A PERÚ 300

CHAPTER THEME: TRAVEL ACTIVITIES

Conversemos   Communicative Overview 302
Los viajes y tú

Realidades   Authentic Cultural Reading 304
El diario de Dan

Palabras en acción   Vocabulary Focus 306
Comprando recuerdos

Para comunicarnos mejor   Grammar Summary 308
¿Qué estás haciendo en Perú? The present progressive;
superlatives *más...* and *-ísimo*
¿Cómo es? ¿Dónde está? Ser and *estar*

Situaciones   Proficiency-Building Situations 312
Viajes *La Aventura*

Para resolver   Cooperative Problem-Solving 314
Viajando por América del Sur

Entérate   Reading for Cultural Information 316
Las llamas de los Andes

Vocabulario temático   Vocabulary Summary and Review 317
La conexión inglés-español Language Connections

¿Qué aprendiste? Self-Test, Activity Book
PRONUNCIACIÓN AUDIO, CAPÍTULO 12

ADELANTE 318

INTERDISCIPLINARY CULTURAL SECTION

Antes de leer   Reading Strategies 318

Del mundo hispano   Interdisciplinary Cultural Reading 320
Misterios del Sur

Después de leer   Reading Comprehension Activities 322

Taller de escritores   Real-World Writing 323

Manos a la obra   Hands-on Cultural Project 324
Una máscara para ti

Otras fronteras   Connections to Other Disciplines 326
IDIOMAS, ECOLOGÍA, INFORMÁTICA Y GEOGRAFÍA

PARA TU REFERENCIA

Verbos: resumen gramatical   Grammar Summary 328
Glosario español-inglés   Spanish-English Vocabulary 333
Glosario inglés-español   English-Spanish Vocabulary 347
Índice gramatical   Grammar Index 356

XIX

BIENVENIDOS AL MUNDO HISPANO

You are about to begin a great journey into the language and culture of the Spanish-speaking world. As you start to communicate in Spanish, you will get acquainted with many of the countries and cities of the world where people speak Spanish—a world of 300 million people that spans 20 countries, three continents, and numerous islands. The doors that will open to you could very well make your life more exciting and rewarding.

¡Buen viaje! Have a good trip!

WHERE IN THE WORLD?

In the section that follows, you will find maps that highlight countries of the world where people speak Spanish. The maps will give you the following information: the Spanish name of the country, its location, geographic landforms, and the products and wildlife that you will find there. Enjoy studying the maps as you think about where in the world you might want to visit.

MAPS AND TABLES

- Population Estimates
- Geographic Landforms Used in the Maps
- Symbols Used in the Maps
- Map of Spain
- Map of South America
- Map of Mexico, Central America, and the Caribbean
- Map of the U.S.
- Map of the World

Population Estimates *(Countries where Spanish is the Primary Language)*

Country	Population	Country	Population
Mexico	86,170,000	Dominican Republic	7,591,000
Spain	39,200,000	Bolivia	7,411,000
Colombia	35,600,000	El Salvador	5,635,000
Argentina	34,883,000	Honduras	5,164,000
Peru	23,854,000	Paraguay	5,003,000
Venezuela	19,085,000	Nicaragua	3,932,000
Chile	14,000,000	Puerto Rico	3,500,000
Ecuador	11,055,000	Costa Rica	3,300,000
Cuba	10,900,000	Uruguay	3,200,000
Guatemala	9,705,000	Panama	2,500,000

GEOGRAPHIC LANDFORMS USED IN THE MAPS

On the pages that follow, you will find maps illustrated with geographic landforms. For reference, some of the landforms that appear in these maps are illustrated below with the name of each feature in Spanish.

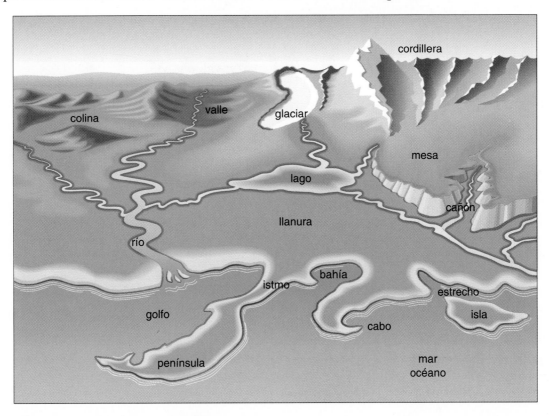

SYMBOLS USED IN THE MAPS

The maps that follow contain symbols that will give you a glimpse of the agricultural products, industries, and animals that you will likely see when you visit the region.

naranjas (oranges)	plátanos (bananas)	ganado vacuno (cattle)
caballos (horses)	turismo (tourism)	algodón (cotton)
manatíes (manatees)	petróleo (petroleum)	área muy lluviosa (rainy area)
piñas (pineapples)	industria (industry)	montañas (mountains)
maíz (corn)	esquí (skiing)	área seca (dry land)
pesca (fishing)	ovejas (sheep)	trigo (wheat)
uvas (grapes)	puerto (port)	área de lluvias moderadas (area of moderate rainfall)
caña de azúcar (sugar cane)	minas (mining)	flores (flowers)

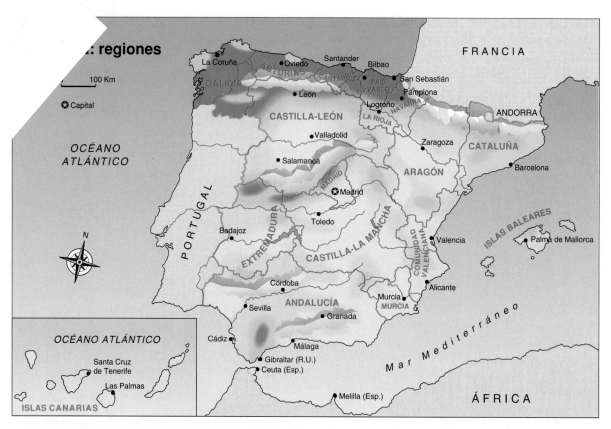

: regiones

100 Km

✪ Capital

OCÉANO
ATLÁNTICO

FRANCIA

La Coruña   • Oviedo   Santander   Bilbao
GALICIA   ASTURIAS   CANTABRIA   San Sebastián
  PAÍS   Pamplona
  • León   VASCO
  Logroño   NAVARRA
  LA RIOJA   ANDORRA
CASTILLA-LEÓN
  • Valladolid   Zaragoza
  CATALUÑA
  • Salamanca   ARAGÓN
  • Barcelona
MADRID
  ✪ Madrid
PORTUGAL
  CASTILLA-LA MANCHA
  • Toledo
  Badajoz   COMUNIDAD
  EXTREMADURA   VALENCIANA   • Valencia
  ISLAS BALEARES
  • Palma de Mallorca
  • Córdoba   • Alicante
  Sevilla   ANDALUCÍA   Murcia
  • Granada   MURCIA
N
  Cádiz   • Málaga
  Gibraltar (R.U.)   Mar Mediterráneo
  Ceuta (Esp.)

OCÉANO ATLÁNTICO

Santa Cruz
de Tenerife

Las Palmas

ISLAS CANARIAS

  Melilla (Esp.)   ÁFRICA

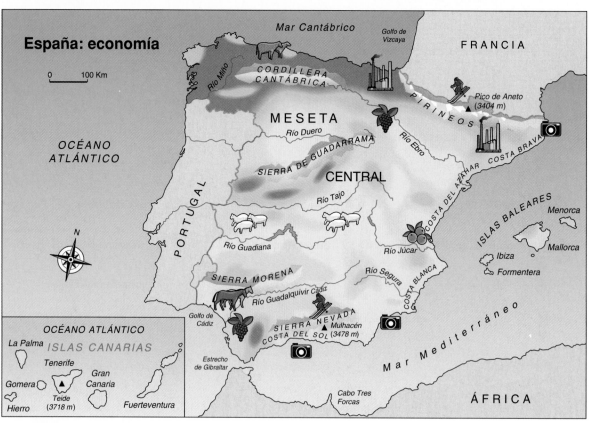

España: economía

Mar Cantábrico   Golfo de Vizcaya   FRANCIA

0   100 Km

Río Miño   CORDILLERA CANTÁBRICA

PIRINEOS   Pico de Aneto (3404 m)

OCÉANO
ATLÁNTICO

MESETA
Río Duero

SIERRA DE GUADARRAMA   Río Ebro

CENTRAL   COSTA BRAVA

Río Tajo   COSTA DEL AZAHAR

PORTUGAL

Río Guadiana   Río Júcar   ISLAS BALEARES   Menorca

  Ibiza   Mallorca

SIERRA MORENA   Río Segura   COSTA BLANCA   Formentera

N

Río Guadalquivir   Cádiz

Golfo de Cádiz   SIERRA NEVADA   Mulhacén (3478 m)
  COSTA DEL SOL

Estrecho de Gibraltar   Mar Mediterráneo

OCÉANO ATLÁNTICO

La Palma   ISLAS CANARIAS

Tenerife   Gran Canaria

Gomera   Teide (3718 m)

Hierro   Fuerteventura

Cabo Tres Forcas   ÁFRICA

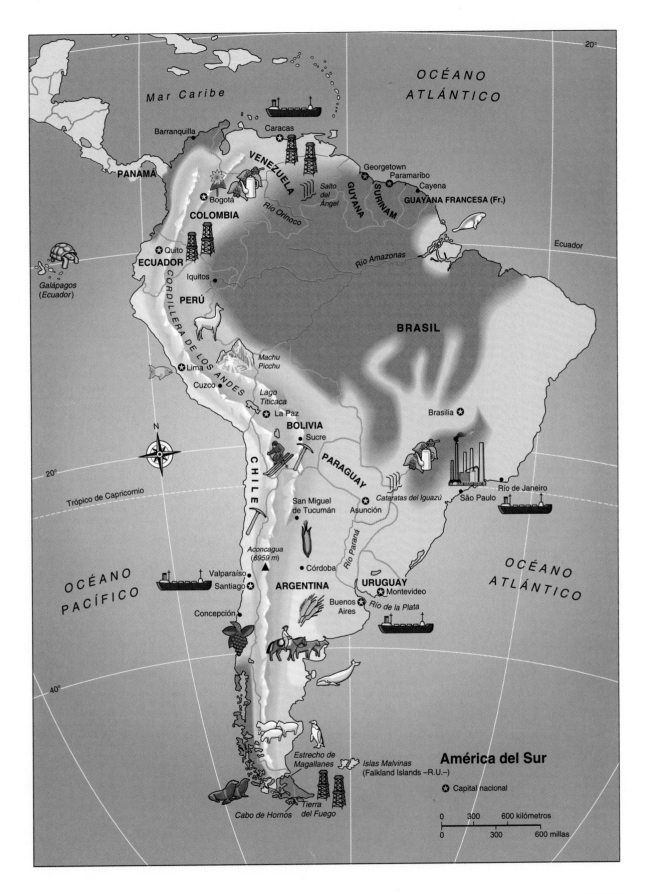

Mar Caribe

OCÉANO ATLÁNTICO

20°

Barranquilla

Caracas

PANAMÁ

VENEZUELA

Georgetown
Paramaribo
Cayena

GUYANA
SURINAM

GUAYANA FRANCESA (Fr.)

Bogotá

Salto del Ángel

Río Orinoco

COLOMBIA

Quito

ECUADOR

Río Amazonas

Ecuador

Galápagos (Ecuador)

Iquitos

PERÚ

CORDILLERA DE LOS ANDES

BRASIL

Lima

Machu Picchu

Cuzco

Lago Titicaca

Brasilia

La Paz

BOLIVIA

Sucre

São Paulo

Río de Janeiro

20°

Trópico de Capricornio

CHILE

PARAGUAY

San Miguel de Tucumán

Asunción

Cataratas del Iguazú

Aconcagua (6959 m)

Córdoba

Río Paraná

OCÉANO PACÍFICO

Valparaíso
Santiago

ARGENTINA

URUGUAY

Montevideo

OCÉANO ATLÁNTICO

Concepción

Buenos Aires

Río de la Plata

40°

Estrecho de Magallanes

Islas Malvinas (Falkland Islands –R.U.–)

América del Sur

Cabo de Hornos

Tierra del Fuego

✪ Capital nacional

0   300   600 kilómetros

0   300   600 millas

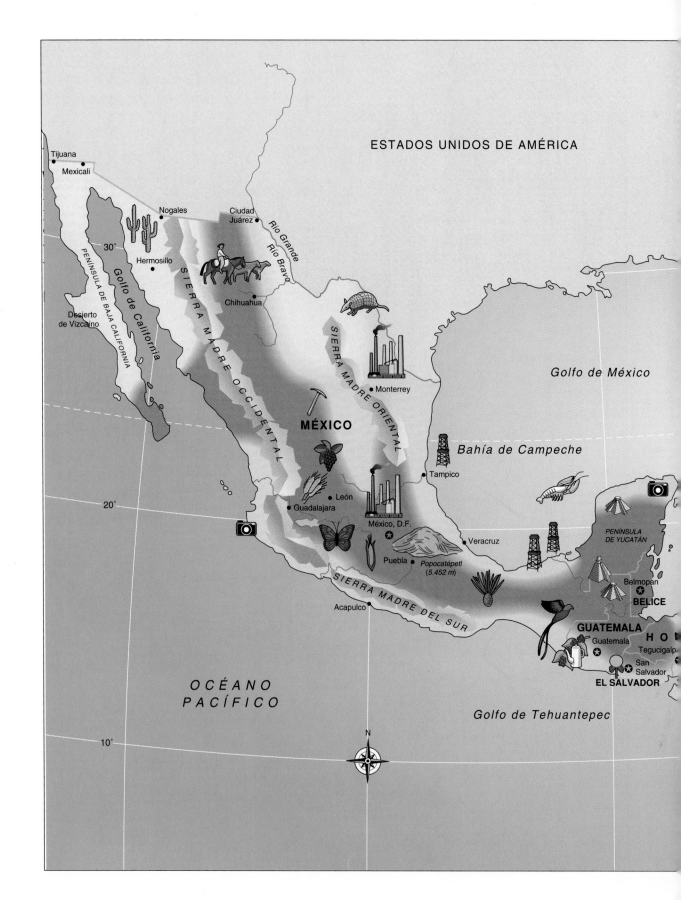

ESTADOS UNIDOS DE AMÉRICA

Tijuana
Mexicali
Nogales
Ciudad
Juárez
Río Grande
Río Bravo

PENÍNSULA DE BAJA CALIFORNIA

Golfo de California

30°

Hermosillo

Chihuahua

Desierto
de Vizcaíno

SIERRA MADRE OCCIDENTAL

SIERRA MADRE ORIENTAL

Monterrey

Golfo de México

MÉXICO

Bahía de Campeche

Tampico

20°

León
Guadalajara

México, D.F.

PENÍNSULA
DE YUCATÁN

Veracruz

Puebla
Popocatépetl
(5.452 m)

Belmopan

BELICE

SIERRA MADRE DEL SUR

Acapulco

GUATEMALA
Guatemala

H O

Tegucigalp

OCÉANO
PACÍFICO

San
Salvador
EL SALVADOR

Golfo de Tehuantepec

10°

N

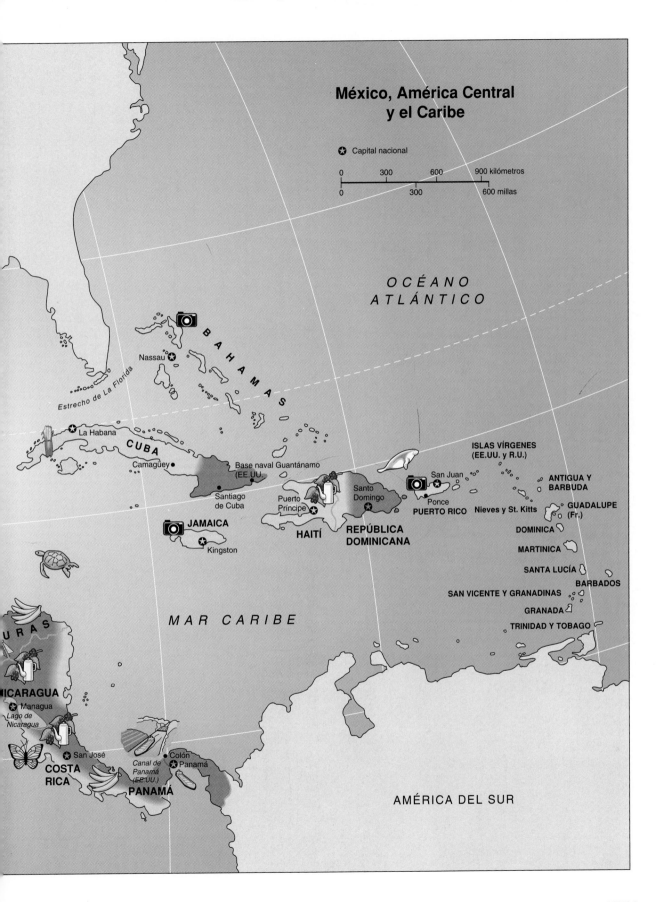

México, América Central y el Caribe

★ Capital nacional

| 0 | 300 | 600 | 900 kilómetros |
| 0 | | 300 | 600 millas |

OCÉANO
ATLÁNTICO

BAHAMAS

Nassau ★

Estrecho de La Florida

★ La Habana

CUBA

Camagüey ●

Base naval Guantánamo
(EE.UU.)

Santiago
de Cuba

Puerto
Príncipe ★

Santo
Domingo
★

San Juan
★

Ponce ●
PUERTO RICO

**ISLAS VÍRGENES
(EE.UU. y R.U.)**

**ANTIGUA Y
BARBUDA**

Nieves y St. Kitts

**GUADALUPE
(Fr.)**

DOMINICA

MARTINICA

SANTA LUCÍA

BARBADOS

SAN VICENTE Y GRANADINAS

GRANADA

TRINIDAD Y TOBAGO

★ **JAMAICA**

Kingston ●

HAITÍ

**REPÚBLICA
DOMINICANA**

MAR CARIBE

URAS

NICARAGUA

★ Managua
*Lago de
Nicaragua*

★ San José

**COSTA
RICA**

Colón ●
★ Panamá

*Canal de
Panamá
(EE.UU.)*

PANAMÁ

AMÉRICA DEL SUR

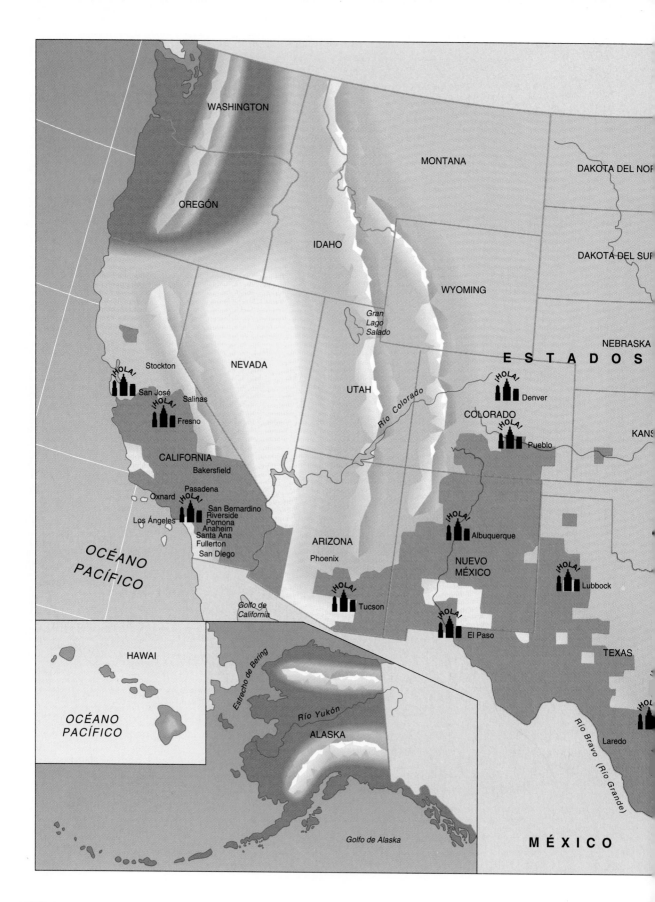

WASHINGTON

OREGÓN

MONTANA

DAKOTA DEL NOR

IDAHO

WYOMING

DAKOTA DEL SUR

NEBRASKA

E S T A D O S

Gran
Lago
Salado

Stockton

¡HOLA!

San José

¡HOLA!

Salinas

Fresno

NEVADA

UTAH

Río Colorado

¡HOLA!

Denver

COLORADO

¡HOLA!

Pueblo

KANS

CALIFORNIA

Bakersfield

Pasadena

Oxnard

¡HOLA!

Los Ángeles

San Bernardino
Riverside
Pomona
Anaheim
Santa Ana
Fullerton
San Diego

ARIZONA

Phoenix

¡HOLA!

Albuquerque

NUEVO
MÉXICO

¡HOLA!

Lubbock

OCÉANO
PACÍFICO

¡HOLA!

Tucson

¡HOLA!

El Paso

Golfo de
California

TEXAS

HAWAI

Estrecho de Bering

¡HOL

OCÉANO
PACÍFICO

Río Yukón

ALASKA

Laredo

Río Bravo (Río Grande)

Golfo de Alaska

M É X I C O

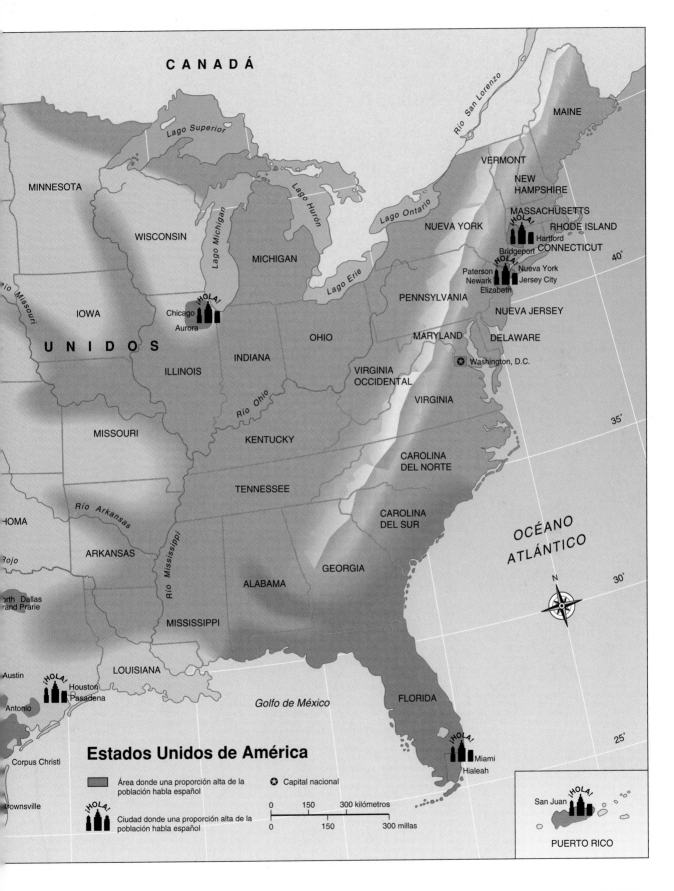

CANADÁ

Lago Superior

Río San Lorenzo

MAINE

VERMONT

NEW HAMPSHIRE

MINNESOTA

Lago Hurón

WISCONSIN

Lago Michigan

Lago Ontario

MASSACHUSETTS

¡HOLA!

RHODE ISLAND

MICHIGAN

NUEVA YORK

Hartford

Bridgeport CONNECTICUT

Río Missouri

IOWA

Lago Erie

¡HOLA!

Nueva York

Paterson

Jersey City

Chicago ¡HOLA!

OHIO

PENNSYLVANIA

Newark

Elizabeth

UNIDOS

Aurora

NUEVA JERSEY

INDIANA

MARYLAND

DELAWARE

ILLINOIS

Washington, D.C.

Río Ohio

VIRGINIA OCCIDENTAL

VIRGINIA

MISSOURI

KENTUCKY

CAROLINA DEL NORTE

Río Arkansas

TENNESSEE

HOMA

CAROLINA DEL SUR

Rojo

ARKANSAS

Río Mississippi

OCÉANO ATLÁNTICO

GEORGIA

ALABAMA

orth Dallas

rand Prarie

MISSISSIPPI

Austin

LOUISIANA

¡HOLA!

Houston

Pasadena

Golfo de México

FLORIDA

Antonio

Corpus Christi

¡HOLA!

Miami

Estados Unidos de América

Hialeah

25°

rownsville

Área donde una proporción alta de la
población habla español

Capital nacional

0   150   300 kilómetros

¡HOLA!

Ciudad donde una proporción alta de la
población habla español

0   150   300 millas

San Juan ¡HOLA!

N

40°

35°

30°

PUERTO RICO

XXVII

El mundo

Países donde el español
es el idioma oficial

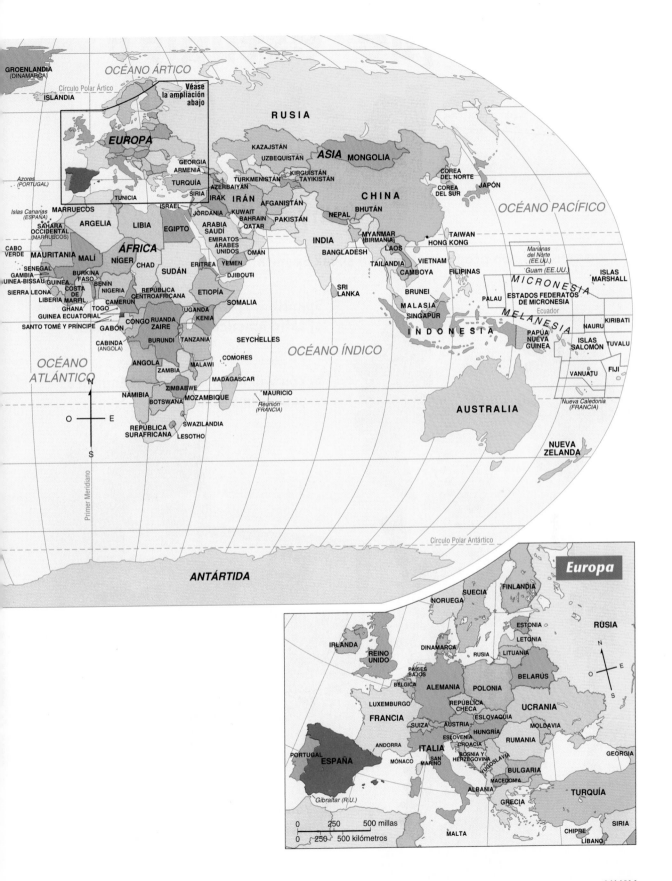

¿Por qué estudiar español?

(Why study Spanish?)

- 300,000,000 people in the world speak Spanish.

- Spanish is spoken in Spain, in 18 countries of Latin America, and in Puerto Rico.

- You will learn more about English as you learn Spanish.

- You will have career opportunities that you would not otherwise have.

◁ Gaudi's Sagrada Familia, cathedral in Barcelona

- You will enjoy traveling throughout the Spanish-speaking world much more when you learn to communicate in Spanish.

Peruvian Mask

- And you will expand your world as you meet people of another culture.

- In the United States, Spanish is the most commonly spoken language after English.

- You will make new friends and be able to speak to them in their language.

- As you read Spanish and can talk with other Spanish-speaking people, you will learn all kinds of information about subjects of great interest and importance.

Consejos
Tips for Learning Spanish

- **Start!** Don't wait until you think you have learned "enough" before you start communicating in Spanish. Start today!

- **Use what you already know.** Many Spanish words have the same Latin roots as English words you already know. You are going to see and hear some words that seem familiar. Take a guess at their meaning.

- **Listen.** You are going to hear a lot of Spanish spoken in your Spanish class. You may hear Spanish on your local radio station, on TV, or in the music that you play. Spanish may be spoken in your own neighborhood or city. Listen actively to Spanish whenever you have the chance.

- **Watch.** Look at the expressions, the gestures, and the movements of people who speak Spanish. Watch the way they say things. You will pick up many clues about what they are saying.

- **Relax.** You **are** going to learn Spanish. It will take time. As you are learning, don't worry. Make an effort, and you will make progress every day.

- **Work with someone.** To communicate in Spanish, you need to talk with and listen to someone. *Juntos* has been designed to help you learn to speak and understand Spanish. You will have the chance to communicate with someone every day. Work with a friend, your teacher, an exchange student. And work together . . . *juntos*!

- **Take charge.** Be positive. Be assertive. Know that you can and will succeed. Ask questions when you don't understand what is said. Look up words that you don't know. Find Spanish magazines and newspapers to read. Look for a pen pal in a Spanish-speaking country. Look for opportunities. They are everywhere! The biggest factor that will contribute towards your success is, of course, you. Set goals. Take charge of your own learning!

ENCUENTROS

You are about to take off on a great adventure, a journey you will take with your classmates, together . . . *Juntos.*

This section of your book is called *Encuentros*, which means "meetings" or "get-togethers." *Encuentros* contains essential expressions that you will use throughout the school year and whenever you meet new friends who speak Spanish.

So get ready to meet the Spanish-speaking world . . . to say *Hola* (Hello). Today is the day that you start communicating in Spanish. Begin by using what you already know. Listen. Watch. Repeat what you hear. Soon you will be able to speak Spanish.

¡Bienvenidos!

Welcome!

¡Hola! *Hi!*

- **¡Buenos días!** *Good morning!* or *Hello!*
- **¡Buenas tardes!** *Good afternoon!*
- **¡Buenas noches!** *Good evening!* or *Good night!*
- **¡Adiós!** *Goodbye!*
- **¡Chau!** *Bye!*
- **Hasta mañana.** *See you tomorrow.*

$ cambio $

información

Taxi

TELÉFONO

Perdón, busco...
*Excuse me,
I am looking for . . .*

- el teléfono
- los servicios
- el autobús

Servicios
Damas
Caballeros

A LA SALA DE ESPERA
TO WAITING ROOM
SALLE D' ATTENTE

Salida A la Calle

Street Exit

autobús

En el aeropuerto

Busca las palabras. *Look for the words. Find the Spanish words for:*

- telephone
- restrooms
- information
- bus
- taxi
- exit
- money exchange

¿DÓNDE ESTÁ...?

Where is . . . ?

Perdón *Excuse me*
- **Por favor.** *Please.*
- **Gracias.** *Thank you.*
- **De nada.** *You're welcome.*

Perdón, ¿dónde está el teléfono?
Excuse me, where is the phone?

- **Está aquí.** *It's here.*
- **Está allí.** *It's there.*
- **Está a la derecha.** *It's to the right.*
- **Está a la izquierda.** *It's to the left.*

¿Dónde están los servicios?
Where are the restrooms?

- **Aquí, a la izquierda.** ⟵
- **Allí, a la derecha.** ⟶

1 ¿Dónde está?

Con tu compañero(a), mira los dibujos. *With your classmate, look at the pictures. Say what the people might be saying.*

2 Te toca a ti
It's your turn

En parejas, creen un diálogo. *In pairs, create a dialog.*

A ········► B
greet   greet back

A ◄········
ask
directions ········► B
           give directions

A ◄········
say
thank you ········► B
          say you're
          welcome

PARA COMUNICARNOS MEJOR

☐ *In Spanish, nouns are either masculine or feminine. This is called gender. The definite articles **el** or **la** identify the gender of the noun.*

FEMININE	MASCULINE
la salida *the exit*	**el teléfono** *the telephone*
la chica *the girl*	**el chico** *the boy*

☐ *To form the plural of nouns ending in a vowel, add **-s**. Notice how the article changes.*

las salidas *the exits*	**los teléfonos** *the telephones*

☐ *When a noun ends in a consonant, add **-es**.*

el profesor *teacher*	**los profesores** *teachers*

¿CÓMO TE LLAMAS?

What's your name?

PASAPORTE
PASSPORT **A** AOA-02626
PASSEPORT

FILIACION DEL TITULAR

APELLIDOS/SURNAMES/NOMS
LÓPEZ RAMOS

NOMBRES/GIVEN NAMES/PRENOMS
CARLOS

FECHA DE NACIMIENTO/DATE OF BIRTH/DATE DE NAISSANCE
25 ENERO 1981

LUGAR DE NACIMIENTO/PLACE OF BIRTH/LIEU DE NAISSANCE
MEXICO, D.F.

SEXO/SEX/SEXE   ESTADO CIVIL
MASC.   SOLTERO

EXPEDIDO EL/ISSUED ON/DELIVRE LE/
26 MARZO 1996

ESTATURA
1.75 MTS.

TEZ
MORENO

OJÓS
CAFES

PELO
CASTAÑO

SEÑAS PARTICULARES
NINGUNA

EXPIRA EL/EXPIRES ON/EXPIRE LE
25 MARZO 2001

ESTE PASAPORTE FUE EXPEDIDO POR:

la Sección O...
de la Emba...
EN: **México**

FIRMA DEL TITULAR
HOLDER'S SIGNATURE
SIGNATURE DU TITULAIRE

R.O. del Em...

Salvador Guer...
Canciller En...
la Sección

Los números
Numbers

- **0 cero**
- **1 uno**
- **2 dos**
- **3 tres**
- **4 cuatro**
- **5 cinco**
- **6 seis**
- **7 siete**
- **8 ocho**
- **9 nueve**
- **10 diez**

España

NOMBRE
MARIA
PRIMER APELLIDO
LARRORY
SEGUNDO APELLIDO
BARRONDO

EXPED. 12-06-1991 VAL. 11-06-1996

30652770-A

Ministerio del Interior

¿SABES QUE...? DO YOU KNOW THAT . . . ?

People in Spanish-speaking countries sometimes use two last names
(*apellidos*).

father's name
*Ángel **García***

mother's name
*Teresa **Rodríguez***

son's name
*Sergio **García Rodríguez***

daughter's name
*Pilar **García Rodríguez***

The person is identified by the middle name (father's last name).

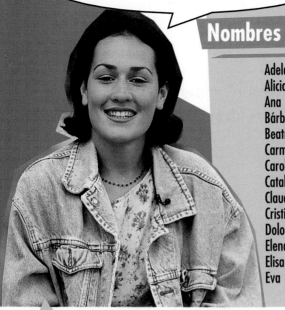

Hola, me llamo Anita. ¿Y tú?
(Hi, my name is Anita. And you?)

Here are some common Spanish names.

Nombres	Chicas *girls*		Chicos *boys*	
	Adela	Inés	Alberto	José (Pepe)
	Alicia	Isabel (Isa)	Alejandro	Juan
	Ana	Lucía	Alfonso	Luis
	Bárbara	Luz	Antonio (Toño)	Manuel (Manolo)
	Beatriz	Margarita	Benito	Miguel
	Carmen	María	Carlos	Pablo
	Carolina	Marisol	Daniel	Pedro
	Catalina	Marta	Emilio	Rafael (Rafa)
	Claudia	Pilar	Enrique (Quique)	Ramón
	Cristina (Tina)	Rosario	Esteban	Raúl
	Dolores (Lola)	Sara	Felipe	Ricardo
	Elena	Teresa	Francisco	Roberto (Beto)
	Elisa	Virginia	Jaime	Tomás
	Eva		Jorge	Víctor

 ¿Cómo te llamas?

Pregúntale a tu compañero(a). *Ask your classmate.*

— *¿Cómo te llamas?*
— *Me llamo Isabel. ¿Y tú?*
— *Me llamo Jorge.*

2 ¿Cuál es tu dirección?
What's your address?

Habla con tu compañero(a).
Talk with your classmate. The word for street is "calle." Can you guess what "avenida" means?

— *¿Cómo te llamas?*
— *Sergio García Rodríguez.*
— *¿Cuál es tu dirección?*
— *Avenida Delicias, número tres-cuatro-ocho.*
— *¿Qué ciudad?*
— *Madrid.*

PARA
COMUNICARNOS
MEJOR

☐ *To tell someone your name, say:*
  Me llamo (Rosario).

☐ *To ask another young person what his or her name is, say:*
  ¿Cómo te llamas?

☐ *To ask an adult, say:*
  ¿Cómo se llama?

☐ *To ask what the name of another person is, also say:*
  ¿Cómo se llama?

7

¿CÓMO ESTÁS?

How are you?

Hola, Ana, ¿cómo estás?

Muy bien, gracias.

Regular, Toño. ¿Y tú?

el chico

la chica

¿Qué tal? *How are things?*

- **Estoy bien, gracias.** *Fine, thanks.*
- **Muy mal.** *Not well.*

¿Cómo estás (tú)?
¿Cómo está (usted)?

- **Muy bien, gracias.** *Fine, thanks.*
- **Regular.** *So-so.*

Buenos días, Daniel. ¿Cómo estás?

Bien, gracias, señora Laso. ¿Cómo está usted?

la profesora

el estudiante

Hasta mañana, Claudia.

Adiós, señor Montoya.

el profesor

la estudiante

¿Cómo se llama...?

Con tu compañero(a), miren los dibujos. *With your classmate, look at the pictures. Ask questions about the people.*

— *¿Cómo se llama el chico?*
— *Se llama Toño.*
— *¿Cómo se llama la chica?*
— *Se llama Ana.*

 Hola, ¿cómo estás?

Con tu compañero(a), creen dos diálogos. *With your classmate, create two dialogs.*

— *Hola, Daniel, ¿cómo estás?*
— *Bien, gracias. ¿Y tú?*
— *Regular.*

 Te toca a ti

En parejas, creen un diálogo.
In pairs, create a dialog.

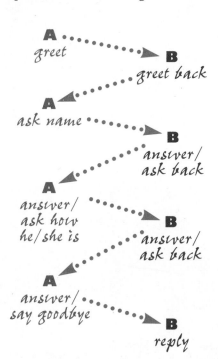

□ *To tell how you are, say:*
    Estoy bien. *I'm fine.*

□ *To ask how a friend is, say:*
    ¿Cómo estás?

□ *To ask the same question of an adult or some-one you don't know well, say:*
    ¿Cómo está?

□ *To ask how another person is, say:*
    ¿Cómo está Elena?

    ¿Cómo está Roberto?

¿DE DÓNDE ERES?

Where are you from?

Hola, ¿qué tal?
Me llamo Carmen.
Soy de la Ciudad
de México.

Hola, me llamo Jaime.
Soy de San Salvador, la
capital de El Salvador.

Hola, me llamo
Marta. Soy de
Bogotá, la capital
de Colombia.

Hola, ¿qué tal?
Me llamo Celia.
Yo soy de
Santiago de Chile.

¡Hola! Me llamo
Sergio. Soy de
Barcelona. Barcelona
está en España.

¿De dónde eres?

Soy de México.

◣1 ¿De dónde es...?
Where is he/she from?

Con tu compañero(a), miren el mapa. *With your partner, look at the map. Talk about where the people are from.*

— *¿De dónde es Marta?*
— *Es de Colombia.*
— *¿De qué ciudad?*
— *De Bogotá.*

◣2 ¿Y tú? ¿De dónde eres?

Pregúntale a tu compañero(a) de dónde es. *Ask your classmate where he/she is from.*

— *¿De dónde eres?*
— *Soy de Nueva York.*

◣3 ¿Dónde está?

Con tu compañero(a), hablen sobre los lugares del mapa. *With your classmate, talk about the places in the map.*

— *¿Dónde está Santiago?*
— *Está en Chile.*
— *¿Dónde está Barcelona?*
— *Está en España.*

PARA COMUNICARNOS MEJOR

□ *To ask where someone is from, use the appropriate form of the verb* **ser** *(to be) with* **de.**

¿Eres de Colombia? *Are you from Colombia?*

No, soy de Argentina. *No, I'm from Argentina.*

Mariana es de Colombia. *Mariana is from Colombia.*

□ **Ser** *(to be) is the infinitive form of the verb. Note that in English, the infinitive usually includes the word "to:" to sing, to read. Here are some of the forms of the verb* **ser:**

Subject pronoun	Form of **ser**	
yo	**soy**	*I am*
tú	**eres**	*you (informal) are*
usted	**es**	*you (formal) are*
él, ella	**es**	*he, she is*

□ *In Spanish, the subject pronouns are not always needed because the verb itself tells who the subject is:* **Yo soy Jaime** *has the same meaning as* **Soy Jaime.**

¿CUÁNTOS AÑOS TIENES?

How old are you?

¿Cuántos años tienes?

Tengo diecisiete años. ¿Y tú?

Yo también tengo diecisiete años.

Números del 11 al 99

11 once	16 dieciséis	21 veintiuno	30 treinta	31 treinta y uno	
12 doce	17 diecisiete	22 veintidós	40 cuarenta	42 cuarenta y dos	
13 trece	18 dieciocho	23 veintitrés	50 cincuenta	53 cincuenta y tres	
14 catorce	19 diecinueve		60 sesenta	64 sesenta y cuatro	
15 quince	20 veinte		70 setenta	99 noventa y nueve	
			80 ochenta	100 cien (ciento)	
			90 noventa		

Luisa, 18

Ricardo, 24

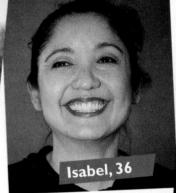

Isabel, 36

el señor Romero, 5

PARA COMUNICARNOS MEJOR

- ☐ *To ask someone how old he or she is, say:*
  ¿Cuántos años tienes/tiene? *How old are you?*

- ☐ *To tell how old you are, say:*
  Tengo quince años. *I am 15 years old.*

- ☐ *To talk about how old someone else is, say:*
  ¿Cuántos años tiene Elena? *How old is Elena?*
  Tiene veintidós años. *She is 22 years old.*

Practice counting to 100 by tens. Have your classmate write different numbers on the board; say them aloud in Spanish.

 Lee los números

Read the numbers aloud.

Floristería

JARDINES
DE
PONCE

Calle Mayor 321, Santurce

555-2595 • 555-2122 Fax 555-4406

555-2682

 ¿Cuántos años tienes?

Ask your classmates how old they are.

 Números

Con tu compañero(a), hablen de los números. *With your classmate, say in Spanish what number you would associate with each of the following items. Can you think of any others?*

a bicycle (*dos*)	a week	your fingers
an octopus	a minute	a rectangle
February	the seasons	the months

Te toca a ti

Con tu compañero(a), creen un diálogo.

A *say hi*

B *reply/ask how he or she is*

A *reply/ask back*

B *reply/ask where he/she is from*

A *answer/ask back*

B *answer*

A *ask age*

B *answer/ask back*

A *answer*

¿QUIÉN ERES?

Who are you?

nombre:
José

apellidos:
GARCÍA SANZ

número de teléfono:
(91) 565-3291

color favorito:
el azul

número favorito:
el once

país favorito:
Venezuela

ciudad favorita:
Mérida

mi amigo

A mi amiga Natalia,
José

¿SABES QUE...?

Many teenagers in Spain keep an album that includes photos and information about their friends. Each page is devoted to one friend. Above is a page from one of those albums.

Los colores

azul

rojo

verde

amarillo

anaranjado

negro

gris

blanco

marrón

morado

1 **¿Cuál es...?** *What is...?*

Pregúntale a tu compañero(a). *Ask your classmate about the information in the album.*

> — ¿Cuál es su ciudad favorita?
> — Mérida.

 2 **¿Y tu compañero(a)?**

Pregúntale a tu compañero(a). *Ask your classmate at least six questions about himself/herself.*

> — ¿Cuál es tu color favorito?
> — El verde.

 3 **¿Quién es?**

Find someone in your class who answers "yes" to the following statements.

- **Mi color favorito es el verde.** (*Daniel*)
- **Mi número favorito es el trece.**
- **Mi ciudad favorita está en España.**
- **Mi país favorito es Estados Unidos.**
- **Mi letra favorita es la "m".**
- **Mi número favorito es el siete.**

 4 **A escribir** *Let's write*

Escribe seis frases. *Write six sentences. Include your name and some of your favorite things. Then trade this information with a classmate.*

> *Me llamo Isabel.*
> *Mi color favorito es el morado.*

PARA COMUNICARNOS MEJOR

☐ *The words **mi** (my), **tu** (your), **su** (his, her, your) are called possessive adjectives.*

¿Cuál es tu color favorito?
What is your favorite color?

Mi color favorito es el azul.
My favorite color is blue.

Su color favorito es el verde.
His/her/your favorite color is green.

¡OJO!

When talking about your favorite color or number use, the masculine article *el*:

Mi color favorito es el azul. (My favorite color is blue)

¿QUÉ TE GUSTA HACER?

What do you like to do?

¿Te gusta...? *Do you like . . .?*

- **¿Te gusta hacer deportes?**
  Do you like to play sports?
- **Sí, me gusta mucho.**
  Yes, I like it very much.
- **No, no me gusta.**
  No, I don't like it.

¿Y a ti? *And you?*

- **A mí también.** *Me too.*
- **A mí tampoco.** *Neither do I.*

¿Te gusta hacer deportes?

Sí, me gusta mucho.

¿Qué te gusta hacer el fin de semana?
What do you like to do on weekends?

Me gusta...

jugar al fútbol

jugar al
fútbol americano

jugar al baloncesto

jugar al voleibol

jugar al béisbol

hablar por teléfono

escuchar música

mirar la televisión

montar en bicicleta

leer

No me gusta...

ir al cine

jugar con
videojuegos

bailar

cocinar

ir al gimnasio

comer pizza

Choose your favorites from this menu of activities. How do your interests compare with those of your classmates?

¡Te gusta...?

Habla con tu compañero(a). *Talk with your classmates about what you like or dislike.*

— *¿Te gusta jugar al béisbol?*
— *Sí, me gusta mucho. ¿Y a ti?*
— *A mí también.*

 ¿A quién le gusta...?
Who likes . . . ?

Find someone in your class who agrees with the statements below.
- **Me gusta escuchar música.**
- **No me gusta ir al cine.**
- **Me gusta cocinar.**
- **No me gusta jugar al béisbol.**
- **No me gusta comer pizza.**

 Encuesta *Survey*

Trabajen en grupos. *Work in groups. Ask your classmates what they like to do. Then tell the class the most popular activity.*

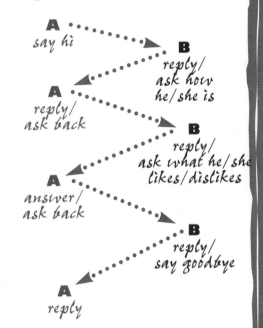 **Te toca a ti**

Con tu compañero(a), creen un diálogo.

A
say hi

B
reply/ ask how he/she is

A
reply/ ask back

B
reply/ ask what he/she likes/dislikes

A
answer/ ask back

B
reply/ say goodbye

A
reply

The verbs that you use with *gustar* are all in the infinitive form. In Spanish, infinitives end in *-ar*, *-er*, or *-ir*. For example, *jugar* (to play) is an *-ar* verb, *comer* (to eat) is an *-er* verb, and *escribir* (to write) is an *-ir* verb.

*Use the verb **gustar** (to like) to talk about your likes and dislikes. Here are some of its forms:*

me gusta	*I like*
te gusta	*you (informal) like*
le gusta	*you (formal) like*
le gusta	*he/she likes*

LA FAMILIA
The family

Una familia

la abuela   LOS ABUELOS   el abuelo

el padre (papá)   LOS PADRES   la madre (mamá)

la hermana   el hermano   la hermana

LOS HERMANOS

¿Cuántos hermanos tienes?
How many brothers and sisters do you have?

- **Tengo una hermana y un hermano.**
  I have a sister and a brother.
- **No tengo hermanos.**
  I don't have any brothers and sisters.

¿Tienes un gato?
Do you have a cat?

- **Sí, se llama Furia.**
- **No, pero tengo una tortuga.**
  No, but I have a turtle.

Las mascotas
pets

el gato

el pez

la tortuga

el pájaro

el ratón (mouse)

el perro

PARA COMUNICARNOS MEJOR

*You have used the verb **tener** to talk about age:* **Tengo trece años** *(I am thirteen years old). You can also use* **tener** *to talk about what you or other people have. Here are some of the forms of* **tener.**

yo	**tengo**	*I have*
tú	**tienes**	*you (informal) have*
usted	**tiene**	*you (formal) have*
él, ella	**tiene**	*he/she has*

1 Tu familia

Con tu compañero(a), habla sobre la familia. *With your classmate, talk about your family.*

— *¿Cuántos hermanos tienes?*
— *Tengo una hermana.*
— *¿Cómo se llama?*
— *Se llama Andrea.*
— *¿Cuántos años tiene?*
— *Tiene once años.*

2 Ésta es mi hermana...

Con tu compañero(a), creen dos diálogos. *With you classmate, create two dialogs. Take turns introducing different members of your family.*

— *Ésta es mi hermana Pilar.*
— *Mucho gusto.*

To introduce a boy or a man, say **Éste es**... (This is . . .)

To introduce a girl or a woman, say **Ésta es**... (This is . . .)

To introduce a friend, say **Éste(a) es mi amigo(a)**... (This is my friend . . .)

3 Ésta es mi familia

Habla de las fotos. *Speak about the photos. Bring a photograph of your family and friends and show it to the class.*

Ésta es mi mamá. Se llama Julia.
Éste es mi papá. Se llama Antonio.
Éste es mi hermano. Se llama Roberto.

The indefinite article **un** (a, an) identifies masculine nouns, and the indefinite article **una** identifies feminine nouns.

un chico	a boy
una chica	a girl

¿CÓMO ES?
What is he/she/it like?

¿Cómo es tu amigo?

Es muy guapo.

Él es... *He is . . .* **Ella es...** *She is . . .*

muy...		*very . . .*
simpático	simpática	*nice, charming*
divertido	divertida	*funny*
aburrido	aburrida	*boring*
inteligente	inteligente	*intelligent*
interesante	interesante	*interesting*

Busco a mi perro. Se llama
Rufo. Tiene seis años. Tiene pelo
corto. Le gusta mucho comer
pizza. Es viejo y muy inteligente.
Mi teléfono es 212-555-2892.
(Me llamo Alberto.)

También es...

alto	alta	*tall*
bajo	baja	*short*
guapo	guapa	*handsome*
joven	joven	*young*
viejo	vieja	*old*

PARA
COMUNICARNOS
MEJOR

Adjectives have to agree with nouns in gender and number.

la chica es alta	las chicas son altas
el chico es alto	los chicos son altos

To form the plural of an adjective add **-s** *if it ends in a vowel and* **-es** *if it ends in a consonant.*

las chicas son simpáticas

los chicos son inteligentes

los profesores son jóvenes

1 ¿Cómo es tu familia?

Habla con tu compañero(a). *Talk about your friends and family.*

— ¿Cómo es tu amiga Lucía?
— Es baja...es simpática. ¿Y tu amigo Teo? ¿Cómo es?
— También es bajo.
— ¿Cómo son tus hermanos?
— Son muy divertidos.

2 ¿Cómo eres?

Habla con tu compañero(a). *Imagine you have arranged to meet someone, but you have never seen him or her before! You are on the phone. Describe yourself and ask all you need to know to recognize your telephone partner.*

— ¿Cómo eres?
— Soy alto y muy guapo. ¿Y tú?
— Soy inteligente y simpática.

3 ¿Quién tiene...?

Find someone in your class who answers "yes" to the statements below.

- **Tengo tres hermanos.**
- **Tengo un perro viejo.**
- **Tengo un gato.**
- **Mi hermano(a) tiene el pelo rubio.**
- **Mis padres son altos.**
- **Mis abuelos son simpáticos.**

4 Te toca a ti

Con tu compañero(a), creen cuatro diálogos diferentes.

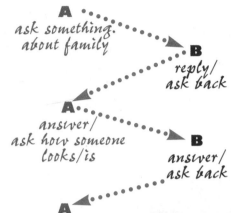

A ask something about family
B reply/ask back
A answer/ask how someone looks/is
B answer/ask back
A answer

Use *mis, tus* and *sus* with plural nouns.

mis hermanas
(my sisters)
tus mascotas
(your pets)
sus padres
(his/her parents)

PARA COMUNICARNOS MEJOR

You have seen the singular forms of the verb **ser** *(to be). Here are the plural forms.*

Subject pronoun	Form of **ser**	
nosotros(as)	**somos**	*we are*
vosotros(as)	**sois**	*you are*
ustedes	**son**	*you are*
ellos/ellas	**son**	*they are*

The form **vosotros(as)** *is used mostly in Spain.*

¿QUÉ DÍA ES HOY?

What day is it today?

El calendario

septiembre

lunes	martes	miércoles	jueves	viernes	sábado	domingo
1	2 mi cumpleaños Natalia	3	4	5	6	7
8	9	10	11	12	13 María, 12 años	14
15	16	17 Beto, 22 años	18	19	20	21
22	23	24 el cumpleaños de Samuel	25	26	27 el cumpleaños de Isa	28
29	30					

¿Qué mes? *What month?*

- enero
- febrero
- marzo
- abril
- mayo
- junio
- julio
- agosto
- septiembre
- octubre
- noviembre
- diciembre

Many of the Spanish names of months are very much like the English. Words that are similar in two languages are called "cognates."

¿SABES QUE...?

In most Latin-American countries and in Spain, people write dates differently from the way they are written in the United States. The day comes first, followed by the month. The year is written last. This way, *11/3/98* would be the 11th of March.

¡OJO!

In Spanish you do not capitalize the days of the week or the months.

¿Qué día es hoy?

Pregúntale a tu compañero(a). *Ask your classmate what day it is today.*

— *¿Qué día es hoy?*
— *Hoy es jueves.*

 ¿Cuándo es...?

Habla con tu compañero(a). *Talk about the calendar on page 22.*

— *¿Cuándo es el cumpleaños de Natalia?*
— *El dos de septiembre.*
— *Y el cumpleaños de María, ¿cuándo es?*

 ¡Y tu cumpleaños?

Pregúntale a tu compañero(a). *Ask your classmate about his or her age and birthday.*

— *¿Cuántos años tienes?*
— *Tengo catorce años.*
— *¿Cuándo es tu cumpleaños?*
— *Es el once de marzo.*

 En tu calendario

Escribe tres fechas. *Write down three dates. Read them in Spanish to your partner and explain (in Spanish or English) why you chose them.*

> *El nueve de julio es el cumpleaños de mi mamá.*

To talk about days of the week and dates, say:

¿Qué fecha es hoy?
What day is it today?

Hoy es viernes, doce de octubre.
Today is Friday, the 12th of October.

¿Cuándo es tu cumpleaños?
When is your birthday?

Es el nueve de julio.
It's on the ninth of July.

¡OJO!

Use *el* before the date when you're talking about an event.

Mi cumpleaños es el trece de abril.
(My birthday is on the 13th of April.)

¿SABES QUE...?

In several Spanish-speaking countries, the equivalent to April Fools' Day (April 1) is December 28. It is called *El Día de los Inocentes.* Tuesday the 13th (*martes trece*), not Friday, is considered an unlucky day.

¿QUÉ HORA ES?

What time is it?

Son las once menos cuarto.

Es la una y veinte.

13:20

Son las dos menos veinte.

Son las ocho y diez.

¿Qué hora es?

Es la una.

Son las dos.

Son las once y media.

Son las once y cuarto.

In Spanish, instead of A.M. you say "de la mañana" (in the morning). For P.M. you say "de la tarde" (in the afternoon/in the evening) or "de la noche" (in the evening/at night).

¿SABES QUE...?

In many Spanish-speaking countries digital clocks and schedules show the time in a different way. The 24-hour clock is sometimes used: 13:00 is 1:00 P.M., 14:00 is 2:00 P.M., and so on.

In the U.S.		In some Spanish-speaking countries	
you read	you say	you read	you say
8:00 A.M.	It's eight A.M.	8:00	Son las ocho de la mañana.
2:00 P.M.	It's two P.M.	14:00	Son las dos de la tarde.
10:00 P.M.	It's ten P.M.	22:00	Son las diez de la noche.

¿Te gustaría ir al cine?

Sí, ¿a qué hora?

¿Te gustaría jugar al béisbol?
Would you like to play baseball?

Sí, ¡qué bueno! *Yes, great!*

Sí, ¿a qué hora?
Yes, at what time?

No, tal vez otro día.
No, maybe some other day.

 ¿Qué hora es?

Pregúntale a tu compañero(a).
Take turns asking what time it is.

4:30 p.m.   8:15 p.m.   1:00 p.m.

11:10 a.m.   6:45 a.m.   3:50 p.m.

2 ¿Te gustaría...?

Habla con tu compañero(a).
Invite your classmate to do something, and arrange the time. Create three short dialogs.

— ¿Te gustaría ir al cine?
— Sí, ¿a qué hora?
— A las ocho de la noche.
— ¡Qué bueno! Hasta luego.

PARA COMUNICARNOS MEJOR

1. *To ask what time it is, say:*
   ¿Qué hora es?
2. *To tell the time, say:* **Es la...** *(for one o'clock.)* **Son las...** *(for other hours):*
   Es la una. *It's one o'clock.*
   Son las siete. *It's seven o'clock.*
3. *Use* **y** *for minutes past the hour:*
   Son las nueve y diez. *It's ten minutes past nine.*
4. *Use* **menos** *for minutes before the hour:*
   Son las tres menos veinte. *It's twenty minutes to three.*
5. *Use* **media** *for the half hour and* **cuarto** *for the quarter hour:*
   Es la una y media. *It's one thirty.*
   Son las cinco menos cuarto. *It's a quarter to five.*
6. *To ask at what time something happens, say:*
   ¿A qué hora es (son)...?
7. *To tell what time something happens, say:*
   A la una y cinco. *At five past one.*
   A las ocho y media. *At eight thirty.*

EN LA ESCUELA

At school

horas	lunes	martes	miércoles	jueves	viernes	sábado
9-10	CIENCIAS SOCIALES	GEOGRAFÍA	LITERATURA	MATEMÁTICAS	LITERATURA	FÚTBOL
10-11	MATEMÁTICAS	LITERATURA	MATEMÁTICAS	MATEMÁTICAS	INGLÉS	FÚTBOL
11-12:15	GEOGRAFÍA	HISTORIA	INGLÉS	CIENCIAS SOCIALES	HISTORIA	
12:15-13:30	HISTORIA	BIOLOGÍA	ESPAÑOL	HISTORIA	GEOGRAFÍA	
13:30-15	ALMUERZO	ALMUERZO	ALMUERZO	ALMUERZO	ALMUERZO	
15-16:15	LITERATURA	ARTE	EDUCACIÓN FÍSICA	ESPAÑOL	BIOLOGÍA	
16:15-17:30	ESPAÑOL	ARTE	EDUCACIÓN FÍSICA	INGLÉS	ESPAÑOL	

Las materias *Subjects*

- **el arte** *art*
- **la biología** *biology*
- **las ciencias sociales** *social studies*
- **la educación física** *gym*
- **el español** *Spanish*
- **la geografía** *geography*
- **la historia** *history*
- **el inglés** *English*
- **la literatura** *literature*
- **las matemáticas** *mathematics*

¿Cuándo? When?

hoy *today*
mañana *tomorrow*
después *later*
esta semana *this week*

¡Qué materias tienes?

Pregúntale a tu compañero(a). *Ask your classmate what subjects he or she has.*

— *¿Qué materias tienes hoy?*
— *Tengo matemáticas, historia, geografía y ciencias sociales.*
— *¿Y qué materias tienes mañana?*
— *Tengo...*

Tu horario *Your schedule*

Con tu compañero(a), hablen sobre el horario. *With your classmate, talk about the class schedule on page 26.*

— *¿Tienes clase de geografía?*
— *Sí, los lunes, los martes y los viernes.*
— *¿A qué hora es la clase los lunes?*
— *A las once de la mañana.*
— *¿Qué clase tienes después?*
— *Historia.*

¿Cómo es la clase?

Pregúntale a tu compañero(a). *Ask your classmate about his or her classes.*

— *¿Cómo es la clase de español?*
— *Es muy divertida.*
— *¿Y la clase de matemáticas?*
— *Es un poco difícil.*

¡Tu clase favorita?

Pregúntale a tu compañero(a). *Ask your classmate about his or her favorite class.*

— *¿Cuál es tu clase favorita?*
— *La clase de arte.*
— *¿Por qué?*
— *Porque es divertida.*

¿Cómo es...?
muy *very*
un poco *a little*

fácil *easy*
difícil *difficult*

divertido(a)
aburrido(a)

interesante

To say on Mondays, on Tuesdays, use *los lunes, los martes.* For Saturdays and Sundays, use *los sábados, los domingos.*

¿Por qué? *means "why."* **Porque** *means "because." What are two differences between these words?*

¿QUÉ HAY EN LA CLASE?

What's in the classroom?

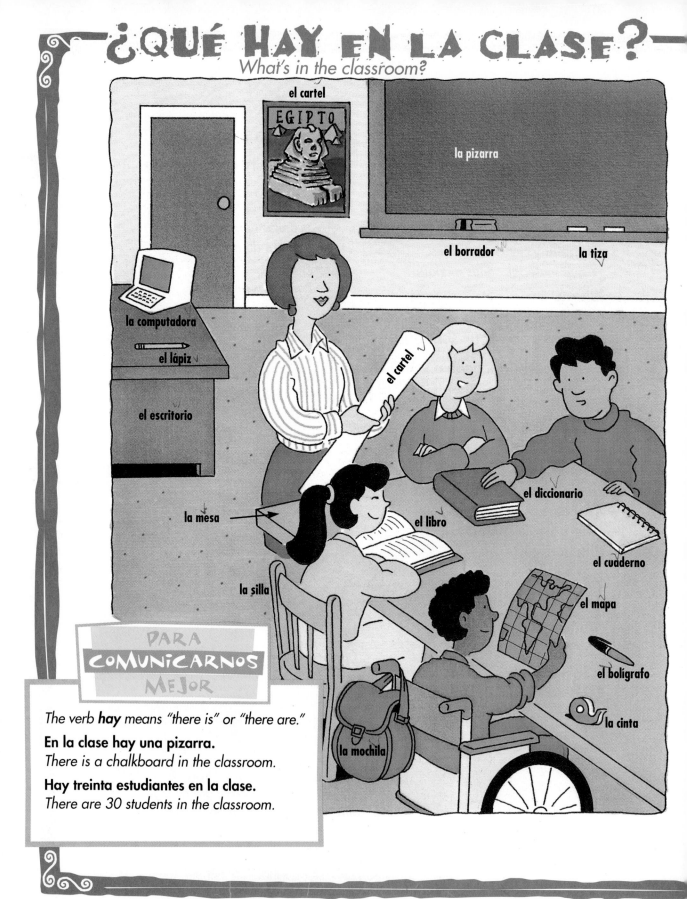

el cartel

EGIPTO

la pizarra

el borrador

la tiza

la computadora

el lápiz

el escritorio

el cartel

el diccionario

la mesa

el libro

el cuaderno

la silla

el mapa

el bolígrafo

la cinta

la mochila

PARA COMUNICARNOS MEJOR

The verb **hay** *means "there is" or "there are."*

En la clase hay una pizarra.
There is a chalkboard in the classroom.

Hay treinta estudiantes en la clase.
There are 30 students in the classroom.

1 ¿Qué hay en la clase?

Habla con tu compañero(a). *Look around the classroom and talk about the things you see.*

muchos(as) *many*
pocos(as) *few*

— *¿Qué hay en la clase?*
— *Hay muchos escritorios y muchas sillas.*

 # 2 ¿Qué necesitas?

Pregúntale a tu compañero(a). *Take turns asking what items you need.*

— *¿Necesitas un diccionario?*
— *Sí, gracias.*
  (No, gracias.)

 # 3 ¿Qué es?

Describe something in the classroom. Your classmates have to guess what it is.

— *Es una cosa. Es grande...*
— *¿De qué color es?*
— *Es verde. ¿Qué es?*
— *¡Es la pizarra!*

PARA COMUNICARNOS MEJOR

Use the verb **necesitar** *to talk about what you need. Here are some of its forms:*

yo	necesito	*I need*
tú	necesitas	*you (informal) need*
usted	necesita	*you (formal) need*
él/ella	necesita	*he/she needs*

☐ *To ask if you need anything, use the expression* **¿Necesitas...?** *(Do you need . . .?)*

☐ *To answer the question, use one of the expressions:*
  • **No, ya tengo.** *(No, I already have it.)* or
  • **Sí, gracias.**

¿Cómo es?

grande *big*
pequeño(a) *small*

bonito(a) *pretty*
feo(a) *ugly*

nuevo(a) *new*
viejo(a) *old*

¡OJO!

To ask what color something is, use the expression *¿De qué color es?* Remember that the gender of the adjective has to agree with the gender of the noun. *El libro es blanco. La tiza es blanca.*

¿Qué es?

Es una cosa.
It's a thing.

¿CUÁNTO CUESTA?

How much does it cost?

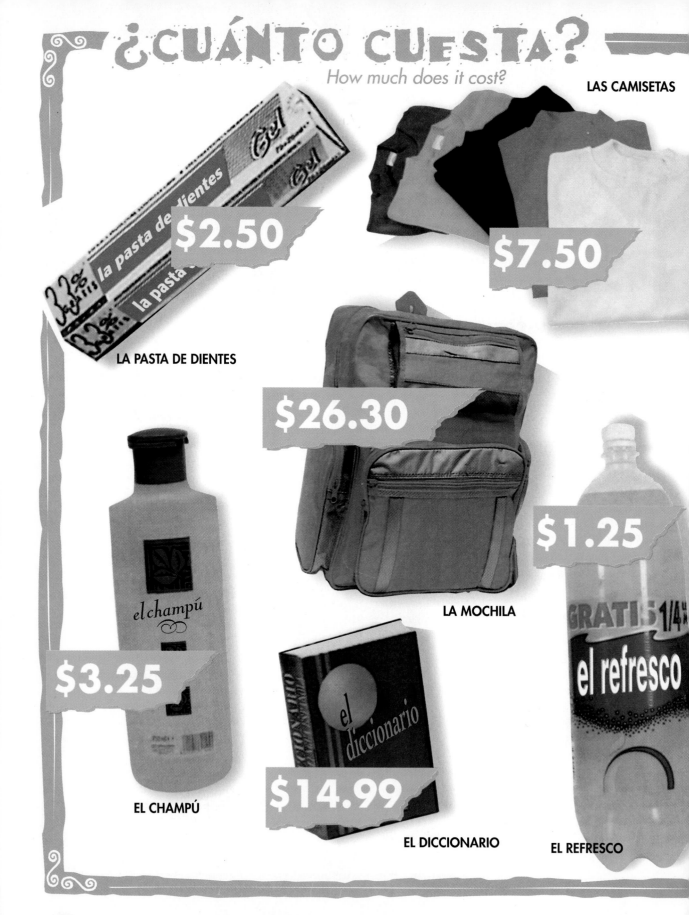

LAS CAMISETAS

$7.50

$2.50

LA PASTA DE DIENTES

$26.30

$1.25

LA MOCHILA

$3.25

$14.99

EL CHAMPÚ

EL DICCIONARIO

EL REFRESCO

100	*cien (ciento)*
200	*doscientos*
300	*trescientos*
400	*cuatrocientos*
500	*quinientos*
600	*seiscientos*
700	*setecientos*
800	*ochocientos*
900	*novecientos*

Use **¿Cuánto cuesta?** *to ask how much something costs. If you are talking about more than one thing, use* **¿Cuánto cuestan?** *To ask how much it is, use* **¿Cuánto es?**

100	*cien (ciento)*
137	*ciento treinta y siete*
562	*quinientos sesenta y dos*
999	*novecientos noventa y nueve*

1.000	*mil*
2.000	*dos mil*
3.000	*tres mil*

5.230	*cinco mil doscientos treinta*
1.492	*mil cuatrocientos noventa y dos*

 ¿Cuánto cuesta?

Pregúntale a tu compañero(a). *Take turns asking the prices of the items on page 30.*

— *¿Cuánto cuesta el champú?*
— *Cuesta tres dólares veinticinco.*
— *¿Y una camiseta? ¿Cuánto cuesta?*
— *Cuesta siete dólares cincuenta.*

2 ¿Cuánto es?

Pregúntale a tu compañero(a). *Take turns deciding how much the following items might cost. Give the prices in Spanish.*

 ¡OJO!

● When writing large numbers in English, commas are used to make the number more readable: 1,999. In Spanish, a period is used instead of a comma: 1.999.

1.

2.

3.

4.

DE COMPRAS

Going shopping

En la farmacia *At the drugstore*

Necesito... *I need . . .*

- champú
- pasta de dientes
- un cepillo de dientes
- un peine
- un jabón

En la tienda *At the store*

Quiero... *I want . . .*

- **una revista** *a magazine*
- **una tarjeta postal** *a postcard*
- **una camiseta** *a T-shirt*
- **un cartel** *a poster*
- **un bolígrafo** *a pen*
- **un diccionario español-inglés**
  a Spanish-English dictionary

En la cafetería *In the cafeteria*

Por favor,... *Please . . .*

- **un batido de chocolate**
  a chocolate milkshake
- **un refresco** *a soft drink*
- **una limonada**
- **una pizza**
- **una hamburguesa**
- **un sándwich**

1 En la tienda

Con tu compañero(a), crea un diálogo. *Take turns playing the roles of a clerk and the customer.*

— *Buenos días, quiero un bolígrafo, por favor. ¿Cuánto cuesta?*
— *Veinte pesetas.*
— *Gracias.*
— *De nada.*

2 En la cafetería

Habla con tu compañero(a). *Imagine you are at a cafetería in a Spanish-speaking country. Take turns playing the roles of the clerk and the customer.*

— *Hola. Una limonada, por favor. ¿Cuánto cuesta?*
— *Diez pesos.*
— *Gracias.*
— *De nada.*

3 En la farmacia

Con tu compañero(a), crea dos diálogos. *Take turns playing the roles of the clerk and the customer.*

— *Buenas tardes. Necesito champú, por favor. ¿Cuánto cuesta?*
— *Tres dólares veinticinco.*
— *Gracias.*
— *De nada.*

4 Te toca a ti

Trabajen en grupos pequeños. *With photos and illustrations from magazines, create your own brochure. First, choose what kinds of products you want to sell. Include the prices and read them aloud in Spanish.*

- **el dólar:** *Estados Unidos*
- **la peseta:** *España*
- **el peso:** *México*

PARA TU REFERENCIA
(PALABRAS Y EXPRESIONES)

Greetings

- ¡Bienvenidos! *Welcome!*
- ¡Hola! *Hi!*
- Buenos días. *Good morning./Hello.*
- Buenas tardes. *Good afternoon.*
- Buenas noches. *Good evening/ Good night.*
- Señor. *Sir, Mr.*
- Señorita. *Miss.*
- Señora. *Ma'am, Mrs.*
- ¿Qué tal? *What's up?, How are things?*
- ¿Cómo estás? *How are you? (informal)*
- ¿Cómo está? *How are you? (formal)*
- Muy bien. *Very well.*
- Bien. *Fine.*
- Mal. *I'm not doing well.*
- Regular. *So-so.*

Farewells

- Adiós. *Goodbye.*
- Chau. *Bye.*
- Hasta luego. *See you later.*
- Hasta mañana. *See you tomorrow.*

Meeting people

- Ésta/Éste es... *This is...*
- Mucho gusto. *Nice to meet you.*
- ¿Cómo te llamas? *What's your name?*
- Me llamo... *My name is...*
- ¿Cuál es tu apellido? *What's your last name?*
- ¿Cuál es tu dirección? *What's your address?*
- ¿Cuándo es tu cumpleaños? *When is your birthday?*
- ¿Cuántos años tienes? *How old are you?*
- Tengo ... años. *I'm ... years old.*
- ¿De dónde eres? *Where are you from?*
- Soy de... *I'm from...*
- ¿Y tú? *What about you?*
- ¿Cuántos hermanos tienes? *How many brothers and sisters do you have?*

Polite expressions

- Perdón. *Excuse me.*
- Por favor. *Please.*
- Gracias. *Thank you.*
- De nada. *You're welcome.*

Likes and dislikes

- ¿Te gusta...? *Do you like to...?*
- Sí, me gusta mucho. *Yes, I like it very much.*
- No me gusta. *I don't like it.*
- ¿Qué te gusta hacer? *What do you like to do?*
- ¿Y a ti? *What about you?*
- A mí también. *Me too.*
- A mí tampoco. *Neither do I.*

Activities

- bailar *to dance*
- cocinar *to cook*
- comer pizza *to eat pizza*
- escuchar música *to listen to music*
- hablar por teléfono *to talk on the phone*
- ir al cine *to go to the movies*
- ir al gimnasio *to go to the gym*
- jugar al baloncesto *to play basketball*
- jugar al béisbol *to play baseball*
- jugar al fútbol *to play soccer*
- jugar al fútbol americano *to play football*
- jugar al voleibol *to play volleyball*
- jugar con videojuegos *to play video games*
- leer *to read*
- mirar la televisión *to watch television*
- montar en bicicleta *to ride a bike*

Invitations

- ¿Te gustaría...? *Would you like to...?*
- Sí, ¡qué bueno! *Yes, great!*
- No, tal vez otro día. *No, maybe another day.*

Talking about time

- ¿Cuándo? *When?*
- después *later*
- hoy *today*
- mañana *tomorrow*
- esta semana *this week*
- ¿Qué hora es? *What time is it?*
- Son las.../Es la... *It is...*
- ¿A qué hora? *At what time?*
- A las... *At...*

At the airport

- el autobús *bus*
- la salida *exit*
- los servicios *restrooms*
- el taxi *taxicab*
- el teléfono *telephone*

Descriptions

- aburrido(a) *boring*
- alto(a) *tall*
- bajo(a) *short,*
- bonito(a) *pretty*
- difícil *difficult*
- divertido(a) *funny, fun, amusing*
- fácil *easy*
- favorito(a) *favorite*
- feo(a) *ugly*
- grande *big, large*
- guapo(a) *handsome*
- inteligente *intelligent*
- interesante *interesting*
- joven *young*
- nuevo(a) *new*
- pequeño(a) *small*
- simpático(a) *nice*
- viejo(a) *old*
- muy *very*
- un poco *a little, a bit*

Places

- el aeropuerto *airport*
- la avenida *avenue*
- la cafetería *cafeteria*
- la calle *street*
- el cine *movie theater*
- la ciudad *city*
- la clase *classroom*
- la escuela *school*
- la farmacia *drugstore*
- el gimnasio *gym*
- el país *country*
- la tienda *shop*

Where is it?

- ¿Dónde está? *Where is it?*
- ¿Dónde están? *Where are they?*
- A la derecha. *To the right.*
- A la izquierda. *To the left.*
- Allí. *There.*
- Aquí. *Here.*

People

- el amigo *friend (boy)*
- la amiga *friend (girl)*
- la chica *girl*
- el chico *boy*
- el/la estudiante *student*
- el profesor *teacher (man)*
- la profesora *teacher (woman)*

The family

- la familia *family*
- la abuela *grandmother*
- el abuelo *grandfather*
- los abuelos *grandparents*
- la hermana *sister*
- el hermano *brother*
- los hermanos *brothers and sisters*
- la madre *mother*
- el padre *father*
- los padres *parents*

Pets

- las mascotas *pets*
- el gato *cat*
- el pájaro *bird*
- el perro *dog*
- el pez *fish*
- el ratón *mouse*
- la tortuga *turtle*

Snacks and refreshments

- el batido de chocolate *chocolate milk-shake*
- la hamburguesa *hamburger*
- la limonada *lemonade*
- la pizza *pizza*
- el refresco *soft drink*
- el sándwich *sandwich*

Shopping

- de compras *shopping*
- Necesito.... *I need. . .*
- Quiero... *I want. . .*
- la camiseta *T-shirt*
- el cepillo de dientes *toothbrush*
- el champú *shampoo*
- el jabón *soap*
- la pasta de dientes *toothpaste*
- el peine *comb*
- la revista *magazine*
- la tarjeta postal *postcard*

Classroom items

- el bolígrafo *pen*
- el borrador *eraser*
- el cartel *poster*
- la cinta *tape*
- la computadora *computer*
- el cuaderno *notebook*
- el diccionario *dictionary*
- el escritorio *desk*
- el lápiz *pencil*
- el libro *book*
- el mapa *map*
- la mochila *backpack*
- la pizarra *chalkboard*
- la silla *chair*
- la tiza *chalk*

Question words

- ¿Cómo es? *What is it/he/she like?*
- ¿Cuál es...? *What/Which is...?*
- ¿Cuándo? *When?*
- ¿Cuánto cuesta(n)? *How much is it/are they?*
- ¿Cuántos(as)? *How many?*
- ¿Dónde? *Where?*
- ¿De qué color es? *What color is it?*
- ¿Por qué? *Why?*
- ¿Qué? *What?*
- ¿Qué es? *What is it?*
- ¿Quién? *Who?*

Useful words

- pero *but*
- porque *because*
- también *also*
- y *and*
- o *or*

References

- *Colors, page 14*
- *Days of the week, page 22*
- *Months of the year, page 22*
- *Numbers, pages 6, 12, 31*
- *School subjects, page 26*
- gustar *(to like), page 17*
- ser *(to be), pages 11, 21*
- tener *(to have), page 18*
- necesitar *(to need), page 29*

¿QUÉ DICEN LAS INSTRUCCIONES?

A
Adivina/Adivinen *Guess*
Anota/Anoten *Note*
el anuncio *ad*

B
Busca/Busquen *Look for*

C
¿Cierto o falso? *True or false?*
Clasifica *Classify*
Compruébalo *Prove it*
Completa/Completen: *Complete:*
    la tabla *the chart*
    las frases/oraciones *the sentences*
Compara/Comparen *Compare*
Con la clase *With the class*
Con tu compañero(a) *With your classmate*
Consulten *Consult*
Contesta las preguntas *Answer the questions*
Corrige/Corrijan *Correct*
Crea/Creen *Create*

D
Da/Den consejos *Give advice*
Decide/Decidan *Decide*
Describe/Describan *Describe*
Diseña un cartel *Design a poster*
Di/Digan *Say*
el diálogo *dialog*
Dibujen *draw*
el dibujo *drawing*

E
En grupo(s) haga(n) una encuesta *In group(s) take a survey*
En parejas *In pairs*
la encuesta *survey*
la entrevista *interview*
Entrevista a tu compañero(a) *Interview your partner*
Escoge/Escojan *Choose*
Escribe/Escriban *Write*
Escucha/Escuchen *Listen*
Explica/Expliquen *Explain*

F
el folleto *brochure*

G
la gráfica de barras *bar graph*

H
Habla/Hablen *Talk*
Haz una encuesta *Take a survey*
Haz/Haga(n) un dibujo *Make a drawing*

I
Identifica *Identify*
Imagina/Imaginen *Imagine*
Incluye/Incluyan *Include*
Informa/Informen a la clase *Inform the class*
Inventa/Inventen *Make up*
Investiga/Investiguen *Investigate/Research*

L
Lee/Lean el anuncio *Read the ad*
la lista *list*
Llama/Llamen *Call*

M

Mira/Miren el mapa *Look at the map*

N

Nombra/Nombren *Name*

O

¡Ojo! *Notice!*
Organiza *Organize*

P

Pide/Pidan *Ask*
Por ejemplo *For example*
Pregúntale a tu compañero(a) *Ask your partner*
Prepara/Preparen una tabla *Prepare a chart*

Q

¿Qué ves en...? *What do you see in...?*

R

¿Recuerdas? *Do you remember?*
Representa/Representen *Act out/Perform*
la respuesta *answer*
los resultados *results*

S

Según tu opinión *In your opinion*
Sigue el modelo *Follow the model*

T

Te toca a ti *It's your turn*
Trabaja con tu compañero(a) *Work with your partner*
Trabajen en grupos pequeños *Work in small groups*

U

Usa/Usen las siguientes preguntas *Use the following questions*

EL ABECEDARIO ESPAÑOL: PRONUNCIACIÓN

(THE SPANISH ALPHABET: PRONUNCIATION)

- The best way to learn the names of letters is to listen to your teacher, a friend who speaks Spanish, or your audio tape.

- The Spanish alphabet has one letter that the English alphabet does not have: ñ.

¡OJO!

In dictionaries published before 1994, words that began with the letters "ch" and "ll" appeared in their own separate sections.

Letter	Name	Letter	Name
a	"a"	n	"ene"
b	"be"	ñ	"eñe"
c	"ce"	o	"o"
(ch)*	"che"	p	"pe"
d	"de"	q	"cu"
e	"e"	r	"ere"
f	"efe"	(rr)*	"erre"
g	"ge"	s	"ese"
h	"hache"	t	"te"
i	"i"	u	"u"
j	"jota"	v	"ve"
k	"ka"	(w)	"uve doble"
l	"ele"	x	"equis"
(ll)*	"elle"	y	"i griega"
m	"eme"	z	"zeta"

Note

* These are not separate letters of the Spanish alphabet, but they have names, and many Spanish speakers will refer to them as letters. Dictionaries published before 1994 continue to show **ch** and **ll** as separate entries, even though they have been officially dropped from the Spanish alphabet.

UNIDAD 1

MÉXICO HOY

En la unidad 1:

Capítulo 1   ¡Descubre la ciudad!

Capítulo 2   ¿Qué vas a comer?

Adelante   **Para leer:** Un paseo por Chapultepec

Proyecto: Tortillas y tacos

Otras fronteras: Ciencias, arte, historia y arqueología

845387
1 VIAJE
SISTEMA DE TRANSPORTE COLECTIVO

1 VIAJE
SISTEMA DE TRANSPORTE COLECTIVO
METRO
CIUDAD DE MÉXICO
TL·IV
845387

"El Ángel",
Monumento a la Independencia,
Ciudad de México.

You are about to enter Mexico City, a bustling capital with a population of over 23 million. As you walk through this modern city, you will see skyscrapers, parks, museums, fancy restaurants, fast-food stands, and other features of a big city of today.

Mexico City is built on the ruins of Tenochtitlán, the ancient capital of the Aztec Empire, which flourished long before the voyages of Christopher Columbus. By the time the Spaniards arrived in 1519, the rich Aztec culture had been thriving for almost 3,000 years.

In this unit, you will stroll through Mexico City, visit Chapultepec Park, and join Mexican teenagers for a fun day. You will go to a restaurant and learn how to order a delicious meal in Spanish. You'll even get to try your hands at making a taco! Finally, you'll return to Mexico's past and learn about the Aztec calendar—a great wonder of this ancient civilization. ¡Vamos!

CAPÍTULO 1

¡Descubre la ciudad!

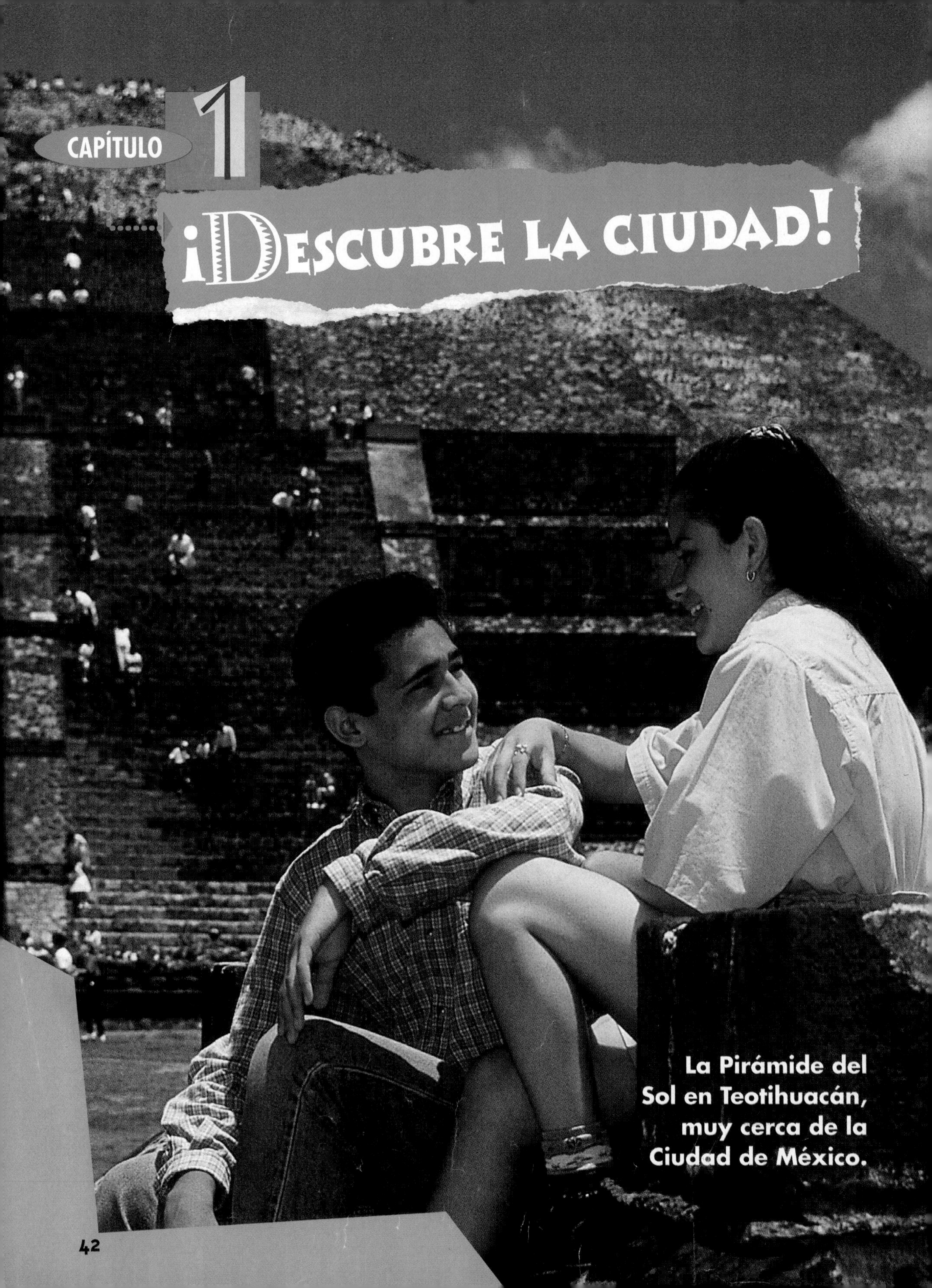

La Pirámide del Sol en Teotihuacán, muy cerca de la Ciudad de México.

Objetivos

COMUNICACIÓN
To talk about:
- how to get around the city
- places to go and things to do
- giving directions

CULTURA
To learn about:
- places of interest in and around Mexico
- what young Mexicans like to do

VOCABULARIO TEMÁTICO
To know the expressions for:
- places in the city
- things to do
- ways to get from place to place

ESTRUCTURA
To talk about:
- where you are going: the verb *ir* with *a* and the name of a place
- what you are going to do: the verb *ir* with *a* and the infinitive of another verb
- what you do: -*ar* verbs such as *comprar*, *pasear*, *visitar*

¿SABES QUE...?

Did you know that in Mexico you can find pyramids in the most unexpected places? If you visit the National University, you can admire the pyramid of Cuicuilco, excavated in 1922, after being covered with lava for hundreds of years. If you take a subway ride to Pino Suárez Station, you will see the ruins of a round pyramid, discovered as the metro was being built. And the Aztec culture meets the twentieth century in the *Plaza de las Tres Culturas*, where the remains of an ancient pyramid face a seventeenth-century church and several modern buildings.

43

CONVERSEMOS

¿ADÓNDE VAMOS?
(Where are we going?)

Habla con tu compañero(a).

¿QUÉ TE GUSTA HACER EN LA CIUDAD?
(What do you like to do in the city?)

Me gusta ir al cine.
No me gusta ir al gimnasio.

Me gusta...	No me gusta...
ir al cine	ir al gimnasio
bailar en la discoteca	ir a fiestas
ir al museo	comer en restaurantes

¿ADÓNDE VAS?
(Where are you going?)

Voy al centro. ¿Y tú?
(I'm going downtown. And you?)

al cine

al parque
(to the park)

a la escuela

al centro
(downtown)

¿Cómo vas al centro?
(How do you go downtown?)

Generalmente voy en coche.
(I usually go by car.)

 en metro

 en bicicleta

 a pie

 en camión*

 en coche

 en taxi

*Usado en México; en otros países: **autobús**.

—**Voy en metro. ¿Y tú?**
—**Yo también.**

¿QUÉ VAS A HACER?
(What are you going to do?)

Voy a patinar.
(I'm going to skate.)

 patinar

 sacar fotos

 visitar un museo

 caminar por el parque

 pasear en bote

 montar en bicicleta

¡Nada!
(Nothing!)

¿CON QUIÉN TE GUSTA IR?
(With whom do you like to go?)

Me gusta ir...

con un(a) amigo(a)
con mi hermano(a)
con mi perro

con mis padres
contigo *(with you)*

¿Te gustaría ir conmigo?
(Would you like to go with me?)

¿A qué hora?

PERDÓN, ¿DÓNDE ESTÁ...?
(Excuse me, where is...?)

la estación del metro
(subway station)

la parada del camión *(bus stop)*

el centro comercial
(shopping center)

Está...

aquí / allí

a la izquierda de /
a la derecha de

cerca / lejos *(near / far)*

45

VISITA LA CIUDAD DE

ZONAS ARQUEOLÓGICAS. PARQUES Y PLAZAS. CINES Y DISCOTECAS... ¡Y MUCHO MÁS!

Los jóvenes en México van a bailar a Mekano. ¡Es una discoteca padrísima!

MÉXICO

¿Vamos a caminar por la Plaza Garibaldi? Es un lugar muy divertido. Allí los mariachis tocan y cantan canciones típicas mexicanas. ▼

¿Te gustaría sacar fotos? El Templo Ma está en el centro y es muy antiguo. ▼

◄ ¿Te gustaría escuchar música? Visita el Teatro Poliforum. Es un teatro muy moderno y los conciertos son muy buenos.

A. ¿Adónde van los jóvenes en la Ciudad de México?

Van a la discoteca.
Van...

B. ¿Qué es...?

divertido   barato

antiguo   moderno

C. ¿Adónde te gustaría ir? Pregúntale a tu compañero(a).

— *¿Adónde te gustaría ir?*
— *Me gustaría ir al teatro.*
— *¿Qué vas a hacer allí?*
— *Voy a escuchar música.*

▲ ¿Te gusta ir de compras? Muchos chicos compran discos compactos y artesanías en los "tianguis". ¡Allí todo es muy barato!

¿QUÉ OPINAS?

- ¿Qué tres lugares de la Ciudad de México te gustaría visitar? Pregúntales a otros estudiantes.
- Haz una tabla con los resultados. Usa el modelo.

Encuesta

lugar	yo	otros estudiantes
la Plaza Garibaldi	✓	
la discoteca Mekano		ℍℍ II
el Teatro Poliforum	✓	
el Templo Mayor		
los tianguis	✓	

Según la encuesta, ¿cuál es el lugar más popular? ¿Y el menos popular?

¿SABES QUE...?

- The **Templo Mayor** was the central temple of the Aztec empire.
- **Plaza Garibaldi** is a city square famous for its restaurants, theaters, and especially for its mariachi bands.
- The outside of the **Teatro Poliforum** is decorated with a huge mural painted by more than thirty artists.

47

1 ¿Qué hay en el dibujo?

Haz una lista de los lugares.

> *el parque*
> *el museo*
> *la calle San Felipe...*

2 ¿Dónde está?

Pregúntale a tu compañero(a) sobre cuatro lugares del dibujo. ¿Dónde están?

> — *¿Dónde está el teatro?*
> — *Está en la calle San Felipe.*

3 ¿Adónde vamos?

Habla con tu compañero(a).

> — *¿Adónde vamos?*
> — *Me gustaría ir a la tienda de música.*

4 ¿Qué vas a hacer?

Pregúntale a tu compañero(a).

> — *¿Qué vas a hacer en el parque?*
> — *Voy a pasear en bote. ¿Te gustaría ir conmigo?*
> — *Sí, ¡padrísimo!*

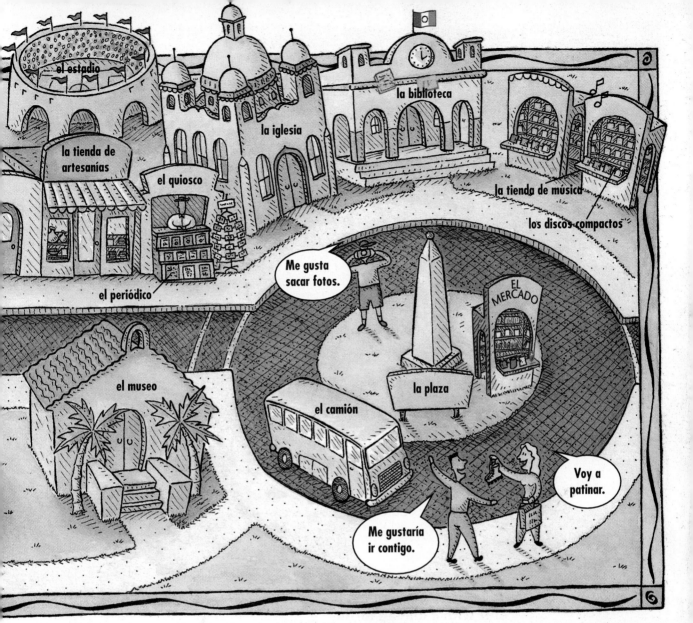

el estadio

la biblioteca

la iglesia

la tienda de artesanías

el quiosco

la tienda de música

los discos compactos

el periódico

Me gusta sacar fotos.

EL MERCADO

el museo

la plaza

el camión

Voy a patinar.

Me gustaría ir contigo.

---

5 ¿Qué compras?

Habla con tu compañero(a) sobre cuatro lugares del dibujo y di qué compras allí.

— *¿Qué compras en el quiosco?*
— *Compro tarjetas postales.*

6 Miniteatro

Estás en la plaza. Habla con tu compañero(a).

— *¿Dónde está el museo?*
— *Aquí, a la izquierda.*

7 Collage

Usa fotos de revistas para crear un collage de tu pueblo o ciudad. Escribe el nombre de cada lugar.

8 ¿Y tú?

Haz una lista de cinco lugares de tu pueblo o ciudad. Escribe cómo vas a cada lugar y qué vas a hacer allí.

Lugares	¿Cómo vas?	¿Qué vas a hacer?
el parque	*a pie*	*patinar*
el teatro	*en metro*	*escuchar música*

Estructura Present of *ir*; *ir a* + infinitive

MUSEO NACIONAL DE ANTROPOLOGÍA
CIUDAD DE MÉXICO

PALACIO DE BELLAS ARTES
CIUDAD DE MÉXICO

¿ADÓNDE VAS?

To say that you are going somewhere, use a present tense form of the verb *ir* (to go) with *a* and the name of the place.

Voy a la Ciudad de México.	I am going to Mexico City.

When ***a*** comes before ***el***, the two words combine to form ***al***.

Voy al Museo Nacional de Antropología.	I'm going to the National Museum of Anthropology.

To talk about what you are going to do, use a present-tense form of *ir* with *a* and an infinitive.

Voy a caminar por el parque.	I'm going to walk in the park.
Vamos a visitar el Palacio de Bellas Artes.	We are going to visit the Palace of Fine Arts.

Here are the forms of the verb ***ir*** in the present tense.

To ask where someone is going, use the question word **adónde**.

¿Adónde vas ahora?
(Where are you going now?)

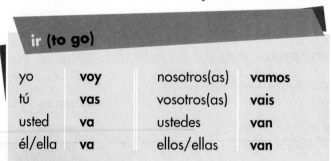

ir (to go)

yo	**voy**	nosotros(as)	**vamos**
tú	**vas**	vosotros(as)	**vais**
usted	**va**	ustedes	**van**
él/ella	**va**	ellos/ellas	**van**

En la Ciudad de México

¿Qué vas a hacer ahora? Pregúntale a tu compañero(a).

— *¿Qué vas a hacer ahora?*
— *Voy a caminar por la Plaza Garibaldi.*
— *¿Y después?*
— *Voy a sacar fotos de la iglesia.*

¿Qué vas a hacer?

visitar el Museo Nacional de Antropología

caminar por la Plaza Garibaldi

sacar fotos de la iglesia

bailar en la discoteca

comprar tarjetas postales

2 **Lugares favoritos**

¿Adónde van estas personas los fines de semana? ¿Cómo van? Pregúntale a tu compañero(a).

— *¿Adónde van tus amigos el fin de semana?*
— *Van al centro comercial.*
— *¿Cómo van?*
— *Van en metro.*

1. tus amigos(as)
2. tus hermanos(as)
3. tu compañero(a)
4. tus amigos(as) y tú
5. tus compañeros(as) de clase
6. ¿y tú?

3 **Una encuesta**

A. ¿Qué van a hacer el sábado? En grupo, hagan una encuesta. Usen el modelo.

	yo	Mariana	Juan	Ana
escuchar música		✓		
caminar por el parque	✓		✓	
bailar		✓		✓
ir de compras				
jugar al voleibol				
ir al teatro				

B. Informen a la clase.

Mariana va a escuchar música.
Juan y yo vamos a caminar por el parque.
Mariana y Ana van a bailar.

PARA COMUNICARNOS MEJOR
Gramática en contexto

Estructura   Present of *-ar* verbs

¿QUÉ COMPRAS?

To talk about shopping and other activities, you can use many verbs that end in *-ar*.

Comprar *(to buy)*, for example, is a verb that ends in **-ar**.

> Compro muchos discos compactos.   I buy a lot of CDs.
> Mis amigos compran revistas.   My friends buy magazines.

Here are the forms of the verb ***comprar*** in the present tense.

comprar (to buy)			
yo	compr**o**	nosotros(as)	compr**amos**
tú	compr**as**	vosotros(as)	compr**áis**
usted	compr**a**	ustedes	compr**an**
él/ella	compr**a**	ellos/ellas	compr**an**

Other **-ar** verbs that follow the same pattern are:

bailar *to dance*   **montar (en bicicleta)**
caminar *to walk*   *to ride (a bike)*
cantar *to sing*   **patinar** *to skate*
cocinar *to cook*   **sacar (fotos)**
escuchar *to listen*   *to take (pictures)*
hablar *to speak*   **visitar** *to visit*
mirar *to watch*

1 En el centro

¿Qué haces en el centro? Pregúntale a tu compañero(a).

—¿Compras discos?
—Sí, compro discos de jazz.
(No, no compro discos. Compro libros.)

1. comprar discos
2. bailar en las discotecas
3. patinar
4. montar en bicicleta

5. escuchar música rock
6. sacar fotos
7. caminar por el parque
8. visitar museos

2 De compras

¿Qué compran? ¿Dónde?
Pregúntale a tu compañero(a).

—¿Qué compran tus padres
en el mercado?
—Compran artesanías.

1. tus padres
2. tus amigos(as) y tú
3. tu madre
4. tu padre
5. tus compañeros(as)
6. ¿y tú?

¿Qué?
artesanías
revistas
libros
discos compactos
tarjetas postales

¿Dónde?
en el mercado
en el museo
en la librería
en la tienda de música
en el quiosco
en el cine

3 En el parque

A. Generalmente, ¿qué hacen en el parque?
En grupo, hagan una lista de actividades.

Actividades en el parque
pasear en bote
escuchar música
hablar con los amigos

B. ¿Qué hacen ustedes? Pregúntenle a
otro grupo.

—¿Qué hacen ustedes en
el parque?
—Montamos en
bicicleta y patinamos.
¿Y ustedes?
—Paseamos en bote.

SITUACIONES

UNA VISITA A TEOTIHUACÁN

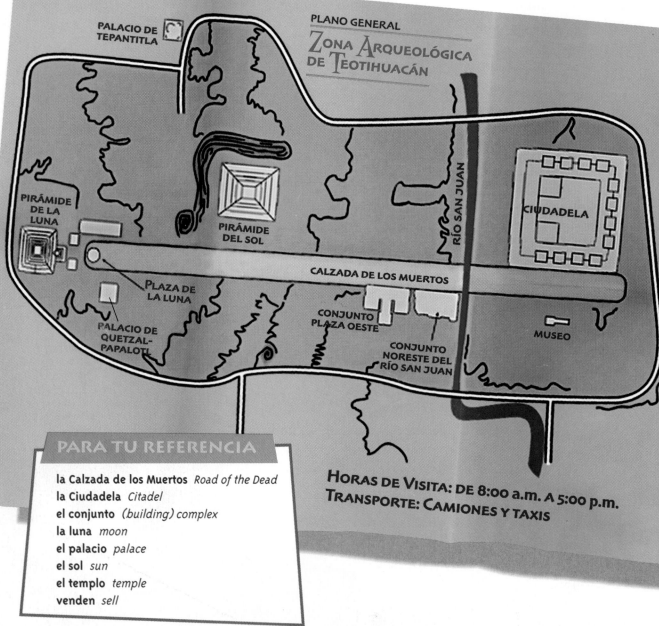

PLANO GENERAL
ZONA ARQUEOLÓGICA DE TEOTIHUACÁN

PALACIO DE TEPANTITLA

PIRÁMIDE DE LA LUNA

PIRÁMIDE DEL SOL

RÍO SAN JUAN

CIUDADELA

PLAZA DE LA LUNA

CALZADA DE LOS MUERTOS

PALACIO DE QUETZAL-PAPALOTL

CONJUNTO PLAZA OESTE

CONJUNTO NORESTE DEL RÍO SAN JUAN

MUSEO

PARA TU REFERENCIA

la Calzada de los Muertos *Road of the Dead*
la Ciudadela *Citadel*
el conjunto *(building) complex*
la luna *moon*
el palacio *palace*
el sol *sun*
el templo *temple*
venden *sell*

HORAS DE VISITA: DE 8:00 a.m. A 5:00 p.m.
TRANSPORTE: CAMIONES Y TAXIS

Teotihuacán es una zona arqueológica muy antigua. Está cerca de la Ciudad de México. En Teotihuacán hay dos pirámides, la Pirámide del Sol y la Pirámide de la Luna. La calle principal se llama Calzada de los Muertos. En Teotihuacán también hay tiendas que venden artesanías, libros y tarjetas postales.

Planes

Haz planes con tu amigo(a) para pasar un día en Teotihuacán. Decidan cuándo y cómo van a ir.

> —¿Te gustaría ir conmigo a Teotihuacán?
> —Sí. ¿Cuándo vamos?
> —El sábado por la mañana.
> —¿Cómo vamos a ir?
> —En camión.

TEOTIHUACÁN
CIUDAD DE MÉXICO

 ¿Qué hay en Teotihuacán?

Miren el plano y hagan una lista de los lugares que hay en Teotihuacán.

 ¿Adónde vamos?

Decidan adónde van a ir. Hablen de sus planes con sus compañeros.

> —Vamos a visitar la Pirámide de la Luna.
> —¡Sí, padrísimo! ¿Y adónde vamos después?
> —Me gustaría ir al museo y comprar tarjetas postales.

④ Tu excursión

Escribe cinco frases sobre tus planes.
Usa las siguientes preguntas.

- **¿Con quién vas a ir?** mi hermano
- **¿Adónde?** pirámides
- **¿Cuándo?** martes
- **¿Cómo?** a pie
- **¿Qué vas a comprar?** postales

¿SABES QUE...?

Teotihuacán was one of the first urban centers built on the American continent. At its peak, about 500 A.D., it had between 125,000 and 200,000 residents. The city had been abandoned and was in ruins by the time the Aztecs found it. They named this site **Teotihuacán**, or "place of the gods."

PARA RESOLVER

¡VAMOS DE EXCURSIÓN!

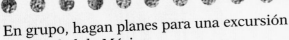

En grupo, hagan planes para una excursión
a la Ciudad de México.

PASO 1 Lugares de la Ciudad de México

Miren el mapa. Escojan cinco lugares que van
a visitar el fin de semana.

Palacio de Bellas Artes,...

PASO 2 ¿Adónde vamos?

Digan adónde y cuándo van a ir, dónde está cada
lugar y qué van a hacer allí.

— *¿Adónde vamos el sábado?*
— *Vamos al Palacio de Bellas Artes.*
— *¿Dónde está?*
— *En la avenida Juárez.*
— *¿Qué vamos a hacer allí?*
— *Vamos a escuchar música mexicana.*

PASO 3 ¿Y los otros grupos?

Ahora, hablen con otro grupo sobre sus planes para
el fin de semana.

— *Y ustedes, ¿adónde van a ir?*
— *Vamos a ir a la Zona Rosa.*
— *¿Qué van a hacer allí?*
— *Vamos a ir de compras.*

PASO 4 El centro de mi ciudad

Dibujen un mapa del centro de su ciudad o pueblo
similar al mapa de la Ciudad de México. Incluyan
cinco lugares (un museo, una iglesia, una biblioteca,
un mercado...). Expliquen dónde está cada lugar.

*La iglesia está en la calle Central, a la derecha
de la biblioteca.*

*La tienda de música está cerca de la estación
del metro.*

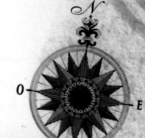

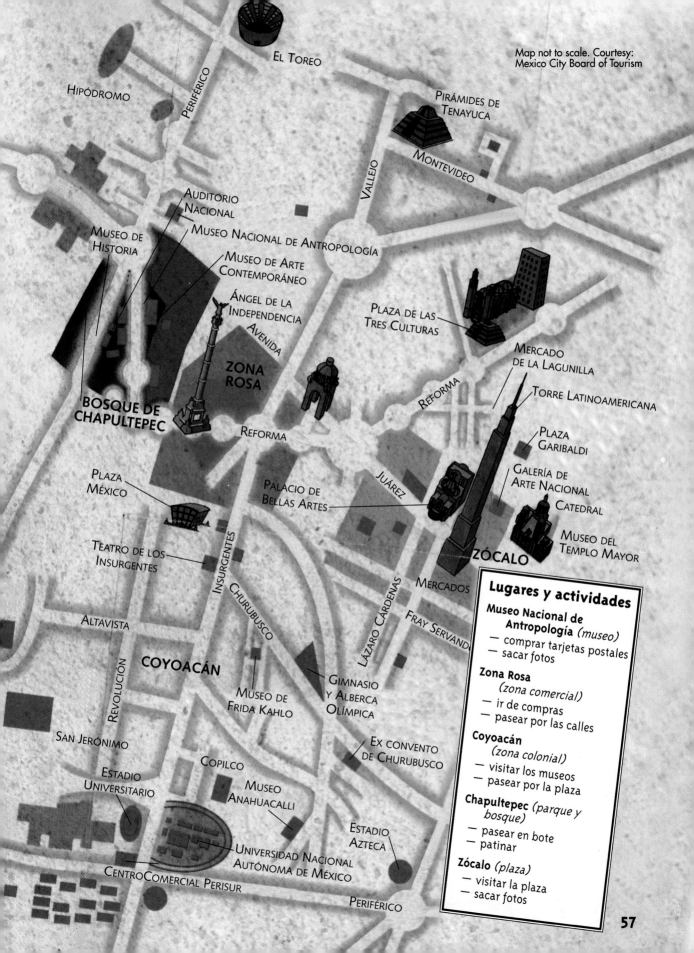

Map not to scale. Courtesy: Mexico City Board of Tourism

HIPÓDROMO

EL TOREO

PERIFÉRICO

PIRÁMIDES DE TENAYUCA

VALLEJO

MONTEVIDEO

AUDITORIO NACIONAL

MUSEO NACIONAL DE ANTROPOLOGÍA

MUSEO DE HISTORIA

MUSEO DE ARTE CONTEMPORÁNEO

ÁNGEL DE LA INDEPENDENCIA

AVENIDA

ZONA ROSA

PLAZA DE LAS TRES CULTURAS

MERCADO DE LA LAGUNILLA

REFORMA

TORRE LATINOAMERICANA

BOSQUE DE CHAPULTEPEC

REFORMA

PLAZA GARIBALDI

PLAZA MÉXICO

JUÁREZ

PALACIO DE BELLAS ARTES

GALERÍA DE ARTE NACIONAL

CATEDRAL

MUSEO DEL TEMPLO MAYOR

INSURGENTES

TEATRO DE LOS INSURGENTES

CHURUBUSCO

ZÓCALO

MERCADOS

ALTAVISTA

COYOACÁN

REVOLUCIÓN

LÁZARO CÁRDENAS

FRAY SERVANDO

GIMNASIO Y ALBERCA OLÍMPICA

MUSEO DE FRIDA KAHLO

SAN JERÓNIMO

EX CONVENTO DE CHURUBUSCO

COPILCO

ESTADIO UNIVERSITARIO

MUSEO ANAHUACALLI

ESTADIO AZTECA

UNIVERSIDAD NACIONAL AUTÓNOMA DE MÉXICO

CENTROCOMERCIAL PERISUR

PERIFÉRICO

Lugares y actividades

Museo Nacional de Antropología (museo)
— comprar tarjetas postales
— sacar fotos

Zona Rosa
  (zona comercial)
— ir de compras
— pasear por las calles

Coyoacán
  (zona colonial)
— visitar los museos
— pasear por la plaza

Chapultepec (parque y bosque)
— pasear en bote
— patinar

Zócalo (plaza)
— visitar la plaza
— sacar fotos

57

ENTÉRATE

ENCUESTA: ¿QUÉ HACEN LOS JÓVENES EN MÉXICO?

Éstas son las respuestas de tres chavos que viven en la Ciudad de México.

Nombre:
Luis Daniel Mujica

Edad:° 16 años

Actividades favoritas:
ir de compras, ir al cine y montar en bicicleta.

Lugares favoritos:
el centro comercial La Torre y el Parque de Chapultepec.

Nombre: Claudia Rayón

Edad: 17 años

Actividades favoritas:
ir al cine, ir a Coyoacán a escuchar música.

Lugares favoritos: el Palacio de Bellas Artes y el Centro Cultural Universitario, porque hay cine, salas de video y una cafetería fantástica.

Nombre: Pablo Granados

Edad: 15 años

Actividades favoritas:
patinar, bailar, ir al cine y comer hamburguesas.

Lugares favoritos:
las cafeterías Freeday y Hard Rock.

TE TOCA A TI

Haz una lista.

Escoge cinco actividades favoritas de los jóvenes de México.

¿Qué actividades te gustan? ¿Y a tus compañeros?

los chavos (Méx.) *kids*
la edad *age*

VOCABULARIO TEMÁTICO

Lugares de la ciudad
Places in the city
la biblioteca *library*
el centro *downtown*
el centro comercial
  shopping center
la discoteca *discotheque*
la estación del metro
  subway station
el estadio *stadium*
la iglesia *church*
el quiosco *newsstand*
la librería *bookstore*
el mercado *market*
el museo *museum*
el parque *park*
la plaza *square*
el teatro *theater*
la tienda de artesanías
  craft shop
la tienda de música
  record store

¿Cómo vas?
How are you going?
a pie *on foot*
en camión *by bus*
en coche *by car*
en metro *by subway*

en taxi *by taxi*

¿Con quién vas?
Whom are you going with?
con... *with. . .*
conmigo *with me*
contigo *with you*

¿Qué vas a hacer?
What are you going to do?
caminar *to walk*
cantar *to sing*
comprar *to buy*
ir a un concierto
  to go to a concert
ir de compras
  to go shopping
pasear en bote
  to take a boat ride
patinar *to skate*
sacar fotos *to take pictures*
visitar *to visit*

¿Qué vas a comprar?
What are you going to buy?
las artesanías *arts and crafts*
el disco compacto *compact disc*
el periódico *newspaper*

¿Cómo es?
antiguo(a) *ancient*
barato(a) *inexpensive*
moderno(a) *modern*
padrísimo(a) *great*

¿Dónde está?
cerca *near*
lejos *far*

Expresiones y palabras
¿Adónde te gustaría ir?
  Where would you like to go?
¿Con quién? *With whom?*
Me gustaría... *I would like . . .*
¿Adónde? *Where?*
generalmente *usually*
los jóvenes *young people*

Expresiones de México
¡Padrísimo! *Great!*
el camión *bus*
los chavos *kids*
el tianguis *outdoor market*

LA CONEXIÓN INGLÉS-ESPAÑOL

Have you noticed that some Spanish words are similar to English words? Words in two languages that look alike are called "cognates." One of the cognates you saw in this chapter is ***visitar***. Did you figure out what it means?

Some cognates mean the same thing in English and Spanish. Others are false cognates; they mean different things. For example, ***librería*** does not mean *library;* it means *bookstore*.

Look at the ***Vocabulario temático*** and make a list of other cognates you see.

CAPÍTULO 2

¿Qué vas a comer?

Objetivos

COMUNICACIÓN
To talk about:
- foods you like or dislike
- favorite restaurants
- ordering something to eat

CULTURA
To learn about:
- typical Mexican foods
- mealtimes in Mexico

VOCABULARIO TEMÁTICO
To know the expressions for:
- food and drinks
- places where you can eat
- table settings

ESTRUCTURA
To talk about:
- foods you like: the verb *gustar* and a noun
- meals: the verbs *comer* and *compartir*

¿SABES QUE...?

In Mexico City, the *taquería* is a place where people get together and have delicious, inexpensive food. The dozens of taco fillings range from grilled beef to fried squash flowers. Other typical Mexican foods such as *enchiladas* are also served there.

◄ El mole y las enchiladas son platos típicos mexicanos.

CONVERSEMOS

LA COMIDA Y TÚ

(Food and you)

Habla con tu compañero(a).

¿DÓNDE VAS A COMER HOY?
(Where are you going to eat today?)

Voy a comer en...

la cafetería de la escuela   mi casa
un restaurante   el parque

EN EL DESAYUNO, ¿QUÉ COMES? ¿QUÉ TOMAS?
(For breakfast, what do you eat? What do you drink?)

Generalmente, como cereal y tomo/bebo leche fría.
(Usually, I eat cereal and drink cold milk.)

Como...		**y tomo/bebo...**			
	cereal		jugo de naranja		leche fría
	pan con mantequilla		jugo de manzana		café
	huevos con jamón		jugo de piña		chocolate caliente

¿Y EN LA COMIDA*? ¿Y EN LA CENA? ¿QUÉ TE GUSTA?
(And for lunch? And for dinner? What do you like?)

En la comida generalmente como... *[For lunch I usually eat . . .]*
y en la cena como... *[and for dinner I eat . . .]*

	un sándwich *el bocadillo*		un bistec		un yogur con fruta
	una ensalada		una pizza		arroz con pollo

el pavo (turkey)

*Usado en México y España; en algunos países: **el almuerzo.**

62

¿QUÉ COMIDAS TE GUSTAN?
(What foods do you like?)

Me gusta el pescado.   Me gustan las verduras.

 el queso

 las hamburguesas

el pescado

 las papas fritas

la sopa

 las verduras*

*Greens en México; también **los vegetales, las legumbres.**

> **Las hamburguesas son deliciosas, ¿verdad?**
> *(Hamburgers are delicious, aren't they?)*

EN EL RESTAURANTE, ¿QUÉ DICES?
(At the restaurant, what do you say?)

¿Qué vas a pedir? *(What are you going to order?)*

¿Quieres compartir un postre? *(Do you want to share a dessert?)*

¿Tienes mucha hambre / sed? *(Are you very hungry / thirsty?)*

¿Algo más? *(Something else?)*

¿Cómo es la comida? *(What's the food like?)*

fresca *(fresh)*   picante *(spicy)*   horrible *(awful)*

rica *(tasty)*   dulce *(sweet)*   deliciosa *(delicious)*

> **No, gracias. No quiero nada.**
> *(No, thanks. I don't want anything.)*

un vaso

una taza

only in Mexico

> **Mesero, una servilleta, por favor.**
> *(Waiter, may I have a napkin, please?)*

una servilleta

una cuchara

un tenedor

un cuchillo

un plato

el camarero (everywhere else)

63

REALIDADES

¡VAMOS A COMER EN MÉXICO!

¡VAMOS A COMER EN MÉXICO!

TAQUERÍAS, RESTAURANTES, CAFETERÍAS DE COMIDA RÁPIDA, MERCADOS DE FRUTAS Y VERDURAS. ¡Y MUCHO MÁS!

► En esta cafetería venden comida rápida. ¿Te gustan las hamburguesas? ¿Y las papas fritas? ¡Aquí son deliciosas!

◄ ¿Te gusta la comida picante? En las taquerías los mexicanos compran tacos, enchiladas y tortillas. ¡La comida es padrísima! Y no es cara. ¡Buen provecho!

En México hay muchos restaurantes al aire libre. Hay restaurantes italianos, chinos y vegetarianos. ¿Qué te gustaría comer? ¿Pescado, bistec o pollo? ▼

▲ En este mercado hay frutas y verduras frescas. ¿Te gustan los chiles verdes? ¡Qué ricos!

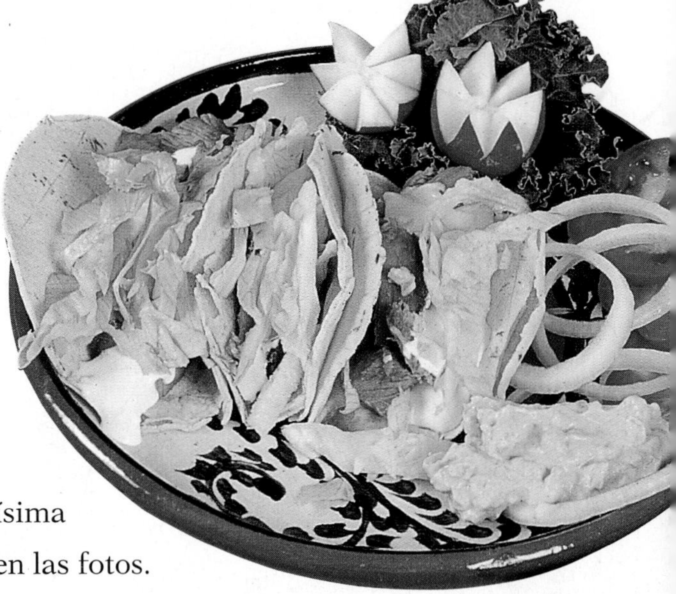

HABLA DE LA REVISTA

A. Di qué te gustaría comer en cada lugar.

En la taquería: tacos...

En la cafetería:
En el restaurante al aire libre:
En el restaurante de comida rápida:

B. Busca una comida para cada descripción.

Los tacos son picantes.

picantes   frescas   deliciosas   ricos   padrísima

C. Habla con tu compañero(a) de las comidas en las fotos.

— *¿Qué te gustaría comer?*
— *Me gustaría comer enchiladas.*

— *A mí me gustan mucho los tacos. ¿Y a ti?*
— *A mí también. ¡Son deliciosos! ¿Verdad?*

¿QUÉ OPINAS?

- Mira la lista. ¿Qué comidas te gustan?
- ¿Y a tu compañero(a)?
- ¿Qué comidas favoritas tienen en común?
- Haz un diagrama. Usa el modelo.

Comidas	
tacos	piña
guacamole	pizza
hamburguesas	huevos
pescado	bistec
pollo	papas fritas
ensaladas	naranjas
jamón	¿otras comidas?

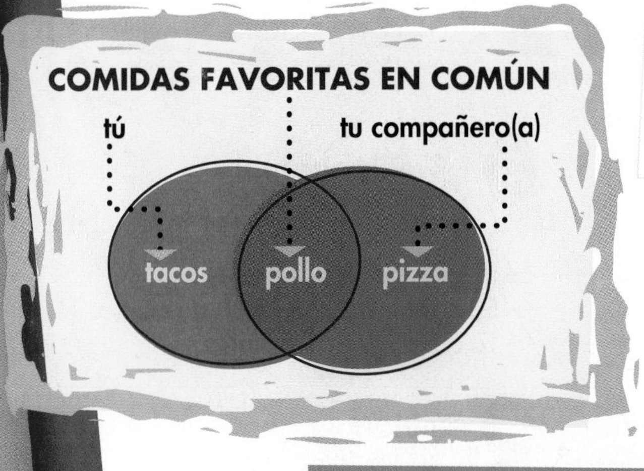

COMIDAS FAVORITAS EN COMÚN

tú   tu compañero(a)

tacos   pollo   pizza

PALABRAS EN ACCIÓN

EL MENÚ DEL DÍA

COMIDAS TÍPICAS MEXICANAS

el mesero   la clienta

Restaurante Primavera

comida: de 1:00 a 4:00 de la tarde
cena: de 8:00 a 10:00 de la noche

PLATOS DEL DÍA

pasta   NS11.00

bistec con papas   NS25.00

arroz con pollo   NS30.00

enchiladas   NS24.00

arroz con frijoles   NS10.00

guacamole   NS12.00

tacos de carne   NS15.50

ENSALADAS

ensalada de aguacate   NS9.00

ensalada de lechuga y tomate   NS9.50

SOPAS

sopa de verduras   NS7.50

sopa de pollo   NS7.50

1 ¿Qué te gusta?

Haz una lista.

Me gusta: *la sopa de pollo*
Me gustan: *los tacos*

2 ¿Cómo es?

Describe las comidas del menú.

frío(a)	caliente	dulce	picante
helado	café		

3 ¿Tienes hambre?

Habla con tu compañero(a) sobre el menú.

— *Tienes hambre, ¿verdad?*
— *Sí, quiero un sándwich de queso. ¿Y tú?*
— *Yo quiero una ensalada.*

4 Bebidas y postres

Habla con tu compañero(a).

— *¿Tienes sed?*
— *Sí, quiero un refresco.*
— *Y de postre, ¿qué vas a comer?*
— *Quiero un pastel de chocolate.*

SÁNDWICHES

NS$15.00 de atún
NS$12.00 de queso
NS$10.00 hamburguesas
NS$5.00 papas fritas

FRUTAS

NS$3.00 piña y naranjas
NS$5.00 sandía
NS$5.00 manzanas
NS$3.00 plátanos

POSTRES

NS$8.50 flan
NS$9.50 helado de chocolate / helado de vainilla
NS$10.50 pastel de chocolate
NS$6.50 yogur

BEBIDAS

NS$3.50 agua mineral
NS$4.50 café o té
NS$6.50 refrescos y batidos

5 ¿Qué comes? ¿Qué tomas?

Completa la tabla.

	Como...	y tomo...	hora
desayuno	2 huevos,...	chocolate a las	7:00
almuerzo (comida)	___	___	___
cena	___	___	___

6 En un restaurante

Escribe un diálogo entre un(a) mesero(a) y un(a) cliente(a).

Mesero(a): *Buenos días, ¿qué va a pedir?*
Cliente(a): *Quiero un sándwich de atún.*
Mesero(a): *¿Y para tomar?*
Cliente(a): *Un vaso de leche.*
Mesero(a): *¿Algo más?*
Cliente(a): *No, gracias.*

7 Collage

Usa fotos o dibujos para crear un collage de tus comidas y bebidas favoritas. Escribe el nombre de cada comida o bebida.

8 ¿Y tú?

Haz una lista de las comidas que te gustan.

¿SABES QUE...?

The *peso* is the basis of the Mexican currency. In 1993, the new *peso* (abbreviated as N$) was introduced. To know the N$ exchange rate to the American dollar, check with a bank or in a newspaper.

PARA COMUNICARNOS MEJOR
Gramática en contexto

Estructura *Gustar* + noun

¿QUÉ TE GUSTA?

To talk about things you like or dislike, use the verb *gustar* and a noun.

☐ To say that you or another person likes or dislikes one thing, use **gusta** followed by a singular noun.

Me gusta el pollo.	I like chicken.
No me gusta el bistec.	I don't like steak.

☐ To say that you or another person likes or dislikes more than one thing, use **gustan** followed by a plural noun.

No me gustan los postres.	I don't like desserts.
Me gustan las hamburguesas.	I like hamburgers.

☐ **Le gusta/le gustan** can mean *you* (formal) *like, he likes,* and *she likes*.

Le gustan las verduras.	You like vegetables.
Le gusta la sopa.	He likes soup.
Le gusta el jugo de naranja.	She likes orange juice.

☐ Use **a mí**, **a ti**, **a usted**, **a él**, **a ella**, or **a** and a name for emphasis or clarity.

A mí me gusta el flan.	I like flan.
A ti te gusta el helado.	You like ice cream.
A Eva le gusta el té frío.	Eva likes iced tea.

☐ To say that you like to do something, use **me gusta** and the infinitive of another verb: **Me gusta comer pizza.**

¡OJO!

If you ask "who likes. . . ?" remember to begin the question with **a**.

¿A quién le gustan las ensaladas?

68

Taquería del Sol

La Taquería del Sol tiene un menú del día.
¿Qué ensalada te gusta? ¿Qué taco? ¿Qué
sándwich? ¿Qué jugo? ¿Qué postre?
Pregúntale a tu compañero(a).

— *¿Qué ensalada te gusta?*
— *Me gusta la ensalada de tomate.*

 En un restaurante mexicano

¿Qué comidas te gustan? Pregúntale a tu
compañero(a).

— *¿Te gustan los tacos?*
— *Sí, son muy ricos. Me gustan mucho.*
  (No, no me gustan.)

1. los tacos
2. el arroz con pollo
3. el guacamole
4. los frijoles
5. las enchiladas
6. el flan

3 **El menú de la escuela**

A. En grupo, preparen una tabla con las comidas y bebidas que hay
en la cafetería de la escuela. Anoten qué le gusta a cada uno.

	a Luis	a María	a Andrés	a Eva
pescado	no	sí	sí	no
pizza				
pollo				
papas fritas		sí	sí	

B. Informen a la clase.

A mí no me gusta el pescado y a Eva tampoco.
A María le gustan las papas fritas y a Andrés también.

PARA COMUNICARNOS MEJOR
Gramática en contexto

Estructura Present of *-er* and *-ir* verbs

¿QUÉ COMES?

To talk about everyday activities, you can use many verbs that end in *-er* and *-ir*.

Comer (to eat), for example, is a verb that ends in *-er*.

— Por la mañana como fruta. | In the morning, I eat fruit.
¿Y ustedes? | And you?
— Comemos cereal con leche. | We eat cereal with milk.

Compartir (to share) is a verb that ends in *-ir*.

Siempre comparto el postre. | I always share dessert.

Look at the forms of the verbs *comer* and *compartir* in the present tense. Note that the endings are the same except in the *nosotros(as)* and *vosotros(as)* forms.

	comer (to eat)	compartir (to share)
yo	como	comparto
tú	comes	compartes
usted	come	comparte
él/ella	come	comparte
nosotros(as)	comemos	compartimos
vosotros(as)	coméis	compartís
ustedes	comen	comparten
ellos/ellas	comen	comparten

Some other *-er* and *-ir* verbs that you have already seen are *leer (to read)* and *escribir (to write)*.

70

1 Los restaurantes del centro

¿Qué comes en los restaurantes? ¿Qué tomas?
Pregúntale a tu compañero(a).

— *¿Qué comes en un restaurante italiano?*
— *Como pizza.*
— *¿Y qué tomas?*
— *Tomo agua mineral.*

en un restaurante vegetariano
en un restaurante italiano
en un restaurante mexicano
en un restaurante de comida rápida
en una taquería

2 Desayuno, comida y cena

A. ¿Qué comen en cada comida? Con tu compañero(a),
preparen una lista.

desayuno: *cereal con leche...*
comida (almuerzo): *un sándwich de...*
cena: *pollo con papas fritas...*

B. Ahora, pregúntenles a otros compañeros(as).

— *¿Qué comen ustedes para el desayuno?*
— *Comemos huevos con jamón. ¿Y ustedes?*
— *Nosotros comemos cereal con leche.*

3 En la cafetería de la escuela

Pregúntale a tu compañero(a).

— *Generalmente, ¿qué comes en la cafetería de
la escuela?*
— *Como un sándwich.*

1. ¿Qué comes?
2. ¿Qué tomas?
3. ¿Comes pan con la comida?
4. Generalmente, ¿qué comes de postre?
5. Generalmente, ¿compartes la comida? ¿Con quién?
6. ¿Te gusta comer en la cafetería de la escuela?

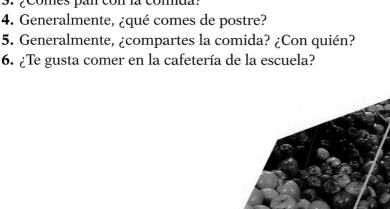

SITUACIONES

¿ADÓNDE VAMOS A COMER?

Los Guajolotes
fonda

**Platillos Mexicanos
y Cocina Internacional**

Insurgentes Sur Esq. San Antonio
Tel. 555-3325

EL PARADOR
Restaurante

¡Estamos muy cerca
de todos los teatros!

**Carnes
&
Mariscos**

Monterrey 340
Esq. Baja California Tel. 555-6465

Av. Cuauhtémoc
Esq. Luz Saviñón Tel. 555-2513

Xola 603
Esq. Amores Tel. 555-3936

10% de descuento con la presentación de este programa

PUROS TACOS

INSURGENTES

¡Dándole otro concepto al taco!

Tacos. Música.
Estacionamiento.
Todos los días
de 1:00p.m. a 5:00 a.m.

Insurgentes Sur #500

PARA TU REFERENCIA

la cocina *cuisine*
la fonda *inexpensive restaurant*
el guajolote (Méx.) *turkey*
los mariscos *shellfish*
el plato principal *main course*
poner la mesa *to set the table*
los precios *prices*

1 **Decisiones**

Mira los anuncios y haz planes para ir a comer con un(a) amigo(a).

— ¿Adónde vamos? ¿A Puros Tacos?
— Sí, ¡padrísimo! Me gustan mucho los tacos.
(No, no me gustan mucho los tacos. ¡Vamos a El Parador!)

2 **Haz un anuncio**

Haz un anuncio de tu restaurante favorito con las comidas,
los precios, el horario, la dirección y el teléfono.

72

3 La hora de las comidas

Con tu compañero(a), comparen la hora de las comidas en México y en Estados Unidos.

— ¿A qué hora es la comida (el almuerzo) en México?
— En México la comida es de 1:00 a 3:00 de la tarde.
— ¿Y en Estados Unidos?

4 Una comida en la clase

Hagan planes para una comida en la clase. Decidan:

- Qué van a comer (incluyan sopa, plato principal y postre)
- Qué van a tomar
- Quién va a ser el/la mesero(a)
- Qué necesitan para poner la mesa
- Qué necesitan para la comida

¿SABES QUE...?

The largest and most important meal of the day in Mexico is not dinner but lunch. It is called *la comida* and is eaten between 1:00 P.M. and 3:00 P.M. Often businesses and schools close for several hours so people can eat with their families. *La cena*, a light dinner, can start as early as 7:00 P.M. or as late as 10:00 P.M. Sometimes, between lunch and dinner, Mexicans also have a *merienda*, a snack of rolls or pastries with coffee, tea, or hot chocolate.

Comida can also mean food, meal, or dish.

Almuerzo means *lunch* in many other Spanish-speaking countries.

Necesitamos:

pan
tomates
lechuga
papas
un guajolote
manzanas, naranjas, melón
pasteles de chocolate
vasos, platos, servilletas

Con tu clase, planeen el menú de la cafetería de la escuela para toda la semana.

PASO 1 El menú de la semana

En grupos, escojan un menú para cada día de la semana.

- *Menú vegetariano: lunes*
- *Menú para atletas:*
- *Menú de comidas rápidas:*
- *Menú mexicano:*
- *Menú italiano:*

PASO 2 El menú del día

Planeen el menú del día: sopas, plato del día, postres, bebidas, precios en dólares... Hagan un dibujo del menú.

PASO 3 El plato sorpresa

En grupos, inventen un plato sorpresa para el menú. ¿Cómo se llama?

> *Pan, aguacate, lechuga y tomate verde.*
> *Se llama sándwich "verde, verde, verde".*

PASO 4 Los ingredientes

¿Qué hay en el menú y cuánto cuesta? Digan cuáles son los ingredientes de cada plato.

> *Ensalada "¡Viva México!"*
> *(Aguacate, tomate y frijoles)*
> *Cuesta $2.50*

PASO 5 Encuesta

Con la clase, comparen todos los menús. ¿Cuál es el menú favorito de la clase? ¿Cuál es el más barato? ¿Cuál es el más caro? ¿Cuál es el más rico? ¿Cuál es el más picante? ¿Cuál es el plato sorpresa favorito de la clase?

¿SABES QUE...?

In Mexico, *jugos*, or fruit juices, are usually freshly squeezed by street vendors. You can also get an *agua fresca*, which is a fruit juice mixed with water and sugar. For an extra burst of energy, try a *licuado*, a fruit milk shake that is some-times mixed with an egg.

MENÚ VEGETARIANO

Lunes

SOPAS

sopa de verduras $1.20
sopa de tomate $1.00

PLATOS DEL DÍA

pasta $3.00
arroz con frijoles $2.00
ensalada "¡Viva México!" $2.50
(aguacate, tomate y frijoles)

PLATO SORPRESA

sándwich "verde, verde, verde" $2.50
(pan, aguacate, lechuga y tomate verde)

POSTRES

flan de mango $1.20
ensalada de frutas $1.25

BEBIDAS

jugo de piña $1.00
refrescos $1.00
chocolate caliente $1.00

ENTÉRATE

LA COMIDA MEXICANA

La comida mexicana es color, sabor° y tradición. El maíz°, el chocolate y los chiles° son ingredientes típicos° de la comida mexicana.

CHILEMANÍA

¿Son todos los chiles rojos y picantes? No. Hay chiles amarillos, verdes y de otros colores. También hay chiles menos picantes. Los chiles son muy populares en México. Los mexicanos comen chile con pan, salsas, pastas, frutas y también con las papas fritas. ¡Es una chilemanía!

EL MAÍZ

El maíz se usa° para hacer sopas, comidas, postres como el tamal dulce° y bebidas como el atole°. El maíz también se usa en la tortilla, que es como el pan en otras culturas.

EL CHOCOLATE EN LAS COMIDAS

¿Chocolate con carne? ¿Chocolate con chiles? En México preparan muchas comidas con mole poblano, una salsa° con chocolate, chiles y muchos ingredientes más. ¡Buen provecho!°

¿SABES QUE...?

Chocolate is made from cocoa beans. The cocoa tree was cultivated by the Aztecs. They believed cocoa to be a source of strength and wisdom. Today, **chocolate** is a basic ingredient in Mexican cooking, not only for desserts, but also for main dishes and drinks.

TE TOCA A TI

Di qué frases son ciertas y cuáles son falsas. Corrige las frases falsas.

1. Los mexicanos preparan mole con maíz.
2. Todos los chiles son rojos y picantes.
3. El maíz se usa para hacer tortillas.
4. El mole poblano es una salsa con chocolate.

el atole *sweet drink made of milk and cornstarch*
¡Buen provecho! *Enjoy your meal!*
los chiles *chili peppers*
el maíz *corn (maize)*
el sabor *flavor*
la salsa *sauce*
se usa *(it) is used*
el tamal dulce *sweet maize dough wrapped up in maize or banana leaves*
típicos *typical*

VOCABULARIO TEMÁTICO

Lugares para comer
Places to eat

el restaurante al aire libre
  outdoor restaurant
el restaurante de comida rápida
  fast food restaurant
la taquería taco shop

En el desayuno
For breakfast

el cereal cereal
los huevos eggs
la mantequilla butter
el pan bread

En la comida
(el almuerzo)
y en la cena
For lunch and for dinner

el aguacate avocado
el almuerzo lunch
el arroz rice
el atún tuna
el bistec steak
la carne meat
la ensalada salad
los frijoles beans
el jamón ham
la lechuga lettuce
las papas potatoes
las papas fritas French fries
la pasta pasta
el pescado fish
el pollo chicken
el queso cheese
la sopa soup
el tomate tomato
las verduras greens, green
  vegetables

Las frutas *Fruits*

la manzana apple
el melón melon
la naranja orange
la piña pineapple
el plátano banana

Las bebidas *Drinks*

el agua mineral mineral water
el batido shake
el café coffee
el chocolate (caliente)
  (hot) chocolate
el jugo juice
la leche milk
el refresco soft drink
el té tea

Los postres *Desserts*

el flan flan
el helado de vainilla
  vanilla ice cream
el pastel cake
el yogur yogurt

En el restaurante

el cliente/la clienta customer
la comida food, meal, dish
la cuchara spoon
el cuchillo knife
el menú menu
el mesero/la mesera
  waiter/waitress
el plato del día daily special
el plato plate
la servilleta napkin
la taza cup
el tenedor fork
el vaso glass

¿Cómo es?

caliente hot
caro(a) expensive
delicioso(a) delicious
dulce sweet
fresco(a) fresh
frío(a) cold
horrible awful
picante spicy
rico(a) tasty

Expresiones y palabras

¿Algo más? Something else?
¡Buen provecho!
  Enjoy your meal!
No quiero nada.
  I don't want anything.
¿Qué vas a pedir?
  What are you going to order?
¿Tienes hambre/sed?
  Are you hungry/thirsty?
Tengo mucha hambre/sed.
  I'm very hungry/thirsty.
beber to drink
compartir to share
o or
¿verdad? Isn't it?, aren't they?,
  right?
tomar to drink

Platos típicos
mexicanos

la enchilada enchilada
el guacamole guacamole
el mole mole
el taco taco
la tortilla tortilla

Expresión de México

la comida lunch
las verduras vegetables

LA CONEXIÓN INGLÉS-ESPAÑOL

It was easy to recognize the word *delicioso* because it looks like *delicious*. Other cognates may not be as obvious. Look at these words in the *Vocabulario temático*: *ensalada*, *bistec*, *plato*. How can their similarity to English words help you understand what they mean?

ADELANTE

ANTES DE LEER

Es domingo, ¿adónde vamos?
¡Al Bosque° de Chapultepec! Está en
el centro de la Ciudad de México. Son
670 (seiscientas setenta) hectáreas° de
parque. Hay teatros, museos, lagos°,
un zoológico, un parque de
diversiones° ¡y un castillo°!

Mira las páginas 78–81. Di qué
actividades te gustaría hacer
en el Bosque de Chapultepec.

◀ La famosa estatua° de
Tláloc, dios de la lluvia°,
está a la entrada° del
Museo Nacional de
Antropología, en el
Bosque de Chapultepec.

78

	la entrada *entrance*
	la estatua *statue*
el bosque *woods*	la hectárea *hectare (2.471 acres)*
el castillo *castle*	los lagos *lakes*
el dios de la lluvia *god of rain*	el parque de diversiones *amusement park*

◄ En náhuatl, la lengua° de los aztecas, chapultepec quiere decir "monte de los chapulines°."

◄ Muchos chicos y chicas van a patinar al Bosque de Chapultepec.

◄ En el parque, los cacahuates° con chile, con sal° o con azúcar,° son muy populares.

el azúcar *sugar*   el monte de los chapulines
los cacahuates *peanuts*   *grasshopper hill*
la lengua *language*   la sal *salt*

79

DEL MUNDO HISPANO

UN PASEO POR

CHAPULTEPEC

Chapultepec Mágico

Éste es el nombre del parque de diversiones de Chapultepec. La montaña rusa° es una de las atracciones favoritas.

◀ **La montaña rusa de este parque tiene forma de serpiente°.**

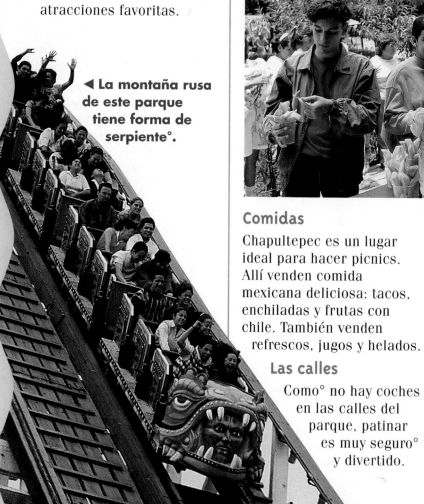

▼ **En el parque venden° deliciosas frutas con chile.**

Comidas

Chapultepec es un lugar ideal para hacer picnics. Allí venden comida mexicana deliciosa: tacos, enchiladas y frutas con chile. También venden refrescos, jugos y helados.

Las calles

Como° no hay coches en las calles del parque, patinar es muy seguro° y divertido.

El Castillo

El Castillo está en la cima° del Monte de Chapultepec. Este edificio° histórico es hoy el Museo Nacional de Historia.

Teatros

En el Auditorio Nacional, la Casa del Lago y el Teatro del Bosque hay conciertos y obras de teatro.°

como *since*
el edificio *building*
en la cima *on the top*
la montaña rusa *roller coaster*
las obras de teatro *theater plays*
seguro *safe*
la serpiente *snake*
venden *they sell*

80

Muchos jóvenes visitan el zoológico de Chapultepec.▼

El parque zoológico

En el zoológico ¡hay más de° 2.500 (dos mil quinientos) animales! El zoológico es también un centro de protección de animales, como el lobo° mexicano, el panda gigante, el orangután, el gorila, el jaguar, el puma y el águila°.

Papalote°: Museo del Niño°

En el Papalote hay exposiciones° de ciencia y tecnología. En Chapultepec también hay museos de arte y un museo de antropología°.

el águila *eagle*
las exposiciones *exhibits*
el lobo *wolf*
más de *more than*
el niño *child*
el papalote *kite*

▲ **En el zoológico de Chapultepec hay jaguares.**

◄ **En el Papalote: Museo del Niño, hay muchas exposiciones interesantes.**

81

DESPUÉS DE LEER

❶ Tu cartel de Chapultepec

Mira el mapa de Chapultepec. En grupo, van a hacer un cartel del Bosque. Usen dibujos para ilustrar su cartel. Incluyan:

- el nombre de cada lugar
- actividades para hacer

❷ Categorías

Ahora, pongan los lugares de Chapultepec en cuatro categorías:

Diversión	montaña rusa
Arte	
Historia	
Ciencias	

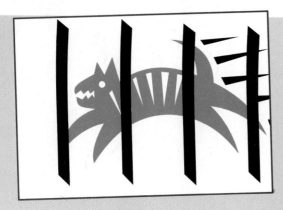

❸ ¡Diseña tu logo!

Ahora, escoge tres lugares de Chapultepec y diseña un logo para cada uno.

❹ Compruébalo

Combina correctamente los elementos de las dos columnas.

En el zoológico hay más de 2.500 animales.

En...
✓**1.** el zoológico
2. el Papalote
3. la cima del monte
4. el Auditorio Nacional
5. el parque de diversiones

hay...
a. un castillo
b. exposiciones de ciencia y tecnología
c. más de 2.500 animales ✓
d. una montaña rusa
e. conciertos

TALLER DE ESCRITORES

1. EN LA CIUDAD DE MÉXICO

Tu agenda

Escribe qué lugares te gustaría visitar en la Ciudad de México.
Haz una agenda para un fin de semana. Por ejemplo:

	sábado	domingo
por la mañana	9:00–11:00 visitar el Museo de Antropología	10:00-12 Parque
por la tarde	2:00 comer	2:00 comer
por la noche 7:00 bailar		4:10 Chapultepec Mágico

¿Adónde vas a ir? ¿Cuándo? ¿Qué vas a hacer allí?

Escribe las respuestas. Por ejemplo:

Voy a ir al Museo de Antropología el sábado por la mañana. Voy a sacar fotos.

2. ¿QUÉ HAY EN EL BOSQUE DE CHAPULTEPEC?

A. Escribe las respuestas a estas preguntas.

- ¿Dónde está el Bosque de Chapultepec?
- ¿Qué lugares te gustaría visitar allí?
- ¿Qué cosas te gustaría hacer allí?
- ¿Qué animales hay en el zoológico?
- ¿Qué comidas mexicanas te gustaría comprar allí?

B. Ahora diseña el parque que te gustaría tener en tu pueblo o ciudad. Incluye lugares, actividades ¡y tus logos!

3. UN COLLAGE

Haz un collage sobre la Ciudad de México. Incluye:

- lugares interesantes para visitar
- actividades que te gustaría hacer
- comidas mexicanas
- animales nativos de México

¡Tortillas y tacos!

¡Mmmm... deliciosos!

La tortilla es la comida fundamental de México y toda América Central. Se hace° con maíz. Los tacos son tortillas con carne o pollo, verduras, queso y chile.

El maíz

- es una planta originaria de América.
- su nombre azteca es "toconayo".

TE TOCA A TI

Invita a tus amigos a comer tacos. Son deliciosos y fáciles de hacer.

ingredientes

1 libra° de carne
1 cebolla°
2 cucharadas° de aceite°
12 tortillas de maíz
1/2 (media) libra de queso
1/2 taza de crema°
1 lechuga
2 tomates

cilantro
perejil°
chile, sal y
pimienta°

el aceite *oil*
la cebolla *onion*
la crema (Méx.)
sour cream

la cucharada
(measure) tablespoon
se hace *it is made*

la libra *pound*
el perejil *parsley*
la pimienta *pepper*

84

1 **Para preparar la salsa:** poner°
los tomates, la cebolla, el
cilantro, el perejil, el chile, la
sal y la pimienta en la
licuadora° por unos minutos.

2 **Para preparar la carne:** freír°
la carne en aceite con sal y
pimienta. Después, mezclar°
un poco de salsa con la carne.

3 **Para hacer los tacos:** poner
una cucharada° de carne en
cada tortilla.

4 **Para decorar los tacos:**
poner la crema primero,
después la salsa, la lechuga
y el queso.

la cucharada *tablespoonful*   mezclar *mix*
freír *fry*   poner *put*
la licuadora *blender*

OTRAS FRONTERAS

CIENCIAS

MONARCA, MARIPOSA° MARAVILLOSA

Todos los años, millones de mariposas monarcas migran° desde Canadá y Estados Unidos hasta° México (viajando° más de 5.000 kilómetros). Las monarcas son de color negro, anaranjado y blanco.

- ¿A qué país migran las monarcas?
- ¿De dónde migran?
- ¿De qué color son?

ARTE

TIENDA DE LEGUMBRES°

Este cuadro° se llama *Tienda de legumbres*. Es de la artista mexicana Elena Climent (1955). Los cuadros de Climent representan situaciones de la vida diaria° de los mexicanos. Hoy día°, Elena vive° y trabaja° en la ciudad de Nueva York.

- ¿Por qué el cuadro se llama *Tienda de legumbres*?
- ¿Qué frutas y legumbres hay en este cuadro?
- ¿Qué colores hay en el cuadro?
- ¿De dónde es Elena Climent? ¿Dónde vive?

el cuadro *painting*
hasta *up to*
hoy día *nowadays*
las legumbres *vegetables*
la mariposa *butterfly*
migran *migrate*
trabaja *(she) works*
la vida diaria *daily life*
vive *(she) lives*
viajando *traveling*

86

ARQUEOLOGÍA

EL CALENDARIO AZTECA

Los aztecas eran° grandes° astrónomos. En el calendario azteca están representados el sol y todos los planetas, los años, los meses y los días. El calendario está en el Museo Nacional de Antropología de la Ciudad de México.

- ¿Quiénes eran grandes astrónomos?
- ¿Dónde está el calendario azteca?
- ¿Qué cosas están representadas en el calendario azteca?

HISTORIA **EL ÁGUILA Y LA SERPIENTE**

La bandera° de México es verde, blanca y roja. En el centro hay un águila, un cacto y una serpiente. Según la tradición, los aztecas fundaron° Tenochtitlán (hoy Ciudad de México) donde encontraron° un águila en un cacto devorando° una serpiente. El águila simboliza prosperidad.

- ¿De qué colores es la bandera de México?
- ¿Qué animales hay en la bandera?
- ¿Qué simboliza el águila?

la bandera *flag*
devorando *devouring*
encontraron *(they) found*

eran *were*
fundaron *founded*
grandes *great*

TEXAS

CONSERVANDO LA HERENCIA HISPANA

En la unidad 2:

Capítulo 3   **Celebraciones**

Capítulo 4   **¿Dónde vives?**

Adelante   **Para leer:** Ritmos de Texas

Proyecto: ¡A romper la piñata!

Otras fronteras: Prensa, geografía, idioma y arte

Parque Nacional Big Bend, Texas.

The state of Texas, known as the Lone Star State, is so big that it has two time zones! Texas lies north of Mexico, separated from it by the Rio Grande.

Texas has a rich Hispanic heritage. Spanish explorers first came to the region nearly a hundred years before the Pilgrims landed in New England. Spain occupied the area until the early 1800's when Mexican-born descendants of the Spanish settlers (*criollos*) revolted and gained independence. Around that time, Anglo settlers began arriving and soon outnumbered the Hispanic population. In 1845, Texas became the 28th state of the United States.

Many Texan street names, buildings, and arts reveal a strong Hispanic influence. In this unit you will take part in the celebrations of Mexican-Americans whose families have lived in Texas for many generations. You will also enjoy fiestas and mariachi music, tour the city of San Antonio, make plans for a weekend in El Paso, and learn how to make a *piñata*.

CAPÍTULO 3

CELEBRACIONES

Objetivos

COMUNICACIÓN

To talk about:

- how you plan to celebrate an event
- whom you are going to invite
- what you are going to do
- what you need to buy or make

CULTURA

To learn about:

- family celebrations in Texas
- celebrating *el Día de los muertos*

VOCABULARIO TEMÁTICO

To know the expressions for:

- parties and celebrations
- party activities
- things to buy or make for a party
- describing people and things

ESTRUCTURA

To talk about:

- events, people, places and things: adjectives
- what you do or make: the verb *hacer*
- people you know: the verb *conocer*

◀ **Paseo del Río en San Antonio, Texas.**

CONVERSEMOS

LAS CELEBRACIONES Y TÚ

Habla con tu compañero(a).

¿QUÉ TE GUSTA HACER EN UNA FIESTA?

Me gusta... No me gusta...

bailar	escuchar música
cantar	hablar con mis amigos
comer	sacar fotos

¿QUÉ VAS A HACER PARA TU CUMPLEAÑOS?
(What are you going to do for your birthday?)

Voy a...

 tener una fiesta

 hacer un picnic

 hacer una barbacoa

 invitar a mis amigos a jugar con videojuegos

 comer en un restaurante

 comprar una guitarra

Nada especial.
(Nothing special.)

¿A QUIÉN VAS A INVITAR?

**Voy a invitar a mi amigo Juan.
Juan es muy divertido.**

INVITADOS *(Guests)*

mi amigo / mi amiga *(my friend)*

mi novio / mi novia
(my boyfriend / my girlfriend)

mi primo / mi prima
(my cousin)

mis parientes
(my relatives)

mi tío / mi tía
(my uncle / my aunt)

mi vecino / mi vecina
(my neighbor)

mi padrino / mi madrina
(my godfather / my godmother)

¿Cómo es?

simpático(a)
divertido(a)
genial *(cool)*
inteligente
interesante
popular

Como son

¿QUÉ HACES PARA TU FIESTA?

Hago la lista de invitados.

Hago una piñata.
Hago un menú.
Invito a mis amigos.
Compro la comida.
Preparo la comida.

Escribo las invitaciones.
Decoro la casa.
Selecciono los discos
compactos.

¿VIENES A MI FIESTA DE CUMPLEAÑOS? ¿VIENES A MI SANTO (*saint's day, name day*)?

¿Qué contestas?

¿Cuándo es? *(When is it?)*

¿Una fiesta? ¡Qué bien!
(A party? Great!)

¡Claro que sí! *(Of course!)*

Sí, ¿a qué hora?
(Yes, at what time is it?)

Lo siento, no puedo.
(Sorry, I can't.)

REALIDADES

NOTICIAS DE SAN ANTONIO *Celebraciones*

Esta semana en San Antonio muchas familias celebran ocasiones muy especiales. ¡Felicidades!

Quinceañera

Aracelia, hija de Patricio y Josefa Lugo, celebra sus quince años el domingo 20 de julio a las 6:00 p.m., en el restaurante Casa Río. Hay una gran fiesta con la famosa banda de música tejana La Diferenzia.

Boda

Lucía Lara y Juan Pastor celebran su boda en la iglesia de San Antonio, el sábado 19 de julio a las 8:00 p.m. Después de la ceremonia hay una fiesta con música y una cena en casa de la familia Lara.

Día del santo

Santiago Pereda celebra el día de su santo el viernes 25 de julio. Hay una comida en su honor en casa de sus padrinos a las 2:00 de la tarde.

Graduación

Ana Luisa Martínez celebra su graduación del Memorial High School el día 21 de julio. Después de la graduación hay una barbacoa para la familia y los amigos en el parque Fiesta Texas a las 4:00 p.m.

Cincuenta años

Roberto y Sara Gallardo celebran su aniversario de bodas el 25 de julio en el salón de fiestas La Rotonda. Van a celebrar la ocasión con una comida deliciosa para la familia y los amigos.

HABLA DEL PERIÓDICO

A. ¿Qué ocasiones especiales celebran las personas de las fotos?

Roberto y Sara Gallardo celebran su aniversario de bodas.

B. Con tu compañero(a), hablen de las fiestas.
¿Quién va a celebrar qué? ¿Cuándo? ¿A qué hora?
¿Dónde?

> — *Lucía Lara y Juan Pastor van a celebrar*
> *su boda.*
> — *¿Cuándo?*
> — *El sábado 19 de julio.*
> — *¿A qué hora?*
> — *A las ocho de la noche.*
> — *¿Dónde?*
> — *En la iglesia de San Antonio.*

PLANEA UNA FIESTA

A. Usa el modelo para planear tu fiesta ideal.
¿Qué necesitas para tu fiesta? ¿A quién vas a invitar?
¿Dónde vas a celebrar la fiesta? ¿Qué te gustaría hacer?

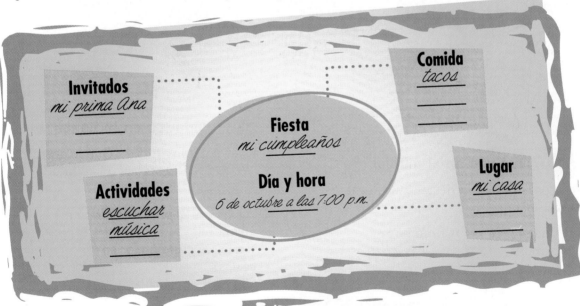

Invitados
mi prima Ana
____
____

Comida
tacos
____
____

Fiesta
mi cumpleaños

Día y hora
6 de octubre a las 7:00 p.m.

Actividades
escuchar
música
____

Lugar
mi casa
____
____

B. Presenta la información a la clase.

95

PALABRAS EN ACCIÓN

¡FELIZ CUMPLEAÑOS!

el primo de Mariana

el abuelo de Mariana

¡Felicidades, Mariana!

Gracias, Felipe.

¡Cumpleaños feliz...!

las flores

el padre de Mariana

la madre de Mariana

las galletas

¿Vienes a mi fiesta de cumpleaños?

Voy a celebrar mis 14 años.

Fecha: sábado 24 de julio

Lugar: mi casa

Hora: 7:30 p.m.

Gracias,
Mariana Rosales

1   ¿Qué ves en el dibujo?

¿Qué cosas hay en la fiesta? ¿Cómo son? Haz una lista.

Cosas	¿Cómo son?
globos	amarillos y azules
una piñata	bonita

2   ¿Cómo son los invitados?

Pregúntale a tu compañero(a) sobre el dibujo. Pídele que describa a cinco invitados.

— ¿Cómo es el primo de Mariana?
— Es bajo y muy simpático.
— ¿Cómo es Isabel?
— Es joven y...

3   Actividades en la fiesta

¿Qué hace cada invitado? ¿Qué te gusta hacer a ti en una fiesta? Habla con tu compañero(a).

— ¿Qué hace el primo de Mariana?
— Baila.
— Y a ti, ¿te gusta bailar en las fiestas?
— Sí, me gusta mucho.

4   Cumpleaños

Compara tu cumpleaños con el de Mariana. Contesta las siguientes preguntas.

- **Mariana hace una fiesta, ¿y tú?**
- **Ella invita a su familia, ¿y tú?**
- **Ella tiene una piñata, ¿y tú?**

Quiero romper la piñata.

la piñata

los globos

¡No, Susana, son para Mariana!

Quiero abrir los regalos.

las velas

el hermano de Mariana

los regalos

la abuela de Mariana

Eva, ¿vienes a mi casa mañana? Voy a hacer una barbacoa.

Lo siento, Pedro, no puedo.

Tía Ester, ¿conoces a mi novia Isabel?

No. Mucho gusto.

Encantada.

 Invitaciones

Imagina que vas a hacer una fiesta. Invita a tu compañero(a).

— *¿Vienes a mi fiesta de graduación?*
— *¡Claro que sí! ¿Cuándo es?*
— *Es el sábado.*
— *¿Dónde?*
— *En mi casa.*

 Presentaciones

Presenta una persona a tu compañero(a).

Ana: *Pedro, ¿conoces a mi amigo David?*
Pedro: *No. Encantado.*
David: *Mucho gusto.*

 Collage

Con fotos o dibujos, haz un collage de una fiesta o celebración. Escribe tres frases para describir la fiesta.

 Tú eres el autor

Escribe un diálogo sobre tu pariente favorito. Presenta el diálogo a la clase.

— *¿Quién es tu pariente favorito?*
— *Es mi padrino.*
— *¿Cuántos años tiene?*
— *Tiene...*
— *¿Cómo es?*
— *Es...*

PARA COMUNICARNOS MEJOR
Gramática en contexto

Estructura Adjective/noun agreement

¿CÓMO ES LA FIESTA?

To describe events, people, places, or things, use adjectives.

Adjectives must have the same gender and number as the nouns they describe.

La fiesta es divertida.	**The party is fun.**
El pastel es delicioso.	**The cake is delicious.**
Los invitados son simpáticos.	**The guests are nice.**

To form the plural of an adjective that ends in *-o*, *-a*, or *-e*, just add *-s* to the singular form.

	masculine	feminine
singular	Juan es alto.	María es alta.
	Él es inteligente.	Ella es inteligente.
plural	Los chicos son altos.	Las chicas son altas.
	Ellos son inteligentes.	Ellas son inteligentes.

¿RECUERDAS?

Most adjectives that end in *-o* describe masculine nouns. Most adjectives that end in *-a*, describe feminine nouns. Most adjectives that end in *-e* describe both feminine and masculine nouns.

Most adjectives that end in a consonant refer to both male and female nouns. To form their plural, add *-es*.

Carlos es genial.	*María es genial.*
Ellos son geniales.	*Ellas son geniales.*

Here are some adjectives that you already know.

alto(a)	**grande**	**azul**
bajo(a)	**caliente**	**especial**
divertido(a)	**dulce**	**genial**
guapo(a)	**inteligente**	**joven**
simpático(a)	**interesante**	**popular**
bonito(a)	**delicioso(a)**	**rico(a)**
frío(a)	**famoso(a)**	

1 De fiesta

¿Qué vas a llevar a la fiesta?

Voy a llevar globos rojos.

1.   2.  3.

4.   5.   6.

rojo	grande
frío	pequeño
delicioso	rico
caliente	popular

2 Descripciones

A. Haz un dibujo de un(a) compañero(a) y describe cómo es. Pregúntale a otro(a) compañero(a) de quién es el dibujo.

B. Describe a tu clase. Usa los adjetivos apropiados.

Somos inteligentes y divertidos.

3 ¿En quién piensas?

Mira la siguiente lista de adjetivos y piensa en personas famosas o miembros de tu familia.

Mis primos son geniales.

¿Quién es...?
genial	joven
interesante	guapo(a)
simpático(a)	popular

PARA COMUNICARNOS MEJOR
Gramática en contexto

Estructura Present of *hacer* and *conocer*

¿QUÉ HACES PARA LA FIESTA?

To talk about what you do or make, use the verb *hacer*.

Hago una piñata.	I am making a piñata.
Hacemos los postres.	We are making the desserts.

To introduce someone or talk about people you know, use a form of *conocer* (to know) followed by *a*.

— *¿Conoces a mi hermano?*	Do you know my brother?
— *No. Mucho gusto.*	No. Nice to meet you.

Here are the forms of the verbs ***hacer*** and ***conocer*** in the present tense. Note that the ***yo*** forms are irregular: ***hago*** and ***conozco***. All the other forms take the endings of regular *-er* verbs.

saber know something

¡OJO!

Many Spanish verbs use ***a*** before a noun that refers to a person.
María invita a Juan.
Escuchan a los amigos.

	hacer (to do, make)	conocer (to know) *somebody*
yo	**hago**	**conozco**
tú	haces	conoces
usted	hace	conoce
él/ella	hace	conoce
nosotros(as)	hacemos	conocemos
vosotros(as)	hacéis	conocéis
ustedes	hacen	conocen
ellos/ellas	hacen	conocen

1 La fiesta de la escuela

A. ¿Qué hace cada estudiante para la fiesta de la escuela? En grupo, hagan una tabla.

— Irene, ¿qué haces para la fiesta?
— Voy a hacer las ensaladas.

B. Informen a la clase.

Irene hace las ensaladas.
Javier y yo hacemos los carteles.

	Ana	Irene	Javier	Bill
las ensaladas		✓		
los carteles	✓		✓	
el menú			✓	✓
los postres				
las hamburguesas				
la piñata				

2 ¿A quién conoces?

A. Haz una lista de tres personas que conoces de la escuela. Anota qué cosa hace bien cada una.

Conozco a	¿Qué cosa hace bien?
David	toca la guitarra
Wanda	canta
el profesor de español	saca fotos

B. Con tu compañero(a), hablen de las personas que conocen.

— ¿A quién conoces tú?
— Conozco a David.
— ¿Qué cosa hace bien?
— Toca la guitarra.

3 Famosos y famosas

A. Con tu compañero(a), consulten una revista de espectáculos. Hagan una lista de las personas famosas que conocen.

Conocemos a: los Barrio Boyzz, Gloria Estefan...

B. Con otro grupo, hablen de las personas de la lista. Digan qué hacen y cómo son.

— ¿A quién conocen?
— Conocemos a los Barrio Boyzz.
— ¿Qué hacen?
— Cantan muy bien.

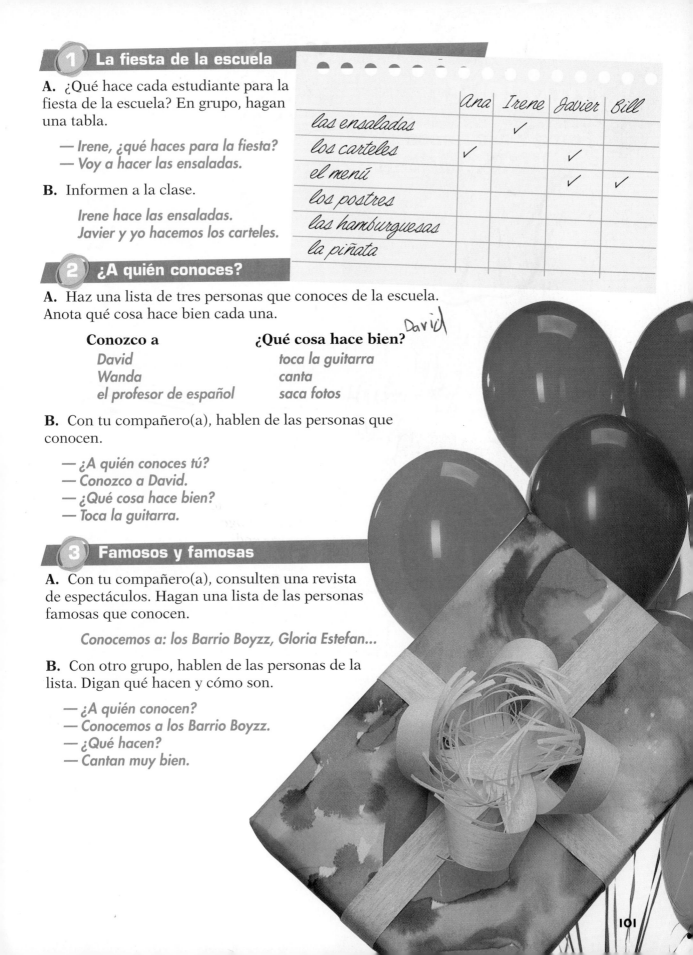

SITUACIONES

FOTOS Y RECUERDOS

1 Fotos y fiestas

¿Quiénes son las personas de las fotos? ¿Cómo son? ¿Qué hacen?

2 Tu álbum de fotos

Haz tu álbum. Describe tres fotos de una celebración de la lista.

- una fiesta de cumpleaños o del santo
- fiesta de Año Nuevo
- un picnic de graduación
- un aniversario de bodas
- Navidad

> **PARA TU REFERENCIA**
>
> **el Año Nuevo** *New Year*
> **la Navidad** *Christmas*
> **los recuerdos** *memories*
> **la víspera de Año Nuevo**
> *New Year's Eve*

3 Entrevista

Habla con dos amigos. Pregúntales cuál es su fiesta favorita. ¿Qué hacen? Informa a la clase.

La víspera de Año Nuevo es un día muy especial para mis amigos. Por la mañana hacen un picnic en el parque. Por la noche celebran con la familia y después van a bailar.

4 Cartel

Eres una persona que organiza diferentes tipos de fiestas (de cumpleaños, de graduación, de Fin de Año...). Haz un anuncio con fotos o dibujos. Incluye los tipos de fiestas que preparas y las cosas que haces para cada fiesta.

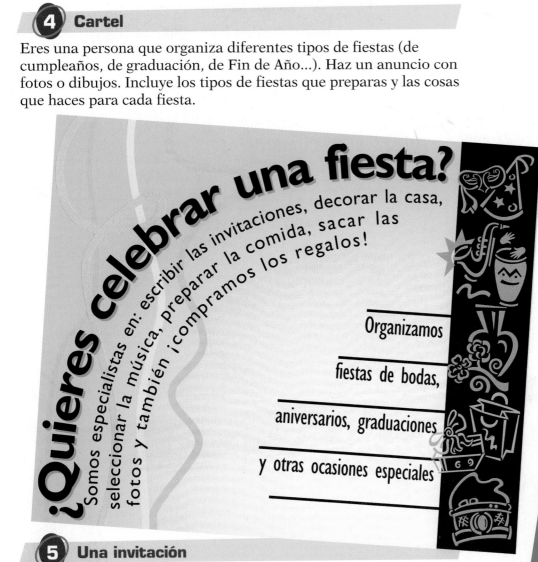

¿Quieres celebrar una fiesta?

Somos especialistas en: escribir las invitaciones, decorar la casa, seleccionar la música, preparar la comida, sacar las fotos y también ¡compramos los regalos!

Organizamos

fiestas de bodas,

aniversarios, graduaciones

y otras ocasiones especiales

5 Una invitación

Contesta la invitación de un amigo a una fiesta de la víspera de Año Nuevo.

Querido Jimmy:

Gracias por tu invitación. Me gustaría mucho celebrar la víspera de Año Nuevo con tu familia, pero no puedo. Mis padres y yo vamos a ir a San Antonio a visitar a mis abuelos.

Tu amiga,
Margarita

PARA RESOLVER

PLANES PARA UNA FIESTA

En grupo, hagan planes para una fiesta de la clase.

PASO 1 ¿Qué van a celebrar?

Decidan qué van a celebrar, cuándo y dónde.

- El fin de los exámenes
- Una fiesta sorpresa
- La victoria del equipo

Vamos a celebrar la victoria del equipo de fútbol. La fiesta es el domingo en el gimnasio.

PASO 2 Los invitados

Decidan a quién van a invitar a la fiesta y por qué.

Vamos a invitar a personas simpáticas y divertidas.

Vamos a invitar a Roberto porque baila muy bien.

PASO 3 Una invitación

Hagan una invitación para la fiesta. Usen el modelo.

PASO 4 El menú

Decidan el menú para la fiesta.

MENÚ
Comidas: *tacos, enchiladas...*
Bebidas: *refrescos, jugos...*
Postres: *helados, frutas...*

PASO 5 Los planes finales

Hagan una lista de las cosas que necesitan y decidan quién va a comprar cada cosa.

Fiesta

VAMOS A CELEBRAR:

FECHA:

HORA:

LUGAR:

EL DÍA DE LOS MUERTOS°

El Día de los Muertos es el 2 de noviembre. Es una celebración popular muy importante para los mexicanos y los mexicano-americanos. En este día las familias honran° a los muertos. Es una tradición muy antigua.

LA CELEBRACIÓN EN TEXAS

Las familias visitan los cementerios° y hacen altares con imágenes religiosas y fotos de sus parientes muertos. Los altares tienen flores, tarjetas postales, velas, frutas, pan y muchas otras comidas, especialmente la comida favorita del muerto. A veces hay fotos de muertos famosos.

En este día se preparan° muchas cosas en forma de esqueletos°: galletas, panes, dulces°... ¡y juguetes° también!

TE TOCA A TI

Completa las oraciones según el artículo.

1. El Día de los Muertos es el...
2. Las familias visitan...
3. Los altares tienen...
4. Hay galletas, panes, dulces y juguetes en forma de...

los cementerios *cemeteries*
los dulces *candies*
los esqueletos *skeletons*
honran *they honor*
el **Día de los Muertos** *the Day of the Dead*

las imágenes *images (pictures, statues)*
los juguetes *toys*
los muertos *the dead*
se preparan *are prepared*

VOCABULARIO TEMÁTICO

Fiestas y celebraciones
Parties and celebrations

el aniversario anniversary

la boda wedding

el día del santo name day

la graduación graduation

las noticias news

la quinceañera sweet fifteen

¿Qué vas a hacer para tu fiesta?
What are you going to do for your party?

decorar la casa to decorate the house

escribir las invitaciones to write the invitations

hacer la lista de invitados to make out the guest list

invitar a mis amigos to invite my friends

jugar con videojuegos play videogames

seleccionar los discos compactos to choose the CDs

tocar la guitarra to play the guitar

¿Qué vas a comprar para la fiesta?
What are you going to buy for the party?

las flores flowers

las galletas cookies

los globos balloons

las velas candles

Los invitados
Guests

el hijo/la hija son/daughter

la madrina godmother

el novio/la novia boyfriend/girlfriend

el pariente/la parienta relative

el padrino godfather

el primo/la prima cousin

el tío/la tía uncle/aunt

el vecino/la vecina neighbor

Actividades en la fiesta
Party activities

abrir los regalos to open the presents

celebrar to celebrate

hacer una barbacoa to have a barbecue

hacer un picnic to have a picnic

romper la piñata to break the piñata

¿Cómo es?

especial special

famoso(a) famous

genial cool

popular popular

Expresiones y palabras

¡Claro que sí! Of course!

¿Conoces a...? Do you know . . .?

Encantado(a)/Mucho gusto. Nice to meet you.

¡Felicidades! Congratulations!

¡Feliz cumpleaños! Happy birthday!

hacer una fiesta to have (give) a party

Lo siento, no puedo. Sorry, I can't.

Nada especial. Nothing special.

¡Qué bien! Great!

¿Vienes...? Are you coming . . .?

celebrar to celebrate

conocer to know

hacer to do, to make

la ocasión occasion

LA CONEXIÓN INGLÉS-ESPAÑOL

Spanish words ending in *-ción*, like *invitación*, usually have English cognates. To make the plural form of these words, drop the accent on the *o* and add *-es*: for example, *invitación* becomes *invitaciones*. It is also helpful to know that these words are always feminine.

Look at the *Vocabulario temático* for other such words. What are their cognates in English?

CAPÍTULO 4

¿Dónde vives?

Objetivos

COMUNICACIÓN

To talk about:

- where you live
- where things are in your house and neighborhood

CULTURA

To learn about:

- places of interest in San Antonio
- typical weekend activities in El Paso
- the history of missions in Texas

VOCABULARIO TEMÁTICO

To know the expressions for:

- types of homes
- places in your neighborhood
- rooms and furniture in a house
- locations

ESTRUCTURA

To talk about:

- where things are: the verb *estar* and expressions to show location
- things that people own, relationships among people: possessive adjectives

¿SABES QUE...?

The cities of San Antonio and El Paso were founded by Spanish explorers in the 1700s. Later Texas cities such as Austin, Dallas, and Houston were established by Anglo-American settlers in the 1800s. Today the life and culture of these cities—the Tex-Mex music and cuisine, the decorative ironwork on doors, covered porches, patios, tile roofs, and outdoor murals—owe their distinctiveness to this Hispanic heritage.

◀ **Casa con tejas (*tiles*), San Antonio.**

CONVERSEMOS

TU VECINDARIO Y TÚ
(Your neighborhood and you)

Habla con tu compañero(a).

¿DÓNDE VIVES?

Vivo en San Antonio, Texas, en la calle Navarro. *(I live in San Antonio, Texas, on Navarro Street.)*

10 Navarro
_____
calle / avenida

San Antonio
_____
ciudad / pueblo

Texas   *Estados Unidos*
_____
estado   **país**

¿VIVES EN UN APARTAMENTO?

Sí, vivo en un edificio de apartamentos en la ciudad.

No, vivo en un rancho en el campo.

 una casa

 un rancho

 una caravana

 una granja

 un edificio de apartamentos

en las afueras
(in the suburbs)

en el campo
(in the countryside)

en un pueblo
(in a town)

en el centro

en la ciudad

¿DÓNDE ESTÁ TU CASA?

Está al lado de la librería.

Está cerca del mercado.

in front
behind

 a la izquierda de

 delante de

behind

 a la derecha de

detrás de

 al lado de

cerca de

 entre

lejos de *la escuela*

in between

la librería
el mercado
la biblioteca
la tienda de videos
el museo
la plaza
el cine
el restaurante

EN TU VECINDARIO

¿Adónde vas cuando tienes que...?
(Where do you go when you have to . . . ?)

comprar un periódico   Al quiosco.

estudiar   A la biblioteca.

ir al centro   A la parada del autobús.

¿DÓNDE ESTÁ EL CORREO?

Sigue derecho por la calle...
(Keep straight along . . . Street.)

Dobla a la izquierda.
(Turn left.)

Dobla a la derecha.
(Turn right.)

el hotel
la farmacia
la gasolinera
la biblioteca
el correo

REALIDADES

El centro de San Antonio

SAN ANTONIO ES UNA CIUDAD CON MUCHOS HOTELES, TEATROS, MUSEOS Y LUGARES HISTÓRICOS.

Centro de Información para Visitantes de la Ciudad de San Antonio

1 LA PLAZA DEL MERCADO
Esta plaza es un lugar importante para celebraciones. Hay tiendas de artesanías y restaurantes típicos.

2 EL PASEO DEL RÍO
Este lugar popular está en el centro de la ciudad. Hay muchas tiendas y cafés al aire libre. ¿Te gustaría pasear por el río en un taxi acuático? ¡Es muy divertido!

3 EL CENTRO DE INFORMACIÓN PARA VISITANTES
El Centro de Información de San Antonio está en el 317 de la Plaza de El Álamo. Horario: de 8:30 a.m. a 5:00 p.m. todos los días. Tel. (512) 555-9145.

4 LA PLAZA DE EL ÁLAMO
En esta plaza están el centro comercial Rivercenter y El Álamo. El Álamo es el lugar más famoso de la historia de Texas.

5 EL PARQUE DE HEMISFERIA

6 LA TORRE DE LAS AMÉRICAS
La famosa Torre de las Américas tiene 75 pisos. Desde aquí hay una vista panorámica de San Antonio. ¡Es sensacional!

OTROS LUGARES...

7 EL INSTITUTO DE CULTURAS TEJANAS

8 EL HOTEL LA MANSIÓN DEL RÍO

9 EL TEATRO RÍO ARNESON

10 EL AUDITORIO DE CONVENCIONES VILLITA

11 EL RESTAURANTE CASA RÍO

A. Di qué lugar de San Antonio te gustaría visitar. ¿Por qué?

Me gustaría visitar la Plaza de El Álamo porque es un lugar histórico.

B. Estás en el Centro de Información para Visitantes. ¿Cómo vas a cada lugar? Da direcciones.

Para ir al restaurante Casa Río, sigue derecho por la avenida Álamo y después dobla a la derecha en la calle Commerce.

¿Al hotel La Mansión del Río?

¿A La Plaza del Mercado?

¿A la Torre de las Américas y al parque de Hemisferia?

¿Al Teatro Río Arneson?

C. Paseas en taxi acuático por el río San Antonio. Di qué edificios hay.

A la izquierda está el hotel La Mansión del Río.
A la derecha está el Auditorio de Convenciones Villita.

¿CIERTO O FALSO?

Di qué oraciones son ciertas y cuáles son falsas. Corrige las oraciones falsas.

1. El Instituto de Culturas Tejanas está al lado de la Torre de las Américas.
2. El Auditorio de Convenciones Villita está cerca del Teatro Río Arneson.
3. El parque de Hemisferia está al lado del hotel La Mansión del Río.
4. El Centro de Información está lejos de la Plaza de El Álamo.
5. La Plaza del Mercado está cerca del parque de Hemisferia.

¿SABES QUE...?

The *Paseo del Río* is a place where you can take a walking tour along the bank of the San Antonio River. As you stroll along, you will see markers and monuments of the city's rich history as well as its modern, bustling business district. For a change of pace, you can enjoy the scenery by boat!

PALABRAS EN ACCIÓN

MI CASA

1 ¿Qué cuartos hay?

Haz una lista de los cuartos que hay en la casa.

la sala...

2 Dentro y fuera de la casa

¿Qué hay fuera de la casa? ¿Y qué hay dentro? Habla con tu compañero(a).

— *¿Qué hay fuera de la casa?*
— *Hay un árbol...*
— *¿Y dentro?*
— *Hay...*

3 ¿Qué es?

Escoge una cosa del dibujo. Di dónde está. Tu compañero(a) va a adivinar qué es.

— *Está en la cocina. ¿Qué es?*
— *Es el refrigerador.*

4 ¿Cómo es?

Habla con tu compañero(a) sobre los cuartos del dibujo.

— *¿Cómo es el comedor?*
— *Es pequeño.*
— *¿Qué hay en el comedor?*
— *Hay una mesa.*

114

5 ¿Dónde está...?

Describe dónde está cada cuarto. Habla con tu compañero(a).

— ¿Dónde está el cuarto de baño?
— Está arriba, al lado del dormitorio.
— ¿Dónde está la cocina?
— Está...

6 ¿Dónde están las mascotas?

Busca las mascotas en el dibujo y di dónde están.

El perro está fuera de la casa.

7 Collage

Haz un collage de diferentes tipos de casas. Identifica cada uno. Presenta el collage a la clase.

8 Mi dormitorio

¿Qué tienes en tu dormitorio? Escribe cinco oraciones.

Tengo una cama y una cómoda.
Tengo un escritorio delante
de la ventana.
Tengo...

PARA COMUNICARNOS MEJOR
Gramática en contexto

Estructura *Estar + expressions of location*

¿DÓNDE ESTÁ?

¡OJO!

The word *de* followed by *el* becomes *del*.

La farmacia está detrás del correo.

To say where something or someone is, use the verb *estar*.

— ¿Dónde está la iglesia?	Where is the church?
— Está cerca del Centro de Convenciones.	It is near the Convention Center.
— Y tú, ¿dónde estás?	And where are you?
— Estoy en el Café Rex, al lado de la biblioteca.	I am at the Café Rex, next to the library.

Here is the verb *estar* in the present tense. Note that the *yo* form is irregular: *estoy*. All the other forms have an accent except the *nosotros(as)* form.

estar (to be)

yo	**estoy**	nosotros(as)	estamos
tú	estás	vosotros(as)	estáis
usted	está	ustedes	están
él/ella	está	ellos/ellas	están

Here are some expressions you can use with *estar* to show location:

abajo *downstairs*
arriba *upstairs*
a la izquierda de *to the left of*
a la derecha de *to the right of*
al lado de *next to*
cerca de *near*
debajo de *under*
delante de *in front of*

dentro de *inside*
detrás de *behind*
en *in, on, at*
encima de *on top of*
entre *between*
fuera de *outside*
lejos de *far from*

1 En un teléfono público

Mira el mapa. Escoge un teléfono y explícale a tu compañero(a) dónde estás.

> Hola, María. Estoy en la calle Salinas, entre la librería y el cine.

2 El vecindario de tu escuela

¿Dónde está...? Pregúntale a tu compañero(a).

— ¿Dónde está el correo?
— Está al lado de la biblioteca.

1. el correo
2. la tienda de videos
3. la farmacia
4. la iglesia
5. el teléfono público
6. el cine

3 Muebles cómodos

Mira el anuncio. ¿Dónde están las cosas?

El sillón está entre el escritorio y la lámpara.

1. el sillón
2. la lámpara
3. la computadora
4. los libros
5. el estante
6. el sofá

Muebles Cómodos

Avenida Alameda n°510, El Paso, Teléfono 555-7700

PARA COMUNICARNOS MEJOR
Gramática en contexto

Estructura Possessive adjectives

¿QUÉ TIENEN EN SU DORMITORIO?

To tell who owns something, use possessive adjectives: *my, your, his, her, our, their.*

Mi hermana y yo tenemos dos camas y un escritorio.	My sister and I have two beds and a desk.
Nuestro dormitorio es grande.	Our bedroom is big.

☐ Use *mi*, *tu*, and *su* when the noun that follows is singular, and *mis*, *tus*, and *sus* when the noun that follows is plural.

vuestro
xoung

	singular		plural	
my	mi	} casa/cuarto	mis	} casas/cuartos
your	tu		tus	
your, his, her	su		sus	

☐ ***Su(s)*** can also mean *your* (formal plural) or *their*.

Mis primos viven en El Paso. Su casa es bonita.	My cousins live in El Paso. Their house is pretty.

¡OJO!

The possessive adjectives ***vuestro(a)*** and ***vuestros(as)*** (*your*, pl. informal) are used mostly in Spain.

☐ ***Nuestro, nuestra, nuestros***, and ***nuestras*** (*our*) are used according to the gender and number of the noun that follows them.

	singular	plural
masculine	nuestro vecino	nuestros vecinos
feminine	nuestra bicicleta	nuestras bicicletas

1 Mi casa

¿Cómo es tu casa? Pregúntale a tu compañero(a).

> — *¿Cómo es tu dormitorio?*
> — *Mi dormitorio es pequeño. Tiene una cama y un escritorio.*

1. dormitorio
2. cocina
3. cuarto de baño
4. sala
5. comedor
6. sótano

¿Cómo es...?
pequeño (a)
grande
moderno (a)
feo (a)
bonito (a)
viejo (a)

2 Su familia

Habla de la familia de personas que conoces.

> **Mi amiga vive en Amarillo.**
> **Su hermano vive en las**
> **afueras de El Paso.**

1. mi amiga
2. mi primo y mi prima
3. mis vecinos
4. mi amigo
5. mis tíos

sus parientes
hermano (a)   tíos
madrina   abuelos
primos   padrino
hijo (a)

¿Dónde viven?
en las afueras de...
en el campo
en la ciudad
en un pueblo
en un apartamento
en una caravana

3 El festival del vecindario

A. Con tu compañero(a), contesten la siguiente encuesta sobre sus preferencias para un festival del vecindario.

Festival del vecindario
Encuesta

Preferencias

lugar favorito para el festival   *la plaza* _____

música favorita   *el rock* _____

comida favorita   _____   _____

postres favoritos   _____   _____

actividades favoritas   _____   _____

bebidas favoritas   _____   _____

B. Hablen con otros estudiantes de sus preferencias para el festival.

> — *¿Cuál es su lugar favorito?*
> — *Nuestro lugar favorito es la plaza.*
> — *¿Cuál es su música favorita?*
> — *Nuestra música favorita es el rock.*

SITUACIONES

MI CASA ES TU CASA

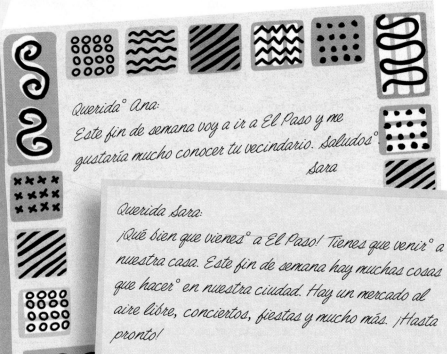

Querida° Ana:

Este fin de semana voy a ir a El Paso y me gustaría mucho conocer tu vecindario. Saludos°

Sara

Querida Sara:

¡Qué bien que vienes° a El Paso! Tienes que venir° a nuestra casa. Este fin de semana hay muchas cosas que hacer° en nuestra ciudad. Hay un mercado al aire libre, conciertos, fiestas y mucho más. ¡Hasta pronto!

Ana

1 Antes de la visita

Haz una lista de las cosas que tienes que hacer antes de la visita de un amigo(a).

Tengo que comprar refrescos, tengo que...

2 Bienvenido(a) a mi casa

Explícale a tu amigo(a) dónde están su dormitorio y otras partes de la casa.

Tu dormitorio está arriba, a la derecha. Yo comparto el dormitorio de la izquierda con mi hermano. El cuarto de baño está al lado de nuestro dormitorio. ¿Quieres usar el teléfono? Está en...

3 **¿Qué hacemos en El Paso?**

Miren los siguientes anuncios del periódico de El Paso. Hagan un plan para el fin de semana.

	sábado	domingo
por la mañana	patinar en...	
por la tarde	jugar al béisbol	
por la noche		

33

RESTAURANTES EN EL PASO

$ barato; $$ caro

Americanos

Café Río, 101 S. El Paso — $

La Cascada, 1600 Airway Blvd. — $$

Mexicanos

El Rancho Escondido, 14549 Montana — $$

Taco Salsa, 3535 N. Mesa — $

Alemanes

Schnitzel Factory, 1550 Hawkins Blvd. — $

Günther's Edelweiss, 11055 Gateway West — $$

JUAN GABRIEL presenta su nuevo disco *Gracias por esperar* este sábado a las 8:00 p.m.

CINES EN EL PASO

Cine Galaxy: *La familia Pérez,* 4:30, 6:30, 8:30 y 10:30

Cine Embassy: *Viajes intergalácticos,* 3:45, 5:30, 7:30 y 10:00

Este fin de semana **feria del libro** en tu biblioteca local, de 10:00 a.m. a 4:00 p.m.

sábado

10:00 a.m. Patinaje con música en el parque.

12:30 a.m. Clases de fotografía gratis para jóvenes de 12 a 18 años. Centro de cultura La Familia.

6:00 p.m. Teatro en el parque.

7:00 p.m. Fiesta en la discoteca Sol.

domingo

11:00 a.m. a 6:00 p.m. Mercado en la calle Río Grande.

1:30 p.m. a 6:00 p.m. Exposición de arte "Jóvenes Hispanos" en el Museo de Arte de El Paso (tel. 555-4040).

4:00 p.m. Béisbol para todos. Llame al tel. 555-5025.

PARA RESOLVER

HOGAR, DULCE HOGAR

PASO 1 Describan el plano

En grupo, miren el plano de la casa.

- ¿Cuántos cuartos hay? ¿Cuáles son?
- ¿Qué muebles hay en cada cuarto? ¿Dónde están?

PASO 2 ¿Dónde está su casa ideal?

Digan dónde está su casa ideal.

- ¿Está en el campo, en la ciudad o en las afueras?
- ¿Qué hay en el vecindario de su casa ideal?

PASO 3 ¿Cómo es la casa?

Piensen en su casa ideal. ¿Qué hay fuera? ¿Cuántos cuartos tiene? ¿Dónde están los muebles? Usen el modelo y dibujen un plano.

PASO 4 Nuestra casa   15 - 16 oraciones

Presenten su casa ideal a la clase.

Nuestra casa ideal está en el centro de la ciudad. Tiene ocho cuartos. En la sala hay un televisor grande. A la derecha hay dos estantes con muchos videojuegos. Al lado de la ventana hay...

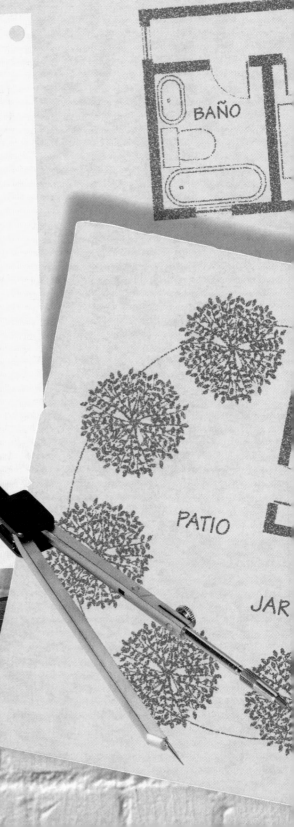

BAÑO

PATIO

JAR

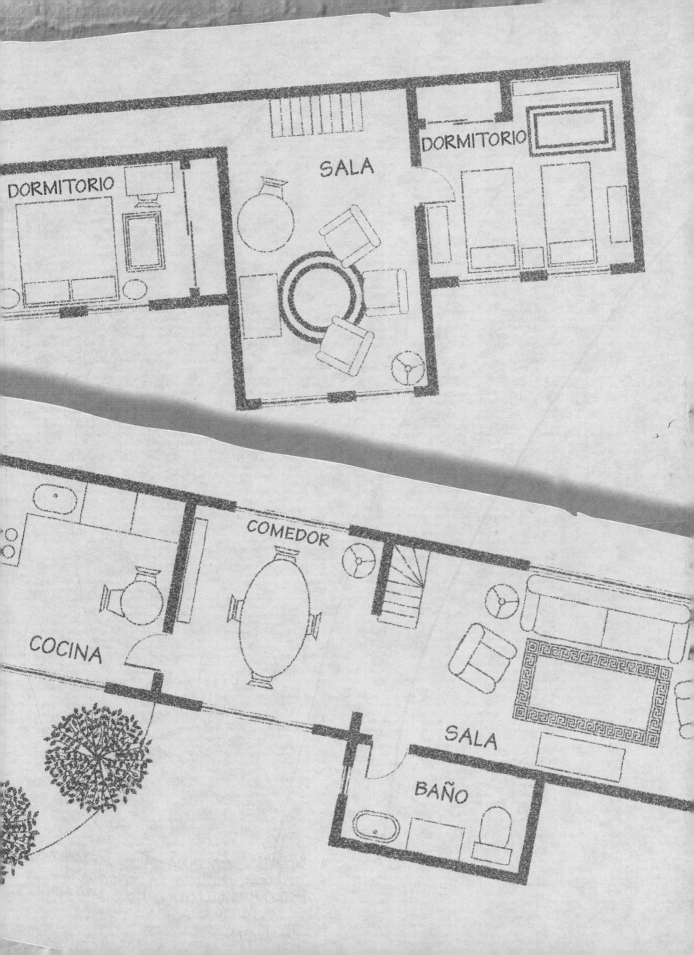

DORMITORIO

SALA

DORMITORIO

COMEDOR

COCINA

SALA

BAÑO

ENTÉRATE

EL CAMINO DE LAS MISIONES°

La herencia° hispana es muy importante en Texas. Es evidente en los nombres de sus ciudades, calles y pueblos, y también en los nombres de sus habitantes. Las misiones son un ejemplo de la presencia española en San Antonio. Las misiones, fundadas en el siglo° XVIII, eran° comunidades° donde los misioneros° españoles enseñaban° religión, cultura y métodos de agricultura a los habitantes de la zona. En San Antonio hay cinco misiones españolas. Están situadas a lo largo° del río.

La misión más importante, San Antonio Valero, hoy se llama El Álamo. Está en el centro de la ciudad y es un museo histórico.

Las misiones son una parte muy importante de la historia de San Antonio.

¿SABES QUE...?

The five Spanish missions in San Antonio—San Antonio Valero, Concepción, San Juan Capistrano, San Francisco de la Espada, and San José—were the foundation of the city in the 18th century. Today, San Antonio has become one of the ten largest cities in the United States.

TE TOCA A TI

Write on book

Completa las oraciones.

1. Las misiones son un ejemplo de...
2. Los misioneros españoles enseñaban...
3. Las cinco misiones de San Antonio están situadas...
4. La misión más importante hoy se llama...

1. la presencia española en San Antonio
2. religión, cultura y métodos de agricultura a los residentes de la zona
3. a lo largo del río
4. El Álamo

a lo largo de *along*
el camino de las misiones
  mission trail
las comunidades *communities*
enseñaban *taught*
eran *(they) were*
la herencia *heritage*

los misioneros
  missionaries
el siglo *century*
todavía lleva
  still carries

124

VOCABULARIO TEMÁTICO

¿Dónde vives?
Where do you live?

las afueras *suburbs*
el campo *countryside*
la caravana *trailer*
el edificio de apartamentos
  apartment building
la granja *farm*
el pueblo *town*
el rancho *ranch*

¿Qué hay en tu vecindario?
What's in your neighborhood?

el correo *post office*
la gasolinera *gas station*
el hotel *hotel*

Fuera de la casa
Outside the house

el árbol *tree*
el garaje *garage*
el jardín *garden*

Dentro de la casa
Inside the house

la cocina *kitchen*
el comedor *dining room*
el cuarto *room*
el cuarto de baño *bathroom*
el dormitorio *bedroom*
los muebles *furniture*
la pared *wall*

la puerta *door*
la sala *living room*
el sótano *basement*
la ventana *window*

En la cocina
In the kitchen

la estufa *stove*
el fregadero *sink*
el lavaplatos *dishwasher*
el refrigerador *refrigerator*

En la sala
In the living room

la alfombra *rug*
la lámpara *lamp*
la mesa *table*
la radio *radio*
el sillón *armchair*
el sofá *sofa*
el televisor *television set*

En el dormitorio
In the bedroom

la cama *bed*
la cómoda *chest of drawers*
el espejo *mirror*
el estante *bookcase*
la mesa de noche *night table*
el ropero *closet*

En el cuarto de baño
In the bathroom

la bañera *bathtub*
el inodoro *toilet*

¿Dónde está?
Where is it?

al lado de *next to*
a la derecha de *to the right of*
a la izquierda de *to the left of*
abajo *downstairs*
arriba *upstairs*
cerca de *near*
debajo de *under the*
delante de *in front of*
dentro de *inside of*
detrás de *behind*
en *in/on/at*
encima de *on top of*
entre *between*
fuera de *outside of*
lejos de *far from*

Expresiones y palabras

Dobla a la derecha. *Turn right.*
Dobla a la izquierda. *Turn left.*
Sigue derecho por la calle...
  Keep straight along . . . Street
Tengo que/tienes que...
  I have to/you have to . . .
del *of the*
nuestro(a), nuestros(as) *our*
su(s) *your/their*
tejano(a) *Texan*

LA CONEXIÓN INGLÉS-ESPAÑOL

The Spanish word **granja** is a cognate of the English *grange,* an old word for *farm*. Notice that the **j** in the Spanish corresponds to the **g** in the English.

Look at the **Vocabulario temático**. What other pairs of cognates show this same **j-g** pattern? How could the pattern help you figure out the meaning of certain Spanish words?

ADELANTE

Texas es un centro musical muy importante. Todos los años en San Antonio hay un festival de conjuntos° musicales tejanos, un festival de mariachis y el famoso *Tejano Music Awards*.

Mira las fotos de las páginas 126–129. Contesta:

- ¿Conoces la música tejana?
- ¿Conoces a los cantantes?°
- ¿Conoces los instrumentos que tocan?

los cantantes *singers*
los conjuntos *groups*

126

◄ Campanas de América son los reyes° de la música mariachi en San Antonio. ¡Son padrísimos! Tocan música mexicana tradicional y moderna.

◄ Flaco Jiménez es un acordeonista y cantante tejano de fama internacional. Él recibió° dos premios Grammy.

◄ La guitarra es uno de los instrumentos típicos de la música mariachi.

los reyes *kings*
recibió *received*

Ritmos° de Texas

La música es el corazón° de la cultura mexicano-americana. Los ritmos más populares de Texas son la música tex-mex y la mariachi. "La música es nuestra herencia cultural",° dicen los tejanos. "Cantamos en inglés y en español porque somos mexicano-americanos".

La música tex-mex

¡Jazz, blues, country, rock, salsa y ritmos mexicanos! La música tex-mex incorpora muchos de estos ritmos.

◄ El guitarrón es una guitarra grande de sonido grave.° Tiene seis cuerdas.°

▲ El grupo Mariachi Internacional es uno de los favoritos en Texas. Su música conserva la tradición musical mexicana.

Los instrumentos

La guitarra, el acordeón y el guitarrón son instrumentos tradicionales de la música mexicana. Otros, como los sintetizadores y la batería,° vienen de° la música country y del rock.

la batería *drums*
el corazón *heart*
las cuerdas *strings*
la herencia cultural *cultural heritage*
los ritmos *rhythms*
el sonido grave *low pitch*
vienen de *come from*

Tex-mex en la radio

En Texas hay estaciones de radio que ponen° música tex-mex todo el día. Las canciones° de Gary Hobbs, Elsa García y Selena triunfan° en todo el país. Por primera vez° en 1995, dos canciones tex-mex fueron° de las más populares de los Estados Unidos.

Una ceremonia importante

La ceremonia de los *Tejano Music Awards* (TMA) es más grande que° la ceremonia de los Grammy, los *MTV Music Awards* y los *American Music Awards*. A la ceremonia de los *TMA* van más de 15.000 espectadores.

Otro instrumento de la música popular mexicana es el acordeón. ▶

¿Mariachis en la escuela?

¡Sí! En muchas escuelas de Texas los chicos aprenden° a tocar música mariachi. Las clases son en inglés y en español. Los chicos escogen su instrumento favorito y aprenden a tocar en grupo. Los profesores son mariachis de grupos famosos, como Campanitas de Oro.

En los grupos de música mariachi siempre hay un violín.
▼

◀
Una clase de música mariachi en una escuela de Texas.

La vihuela es una guitarra pequeña de sonido agudo.° Tiene cinco cuerdas.
▼

aprenden *learn*	**ponen** *play*
las canciones *songs*	**por primera vez** *for the first time*
fueron *were*	**el sonido agudo** *high pitch*
más grande que *bigger than*	**triunfan** *succeed*

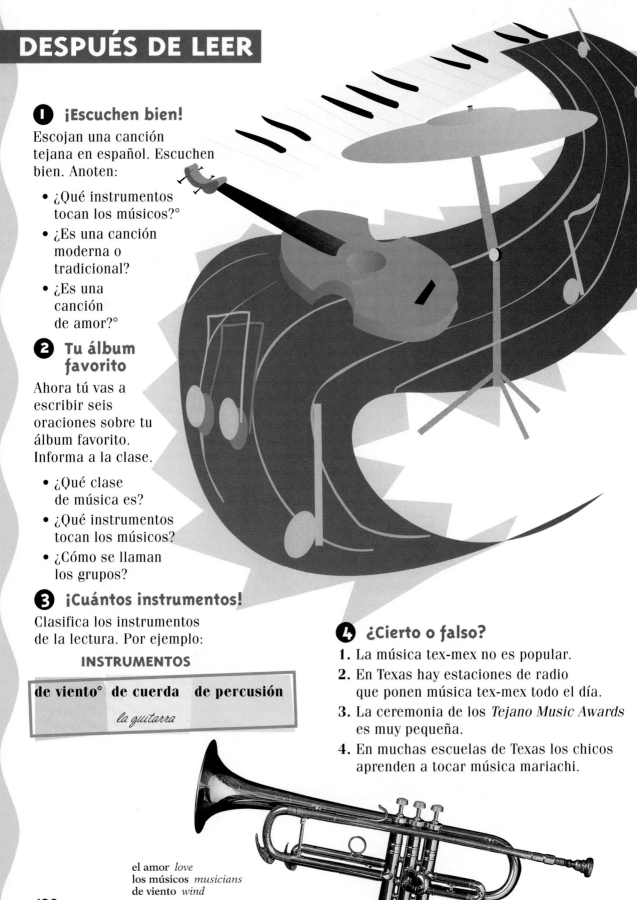

DESPUÉS DE LEER

❶ ¡Escuchen bien!

Escojan una canción tejana en español. Escuchen bien. Anoten:

- ¿Qué instrumentos tocan los músicos?°
- ¿Es una canción moderna o tradicional?
- ¿Es una canción de amor?°

❷ Tu álbum favorito

Ahora tú vas a escribir seis oraciones sobre tu álbum favorito. Informa a la clase.

- ¿Qué clase de música es?
- ¿Qué instrumentos tocan los músicos?
- ¿Cómo se llaman los grupos?

❸ ¡Cuántos instrumentos!

Clasifica los instrumentos de la lectura. Por ejemplo:

INSTRUMENTOS

de viento°	de cuerda	de percusión
la guitarra		

❹ ¿Cierto o falso?

1. La música tex-mex no es popular.
2. En Texas hay estaciones de radio que ponen música tex-mex todo el día.
3. La ceremonia de los *Tejano Music Awards* es muy pequeña.
4. En muchas escuelas de Texas los chicos aprenden a tocar música mariachi.

el amor *love*
los músicos *musicians*
de viento *wind*

TALLER DE ESCRITORES

1. DISEÑA LA TAPA° DE UN DISCO COMPACTO

Tus amigos y tú tienen un grupo musical y van a grabar° un disco compacto. En grupo, escriban:

- el título°
- el nombre del grupo y el tipo de música
- los nombres de los músicos y los cantantes

Y ahora... ¡a diseñar la tapa!

2. MÚSICA TEJANA

Escribe un párrafo sobre la música tejana que conoces. Incluye:

- nombres de grupos o cantantes
- las canciones que cantan
- los instrumentos que tocan

Presenta tu informe a la clase.

3. NOTICIAS SOCIALES

Con tu compañero(a), escriban una noticia social sobre un cumpleaños, una quinceañera, una graduación o una boda. La noticia es para un periódico. Usa una foto. Escribe:

- la celebración
- el nombre de la(s) persona(s)
- la fecha y el lugar

4. UNA CARTA

Escribe a un(a) amigo(a). Describe tu vecindario y tu casa.

_____ de _____ de _____

Querido(a) _____ :

Yo vivo en _____. Es un vecindario muy _____ en las afueras de la ciudad. Tiene muchas tiendas, _____ y _____. Mi casa está en la calle _____, número _____. Yo vivo allí con mis padres y _____. Mi cuarto es _____. Tiene una cama, _____ y _____. Y tú, ¿cuándo vienes a mi casa? Contesta pronto. Tu amigo(a),

_____

(tu nombre)

grabar *to record*
la tapa *album jacket*
el título *title*

131

¡A ROMPER LA PIÑATA!°

Hacer piñatas es una artesanía popular en México. En Texas y otros estados del suroeste, las familias de origen mexicano mantienen esta tradición.

DULCES Y SORPRESAS

Las piñatas están decoradas con papel de muchos colores. Dentro de la piñata hay dulces, frutas y otras sorpresas. Las piñatas tienen forma de° animales, frutas o personajes° populares.

LAS CELEBRACIONES

En México y en Texas, siempre° hay piñatas en cumpleaños, en primeras comuniones,° en aniversarios y en otras celebraciones.

Hoy en día,° las piñatas son también populares en otras partes de Estados Unidos y en muchos países latinoamericanos.

TE TOCA A TI

Haz una piñata. Decide cómo va a ser y de qué colores. ¡Usa tu imaginación!

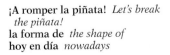

¡A romper la piñata! *Let's break the piñata!*
la forma de *the shape of*
hoy en día *nowadays*

los personajes *characters*
las primeras comuniones *first communions*
siempre *always*

MATERIALES

engrudo (una mezcla° de harina y agua)
un globo
tijeras°
tiras° de papel de periódico
pinturas° y pinceles°
papel crepé

tijeras

un globo

pinturas y pinceles

1 Infla° el globo.

2 Pon° las tiras de papel de periódico en el engrudo un momento.

3 Pega° el papel al globo. Deja secar° el papel. Repite este paso 3 ó 4 veces.

4 Usa el papel crepé, las pinturas, los pinceles y tu imaginación para decorar tu piñata.

5 Corta° un círculo.° Rellena° la piñata. Pega el círculo en su lugar.

6 Cuelga° la piñata... ¡y a romperla!

el círculo *circle*	**infla** *inflate*	**pon** *place*
corta *cut*	**la mezcla** *mixture*	**rellena** *fill*
cuelga *hang*	**pega** *glue*	**las tiras** *strips*
deja secar *allow to dry*		

OTRAS FRONTERAS

PRENSA

INFORMAR EN ESPAÑOL

En el estado de Texas hay muchas publicaciones en español. Dallas publica° ocho periódicos hispanos. Estos periódicos tienen información internacional, nacional y local. *El Sol de Texas* es la publicación semanal° más antigua° del estado.

- ¿Lees el periódico?
- ¿Hay periódicos en español en tu ciudad?

GEOGRAFÍA

RÍO GRANDE O RÍO BRAVO

El Río Grande es uno de los ríos más largos° de América del Norte. Forma la frontera entre Estados Unidos y México. Pasa° por Colorado, Nuevo México y Texas. En México se llama Río Bravo *("fierce river")*. Este río es importante porque provee° el agua a los dos países.

- ¿Por qué estados pasa el Río Grande?
- ¿Cómo se llama este río en México?
- ¿Por qué es importante el Río Grande?

más antigua *oldest*
más largos *longest*
pasa *(it) passes*
provee *it supplies*
publica *publishes*
semanal *weekly*

Vaqueros° tejanos

Muchas palabras en inglés que asociamos con la vida° de los vaqueros tejanos vienen del español: corral, rodeo, rancho, cañón y muchas más.

- ¿Conoces otras palabras en inglés que vienen de otros idiomas? ¿Cuáles?

ARTE

Escultura° de colores

Luis Jiménez es un artista de origen mexicano de El Paso, Texas. Jiménez hace esculturas grandes de colores vivos.° Sus esculturas representan° la vida en la frontera y las experiencias de los inmigrantes. Sus obras° están en plazas, parques y museos de todo el país. La escultura de la foto se llama *Sodbuster* y está en Santa Fe.

- ¿Quién es Luis Jiménez?
- ¿Hay esculturas en tu vecindario? ¿Dónde están?

los colores vivos *bright colors*
la escultura *sculpture*
la vida *life*

las obras *works*
representan *represent*
los vaqueros *cowboys*

UNIDAD 3

PUERTO RICO

ISLA DEL ENCANTO

En la unidad 3:

Capítulo 5   **Arena, sol y mar**

Capítulo 6   **¿Cómo te afecta el tiempo?**

Adelante   **Para leer:** El Yunque, un bosque tropical

            Proyecto: Cielo, viento y ¡chiringas!

            Otras fronteras: Ecología, ciencias, arte y música

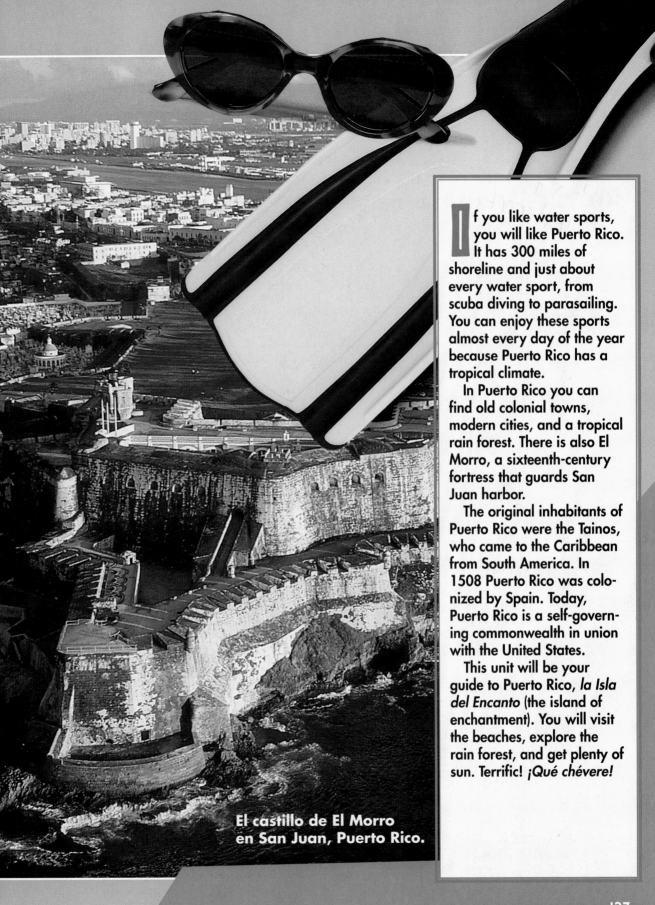

If you like water sports, you will like Puerto Rico. It has 300 miles of shoreline and just about every water sport, from scuba diving to parasailing. You can enjoy these sports almost every day of the year because Puerto Rico has a tropical climate.

In Puerto Rico you can find old colonial towns, modern cities, and a tropical rain forest. There is also El Morro, a sixteenth-century fortress that guards San Juan harbor.

The original inhabitants of Puerto Rico were the Tainos, who came to the Caribbean from South America. In 1508 Puerto Rico was colonized by Spain. Today, Puerto Rico is a self-governing commonwealth in union with the United States.

This unit will be your guide to Puerto Rico, *la Isla del Encanto* (the island of enchantment). You will visit the beaches, explore the rain forest, and get plenty of sun. Terrific! *¡Qué chévere!*

El castillo de El Morro en San Juan, Puerto Rico.

CAPÍTULO 5

ARENA, SOL Y MAR

Hacer surf es muy popular en Puerto Rico.

Objetivos

COMUNICACIÓN

To talk about:

- sports and activities you want to do
- sports and activities you know how to do
- the beach and water sports

CULTURA

To learn about:

- leisure activities of Puerto Rican teenagers
- baseball in Puerto Rico
- key locations in Puerto Rico, using a map

VOCABULARIO TEMÁTICO

To know the expressions for:

- beach activities
- water sports
- sports equipment
- things to take to the beach

ESTRUCTURA

To talk about:

- what you know how to do: the verb *saber* with the infinitive of another verb
- what you want to do: the verb *querer* with the infinitive of another verb

¿SABES QUE...?

Puerto Rico is part of the U.S., but not a state in the traditional sense. It is called an *Estado Libre Asociado*, or "commonwealth." Puerto Ricans are American citizens. They elect a governor and a legislature as in any other state, but they do not elect national representatives or senators. Instead, Puerto Ricans choose a Residential Commissioner who speaks for them, but who may not vote in the U.S. Congress.

CONVERSEMOS

LA PLAYA Y TÚ
beach

Habla con tu compañero(a).

Adónde vas cuando Quiero a jugar deportes

¿QUÉ TE GUSTA HACER?

Me gusta...	No me gusta...
jugar al béisbol	patinar
jugar al fútbol	leer
ir al gimnasio	cantar

Prefiero bailar. *es*
(I prefer to dance.)

¿QUÉ DEPORTES ACUÁTICOS SABES HACER?

sabes navegar
Quieres apender a hacer

Sé...	No sé...	Quiero aprender a...

Sé nadar. Quiero aprender a bucear.
(I know how to swim. I want to learn how to dive.)

 bucear *to dive*

 nadar *swim*

 remar *to row*

 navegar *to sail*

 hacer tabla a vela *windsert*

 hacer jet ski

¿ADÓNDE VAS A NADAR?

Voy...

 al mar *ocean or sea*

 a la piscina *swimming pool*

 al lago *lake*

 al río *river*

¡VAMOS A LA PLAYA!

¿Qué contestas?

¡Qué chévere!* (*Terrific!*)   No quiero. (*I don't want to.*)

¡Qué bueno! (*Cool!*)

¡Ay, bendito!* ¡Qué aburrido! (*Oh, no! How boring!*)

¡Fabuloso! (*Fabulous!*)   ¡Me encanta! (*I love it!*)

¡Qué emocionante! (*How exciting!*)

*Expresiones de Puerto Rico.

¿QUÉ LLEVAMOS?

- ❏ la toalla — *towel*
- ❏ el protector solar — *sun scream*
- ❏ el traje de baño — *swimsuit*
- ❏ los lentes de sol — *sun glasses*
- ❏ el frisbi
- ❏ los refrescos
- ❏ la pelota — *ball*
- ❏ el libro
- ❏ la revista — *magazine*
- ❏ las aletas — *flippers*
- ❏ el esnórquel — *snorgud*
- ❏ la sombrilla — *umbrello*

las aletas

la pelota

la sombrilla

el esnórquel

la toalla

el protector solar

el traje de baño

los lentes de sol

REALIDADES

DEPORTES ACUÁTICOS EN

PUERTO RICO

Isla tropical. Playas de arena blanca. Temperatura ideal. ¡Y gran hospitalidad!

La regata de veleros en Humacao es emocionante.

Hacer surf es un poco peligroso. Pero este chico no tiene miedo. En Rincón hay olas perfectas.

¿Sabes hacer tabla a vela? Muchas personas van a hacer tabla a vela a Isla Verde. Es un deporte muy chévere.

Fajardo es un lugar ideal para hacer esquí acuático. Es un deporte muy fácil y divertido.

¿Quieres bucear? Chicos y chicas aprenden a bucear en Vieques. El mar es azul y transparente.

HABLA DE LOS DEPORTES

A. Di qué saben hacer las personas de las fotos.

Saben navegar.

B. Según tu opinión, ¿qué deporte acuático es fácil?

tabla a vela

surf

¿Y divertido?   ¿Y chévere?

Fatomo   surf

¿Y emocionante?   ¿Y peligroso?

C. Habla con tu compañero(a) sobre los deportes acuáticos.

— ¿Sabes bucear?
— Sí, sé bucear.
  (No, no sé, pero quiero aprender.)

— ¿Quieres navegar o hacer tabla a vela?
— Quiero navegar.

¿QUÉ OPINAS?

- ¿Qué tres deportes acuáticos te gustaría hacer?
- Pregúntales a otros estudiantes: ¿Cuál es tu deporte acuático favorito?

Haz una tabla con los resultados. Usa el modelo.

ENCUESTA

Deporte	yo	otros estudiantes
nadar		
hacer tabla a vela	✓	|||
bucear		
hacer surf		
navegar	✓	
hacer jet ski	✓	
hacer esquí acuático		

Según la encuesta, ¿cuál es el deporte más popular? ¿Y el menos popular?

PALABRAS EN ACCIÓN

EN LA PLAYA

Hacer parasailing es emocionante.

el mar

el paracaídas

la tabla a vela

el frisbi

¿Sabes jugar al frisbi?

la sombrilla

el bote a motor

¿Sabes bucear?

Sí, bastante bien.

la pelota

jugar con la arena

la máscara de bucear

los lentes de sol

el esnórquel

la red

el protector solar

el traje de baño

¡Quiero jugar al voleibol!

---

1 ¿Qué ves en el dibujo?

Haz cuatro listas. Compara tus listas con las listas de tus compañeros(as).

¿Qué ves? los remos...
¿Qué hacen? navegar...
¿Qué llevan? la toalla...
¿Qué alquilan? las aletas...

2 Actividades en la playa

¿Qué te gusta hacer en la playa? Habla con tu compañero(a) de cuatro actividades.

— ¿Qué te gusta hacer en la playa?
— Me gusta jugar al frisbi. ¿Y a ti?
— A mí me gusta hacer esquí acuático.

3 ¿Qué necesitas?

Habla con tu compañero(a) de cuatro cosas que necesitan en la playa.

— ¿Necesitas el protector solar?
— Claro que sí. Hoy quiero tomar el sol.

4 ¿Qué sabes hacer?

Habla de cuatro actividades.

MÁS O MENOS

BASTANTE BIEN

NO SÉ

— ¿Sabes bucear?
— Sí, bastante bien. ¿Y tú?
— Más o menos. ¿Sabes navegar?
— No, pero sé hacer surf.

5 ¿A qué quieren jugar?

Escoge cuatro deportes para jugar con tus compañeros(as).

— María, ¿quieres jugar al voleibol?
— Sí, ¡qué chévere! ¡Me encanta jugar al voleibol! ¿Y tú, Luis?
— No, ¡qué aburrido! Prefiero jugar a las paletas.

6 Charada

Representa frente a la clase el deporte acuático que quieres hacer.

7 Collage

Usa fotos de revistas para hacer un collage de la playa. Describe el collage a la clase.

8 Tú eres el autor

Con tu compañero(a), escriban un diálogo sobre las actividades en la playa. Presenten el diálogo a la clase.

— ¿Te gusta hacer tabla a vela?
— A mí me encanta. ¿Y a ti?
— Yo quiero aprender. ¿Es peligroso?
— No, es emocionante.

PARA COMUNICARNOS MEJOR
Gramática en contexto

Estructura *Saber* + infinitive

¿Sabes hacer surf? ¡Es emocionante!

¿QUÉ SABES HACER?

To say that you know how to do something, use a form of the verb *saber* (*to know how*) and the infinitive of another verb.

Sé hacer surf.	I know how to surf.
¿Saben nadar?	Do you know how to swim?

All forms of the verb ***saber*** are like the forms of regular **-er** verbs, with one exception: *yo sé*.

Saber is not used to mean "to know a person or a place." **Conocer** is used for that purpose.

saber (to know how)

yo	sé	nosotros(as)	sabemos
tú	sabes	vosotros(as)	sabéis
usted	sabe	ustedes	saben
él/ella	sabe	ellos/ellas	saben

146

1 Deportes acuáticos

¿Qué deportes acuáticos sabes hacer? Pregúntale a tu compañero(a).

— ¿Sabes bucear?
— Sí, sé bucear bastante bien. ¡Es divertido!
 (No, no sé bucear. No me gusta.)

1. bucear
2. navegar
3. hacer surf

4. hacer esquí acuático
5. remar
6. nadar

Expresiones útiles

muy bien
más o menos
bastante bien
quite
bien

¡Es divertido!
¡Es emocionante!
¡Es peligroso!
¡Me encanta!
¡No me gusta!

2 Para tu diario

Prepara una lista de ocho cosas que sabes hacer.

Sé montar en bicicleta.
Sé bailar salsa.
Sé leer

3 La fiesta del Club de Español

A. El Club de Español va a hacer una fiesta y necesita voluntarios(as). En grupo, preparen una tabla con los nombres de los compañeros(as) y las actividades que saben hacer.

¿Quién sabe...?	yo	Pedro	Juana
hacer pasteles		✓	
tocar la guitarra	✓		✓
sacar fotos	✓		

GRAN FIESTA DEL CLUB DE ESPAÑOL

SÁBADO, 25 DE FEBRERO A LAS 5:30

NECESITAMOS VOLUNTARIOS(AS) PARA:

• Hacer arroz con pollo, pasteles y galletas
• Preparar jugos y refrescos
• Tocar la guitarra
• Sacar fotos
• Decorar el gimnasio
• Escribir las invitaciones

B. Informen a la clase.

• *Pedro sabe hacer pasteles.*
• *Juana y yo sabemos tocar la guitarra.*
• *Yo sé sacar fotos.*

Estructura *Querer + infinitive*

LA BICI (bike)
FANTÁSTICA

• Alquiler • Venta • Reparación
• Bicicletas de todas las marcas
• Los mejores precios del mercado

Teléfono: 555-4987
San Juan de Puerto Rico

DEPORTES
LA OLA

Venta de kayaks y accesorios
Alquiler por hora, por día y
por semana
Clases de remo
Abierto de lunes a domingo
de 7:00 a.m. a 9:00 p.m.

555-6735

Balneario de Luquillo
Luquillo, Puerto Rico

LA CASA DEL BUCEO

VENTA, REPARACIÓN,
ALQUILER
DE EQUIPO
DE BUCEO

LA ESCUELA DE BUCEO MÁS
GRANDE DE PUERTO RICO
TELÉFONO:
555-5442
Avenida Jesús T. Piñero 293
Río Piedras, P. R. 00926

¿QUÉ QUIERES HACER?

To talk about what you want to do, use a form of the verb *querer*
(*to want*) **and the infinitive of another verb.**

— *Quiero ir a la playa.*	I want to go to the beach.
— *¿Quieren alquilar un bote a motor?*	Do you want to rent a motor boat?
— *No, queremos alquilar un kayak.*	No, we want to rent a kayak.
— *Y tú, ¿qué quieres hacer?*	And you, what do you want to do?
— *Quiero jugar al voleibol.*	I want to play volleyball.

Here are the forms of the verb ***querer*** in the present tense. Note that
the stem ***(quer-)*** changes from ***e*** to ***ie*** in all forms except ***nosotros(as)***
and ***vosotros(as)***.

querer (ie) (to want)

yo	quiero	nosotros(as)	queremos
tú	quieres	vosotros(as)	queréis
usted	quiere	ustedes	quieren
él/ella	quiere	ellos/ellas	quieren

En la playa

¿Qué quieren hacer? Pregúntale a tu compañero(a).

—¿Qué quieren hacer tus amigos?
—Quieren hacer surf.

1. tus amigos
hacer surf

3. tus amigos y tú

5. tu hermano
hacer esqui acuatico

2. tu amiga

4. los jóvenes
navegar

6. ¿y tú?

2 **Tus compañeros y tú van a la playa**

A. ¿Qué quieres llevar? Pregúntales a seis compañeros(as).

—Mariana, ¿qué quieres llevar a la playa?
—Quiero llevar el frisbi y las paletas.
—Y tú, Roberto, ¿qué quieres llevar?
—Quiero llevar la red.

B. Hagan una lista de las cosas que quieren llevar.

Queremos llevar el frisbi...

¿Qué llevamos?
las paletas
la red
los lentes de sol
el frisbi
la pelota
la guitarra
el protector solar
la sombrilla

3 **Actividades para el fin de semana**

A. ¿Qué quieres hacer el fin de semana?

	por la mañana	por la tarde	por la noche
el sábado	*ir al parque*		
el domingo			

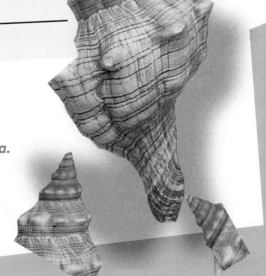

B. ¿Qué quieren hacer? Pregúntales a tus compañeros(as).

—Quiero ir a la playa el sábado por la mañana. ¿Quieren ir conmigo?
—Sí, quiero ir, pero por la tarde.
—No, yo quiero ir al parque.

SITUACIONES
DEPORTES FAVORITOS

Club deportivo Borinquén
Humacao, Puerto Rico

Con dos piscinas, ocho canchas de tenis y una marina que acomoda toda clase de botes, el club deportivo Borinquen ofrece una gran variedad de clases: natación, buceo, tabla a vela y navegación. También alquila equipo deportivo.

1 Actividades en el club deportivo

A. Lee el anuncio del club deportivo Borinquén y contesta las preguntas.

1. ¿Dónde está el club?
2. ¿Cuántas canchas tiene?
3. ¿Qué deportes quieres aprender en el club?

B. Mira los dibujos del anuncio y haz una lista de las actividades que sabes hacer y otra lista de las actividades que quieres aprender.

Sé jugar al tenis.   *Quiero aprender a bucear.*

C. ¿Qué equipo necesitas? Di para qué deporte o deportes necesitas estas cosas.

Necesito aletas para bucear.

una pelota	un velero
remos	esquís
máscara de bucear	una tabla
una red	un paracaídas
un traje de baño	

2 ¿Adónde quieres ir?

Pregúntale a tu compañero(a) adónde quiere ir el sábado.
Di qué van a hacer.

> —¿Adónde quieres ir el sábado?
> —Al lago.
> —Chévere, me encanta nadar.

¿Adónde?
al lago
al río
a la piscina
a la playa

 3 Un fin de semana en la playa

Haz planes con tu compañero(a) para ir a la playa este
fin de semana.

- Pregúntale a tu compañero(a) si quiere ir a la playa este
  fin de semana.
- Hablen de dos o tres actividades que quieren hacer allí.
- Escojan el día y la hora.

 4 Entrevista

Entrevista a un(a) compañero(a) que practica deportes. Pregúntale
dónde y cuándo practica el deporte. Informa a la clase.

> *A María Hernández le gusta jugar al voleibol. Sabe jugar
> muy bien. Practica en el parque por la mañana.*

 5 Tu diario: mi deporte favorito

En tu diario, contesta las siguientes preguntas:

1. ¿Cuál es tu deporte favorito? ¿Cuándo practicas? ¿Dónde?
   ¿Con quién?
2. ¿Qué necesitas para practicar tu deporte favorito?
3. ¿Qué deporte quieres aprender? ¿Por qué?

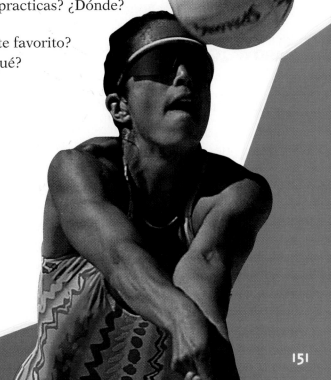

¿SABES QUE...?

Swimming and surfing are favorite
after-school activities in Puerto Rico. By
law, all of Puerto Rico's beaches are
public. Special resort beaches, called
balnearios, have facilities such as
dressing rooms and picnic grounds. If
you don't bring your own equipment,
rentals are available in many of these
balnearios.

PARA RESOLVER

PLANES PARA UNA EXCURSIÓN

PASO 1 ¿Adónde quieren ir?

En grupo, escojan un lugar del mapa adonde quieren ir el fin de semana. Digan por qué quieren ir allí.

- *Queremos ir a Fajardo el sábado.*
- *Luis y Roberto quieren nadar.*
- *Beatriz quiere aprender a hacer esquí acuático.*
- *Yo quiero tomar el sol.*

PASO 2 ¿Qué quieren llevar?

Ahora, hagan una lista de la ropa, equipo deportivo y otras cosas que van a llevar.

PASO 3 ¿Cuánto dinero necesitan?

Miren la lista de precios para decidir qué van a alquilar y cuánto dinero van a necesitar. Anoten las respuestas.

Queremos bucear con esnórquel tres horas el sábado y dos el domingo. Vamos a alquilar aletas, esnórquel y máscara de bucear. Necesitamos $75 por persona.

PASO 4 ¿Cuáles son los resultados?

Presenten los resultados de su grupo a la clase.

PASO 5 Comparen los resultados.

- ¿Cuáles son los tres lugares más populares? ¿Por qué?
- ¿Qué grupo quiere llevar más ropa o más cosas?
- ¿Qué grupo necesita más dinero? ¿Y menos dinero?

PARA TU REFERENCIA

el alquiler *rental*
la aventura *adventure*
el buceo *diving*
el dinero *money*
los precios *prices*
la ropa *clothing*
el tanque *oxygen tank*

Playa/Natación	Jet ski	Surf	Navegación
Buceo	Tabla a vela	Tenis	Esquí acuático

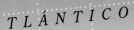

TLÁNTICO

CERRO GORDO   SARDINERA   PUNTA SALINAS

Isla Verde

EL MORRO   PIÑONES   Canóvanas   **Luquillo**

Dorado   Cataño   Carolina   Río Grande

Toa Baja   **Fajardo**

Arecibo   CAMBALACHE   Barceloneta   Manatí   SAN JUAN   Río Loiza

Vega Baja   Bayamón   Trujillo   SIERRAS DE LUQUILLO

Río Arecibo   Río Manatí   Vega Alta   Toa Alta   Guaynabo   Alto

Corozal   Lago Loiza   EL YUNQUE, "Bosque Nacional del Caribe"

TORIO CIBO   Florida   Ciales   Morovis   Naranjito   Aguas Buenas   Gurabo   Naguabo

Utuado   Río La Plata   Caguas   Juncos   Las Piedras

Lago Caonillas   Orocovis   Comerío   San Lorenzo

MONTE GUILARTE   Jayuya   Lago Cidra

Adjuntas   CAÑÓN SAN CRISTÓBAL   Barranquitas   SIERRAS DE CAYEY   **Palmas del Mar**

CERRO DE PUNTA   Villalba   Cidra   Cayey   PUNTA SANTIAGO

Lago Garzas   CORDILLERA CENTRAL   Lago Carite   CARIT

Lago Guayabal   Lago Toa Vaca   Coamo

HACIENDA BUENA VISTA   Juana Díaz   Río Patillas

Peñuelas   MUSEO DE ARTE   Santa Isabel   Salinas   AGUIRRE   Guayama   Arroyo

nilla   Ponce

CAÑA GORDA

MAR CARIBE

ENTÉRATE

ESTRELLAS° DEL BÉISBOL

El béisbol es uno de los deportes más populares de Puerto Rico. Jóvenes y adultos practican béisbol en la calle, en parques y estadios. Muchos puertorriqueños° juegan° en la Liga Caribeña° y en las Ligas Mayores.

JUAN GONZÁ[LEZ]

Equipo: Texas Rangers

Posición: jardinero°

Lanza: derecha

Batea: derecha

Fecha y lugar de nacimiento: 16/10/69, Vega Baja

Promedio de bateo: .295

Carreras anotadas: 57

Jonrones: 27

Carreras impulsadas: 82

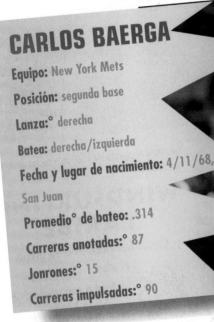

CARLOS BAERGA

Equipo: New York Mets

Posición: segunda base

Lanza:° derecha

Batea: derecha/izquierda

Fecha y lugar de nacimiento: 4/11/68, San Juan

Promedio° de bateo: .314

Carreras anotadas:° 87

Jonrones:° 15

Carreras impulsadas:° 90

TE TOCA A TI

¿Cierto o falso?

1. Juan González es jardinero de los ~~New York Mets~~. *Texas Rangers*
2. El béisbol ~~no~~ es popular en Puerto Rico.
3. El cumpleaños de Juan González es en octubre. *Cierto*
4. Carlos Baerga es de San Juan. *Cierto.*
5. Juan González y Carlos Baerga tienen ~~19~~ *42 jonrones tiene 15 jonrones* jonrones. *falso*

boricuas *from Puerto Rico*
las carreras anotadas *runs scored*
las carreras impulsadas *runs batted in*

las estrellas *stars*
el jardinero *outfielder*
los jonrones *home runs*
juegan *play*

lanza *pitches*
la Liga Caribeña *Caribbean League*
el promedio *average*
los puertorriqueños *Puerto Ricans*

VOCABULARIO TEMÁTICO

En la playa
At the beach

la arena *sand*
el bote a motor *motorboat*
la ola *wave*
el/la salvavidas *lifeguard*
el sol *sun*
el velero *sailboat*

Actividades en la playa
Activities at the beach

jugar al frisbi *to play frisbee*
jugar a las paletas
  to play paddle ball
jugar con la arena
  to play in the sand
tomar el sol *to sunbathe*

Los deportes acuáticos
Water sports

bucear *to dive*
hacer esquí acuático
  to water-ski
hacer jet ski *to jet ski*
hacer parasailing *to parasail*
hacer surf *to surf*
hacer tabla a vela *to windsurf*
nadar *to swim*
navegar *to sail*
remar *to row*

El equipo deportivo
Sports equipment

las aletas *flippers*
el chaleco salvavidas *life jacket*
el esnórquel *snorkel*
los esquís *skis*
el frisbi *frisbee*
la máscara de bucear *diving mask*
la paleta *paddle*
el paracaídas *parachute*
la pelota *ball*
la red *net*
los remos *oars*
la tabla a vela *sailboard*
la tabla de surf *surfboard*

Cosas para la playa
Things for the beach

los lentes de sol *sunglasses*
el protector solar *sunscreen*
la sombrilla *beach umbrella*
la toalla *towel*
el traje de baño *bathing suit*

Lugares para ir a nadar
Places to go swimming

el lago *lake*
el mar *sea*
la piscina *swimming pool*
el río *river*

Expresiones y palabras

bastante bien *pretty well*
Es peligroso. *It's dangerous.*
¡Fabuloso! *Fabulous!*
más o menos *so-so*
¡Me encanta! *I love it!*
¡Qué emocionante!
  How exciting!
¡Socorro! *Help!*
alquilar *to rent*
aprender a *to learn how to*
llevar *to bring, to carry*
no tiene miedo *he/she isn't afraid*
prefiero... *I prefer*
querer *to want*
saber *to know how*

Expresiones de Puerto Rico

¡Ay, bendito! *Oh, no!*
¡Qué chévere! *Terrific!*

LA CONEXIÓN INGLÉS-ESPAÑOL

Many words that begin with *s* in English begin with *es* in Spanish. For example, the English words *special* and *station* are **especial** and **estación** in Spanish. What words in the *Vocabulario temático* of this chapter begin with *es*? Did you know their meaning when you first saw them?

CAPÍTULO 6

¿Cómo te afecta el tiempo?

Objetivos

COMUNICACIÓN

To talk about:
- the weather and the seasons
- what to do and what to wear

CULTURA

To learn about:
- the weather in Puerto Rico
- a Puerto Rican weather reporter
- the rain forest in Puerto Rico

VOCABULARIO TEMÁTICO

To know the expressions for:
- weather and seasons
- cardinal points
- clothing
- pastimes

ESTRUCTURA

To talk about:
- what you and other people like to do: the verb *gustar* and an infinitive
- games or sports you play: the verb *jugar*
- giving advice: informal commands, the verb *tener* with *que* and an infinitive, *no debes* plus infinitive

¿SABES QUE...?

As in most tropical regions, there are only two seasons in Puerto Rico. The rainy season starts in May and extends through October. The dry season extends from November to May.

◀ **Después de la lluvia.**

CONVERSEMOS

EL TIEMPO Y TÚ
weather

Habla con tu compañero(a).

¿QUÉ ESTACIÓN DEL AÑO TE GUSTA MÁS?
Season of the year

A mí me gusta más...

 la primavera
spring

 el otoño
autumn

 el verano
summer

 el invierno
winter

(make)
(comando)
Iyandatos
con usted

ustedes

cantar→cante
comer→coma
escribir→escriba

Negativo:
no cante
no coma
no escribe

ar→e
er→
ir→a

Ustedes
añadan a una n
canten
coman
escriban

jugar→juegue

DONDE TÚ VIVES, ¿QUÉ TIEMPO HACE EN CADA ESTACIÓN?

En el verano siempre hace sol y nunca llueve.

En la primavera...   **En el verano...**

En el otoño...   **En el invierno...**

hace calor

 hace sol

 está nublado

 llueve

 nieva

 hace viento

 hace frío

¡Cien grados!
¡Qué calor!

nunca (*never*)

a veces (*sometimes*)

siempre (*always*)

todos los días (*every day*)

158

(handwritten: What do you like todo when it is is good weather)
(handwritten: leer)

¿QUÉ LES GUSTA HACER CUANDO HACE BUEN TIEMPO? ¿Y CUANDO HACE MAL TIEMPO?

Cuando llueve, nos gusta jugar al ajedrez.
(When it rains, we like to play chess.)

(handwritten: tocome)
(handwritten: venir)

 volar chiringas* *(handwritten: cometas)*

 jugar con la nieve

 jugar al ajedrez

 patinar sobre hielo *(handwritten: ice)*

 jugar al béisbol

 esquiar

 nadar

 mirar la televisión

* Expresión de Puerto Rico.

PRESTA ATENCIÓN AL PRONÓSTICO DEL TIEMPO. ¿QUÉ ACONSEJAS? *(What do you advise?)*

(handwritten: forecast)

Hace fresco. Lleva el suéter. *(It's cool. Wear/Take your sweater.)*

Está nublado.
Hace sol.

Hace fresco.
(It's cool.)

Va a llover.
(It's going to rain.)

Viene una tormenta.
(A storm is coming.)

Va a nevar.
(It's going to snow.)

Llueve a cántaros.
(It's raining cats and dogs.)

Viene un huracán.
(A hurricane is coming.)

 el impermeable

 las botas

 los lentes de sol

 el gorro

 el suéter

 los guantes

 el abrigo *(handwritten: calor(hot))*

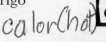 el paraguas

No debes salir sin el gorro.
(You shouldn't go out without your hat.)

Quédate en casa.
(Stay home.)

Ten cuidado.
(Be careful.)

EL TIEMPO

EL PRONÓSTICO PARA MAÑANA

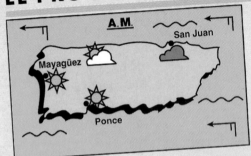

A.M.

San Juan

Mayagüez

Ponce

P.M.

San Juan

Mayagüez

Variable

Ponce

Leyenda

Mar de 2/4 pies
Mar de 3/6 pies
Mar de 5/9 pies
Mar de 9 pies

VIENTO:
intensidad
y dirección
*1 barra = 10 mph
**1/2 barra = 5 mph

Sol · Poco nublado · Nublado · Lluvias · Nubes

Norte
Oeste · Este
Sur

EL MAR: Olas de 2 a 4 pies; vientos del este

San Juan, Norte y Este: Por la mañana, va a estar nublado y fresco. Por la tarde, va a estar nublado con mucho viento. Hay probabilidades de tormenta. Por la noche, va a llover. Temperatura máxima: 76 °F; mínima: 73 °F.

Ponce, Sur: Por la mañana, va a hacer sol y mucho calor. Por la tarde y por la noche, va a llover. Temperatura máxima: 93 °F; mínima: 82 °F.

Mayagüez, Oeste: Por la mañana, va a hacer sol. Por la tarde y por la noche, va a estar nublado, con probabilidades de lluvia. Temperatura máxima: 92 °F; mínima: 80 °F.

HABLA DEL TIEMPO EN PUERTO RICO

A. Con tu compañero(a), hablen del pronóstico.

— ¿Qué tiempo va a hacer en Mayagüez
  por la mañana?
— Va a hacer sol.
— ¿Qué tiempo va a hacer en
  San Juan por la noche?
— Va a llover.

B. Estás en Puerto Rico. Di adónde
quieres o no quieres ir y por qué.

Quiero ir a Ponce.
No quiero ir a San Juan porque
hay probabilidades de tormenta.

LA TABLA DEL TIEMPO

A. Haz una tabla del tiempo en Puerto Rico.

	Mañana	Tarde	Noche	Temperatura Mínima/Máxima
Mayagüez	sol			80 °F / 92 °F
Ponce				
San Juan				

B. Ahora, pregúntale a tu compañero(a)
qué actividades le gustaría hacer según el
tiempo. Usen la información de la tabla.

— ¿Qué te gustaría hacer en Mayagüez por
  la mañana?
— Me gustaría nadar y hacer tabla a vela.

78 grados

PALABRAS EN ACCIÓN

¿QUÉ TIEMPO HACE?

1 ¿Qué tiempo hace en...?

Completa la tabla.

Lugares	Tiempo
Nueva York	*Hay tormenta.*

2 ¿Qué hacen?

Habla con tu compañero(a) de cuatro personas del dibujo.

— ¿Qué hacen los hombres de Guayama?
— Juegan al ajedrez.
— ¿Y el niño de Montana?
— Juega con la nieve.

3 ¿Qué ropa llevan?

Mira las personas del dibujo. ¿Qué ropa llevan? Habla con tu compañero(a).

— ¿Qué ropa lleva la mujer de Seattle?
— Lleva...

4 ¿Adónde les gustaría ir?

En grupos, decidan qué lugares del dibujo les gustaría visitar. Hablen con otro grupo.

— ¿Qué lugar les gustaría visitar?
— Nos gustaría visitar Mayagüez.
— ¿Qué tiempo hace allí?
— Hace buen tiempo. Hace sol y mucho calor.

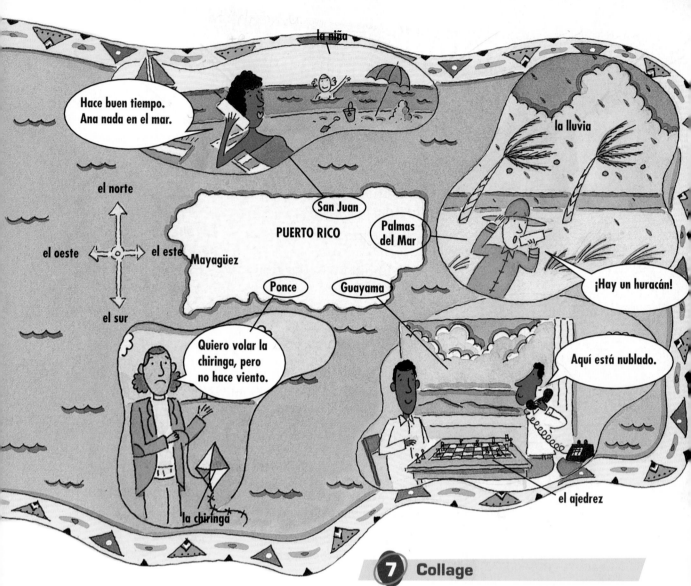

5 ¿Qué me aconsejas?

Haz cuatro diálogos sobre el tiempo.

— *Voy a Denver. ¿Qué tiempo hace allí?*
— *Nieva mucho. Lleva botas.*

6 Charada

Actuando, representa qué tiempo hace. La clase tiene que adivinar qué estación del año es.

— *¡Hace mucho frío!*
— *Es invierno.*

7 Collage

Haz un collage de tu estación favorita. Usa fotos o dibujos de revistas y periódicos. Incluye tres errores. La clase tiene que adivinar cuáles son.

8 Tú eres el autor

Un(a) amigo(a) va a ir a vivir a tu pueblo o ciudad. En una carta, escribe qué tiempo hace en cada estación y qué ropa tiene que llevar.

Querido(a)...

En invierno aquí siempre hace mal tiempo. Llueve a cántaros y tienes que llevar impermeable y botas.

163

PARA COMUNICARNOS MEJOR
Gramática en contexto

Estructura *Nos/les gusta*; present of *jugar*

¿A QUÉ LES GUSTA JUGAR?

To talk about activities that you and your friends like to do, use *nos gusta*.

> *Nos gusta jugar al béisbol.*   We like to play baseball.

To talk about activities that other people like to do, use *les gusta*.

> *Cuando hace buen tiempo, les gusta patinar.*   When the weather is nice, they like to skate.

you like plural *Os gusta*

☐ Note that **les gusta** can mean *they like* and *you* (plural) *like*. For clarity, use **a** with a person's name or with **ustedes**, **ellos**, or **ellas**.

> — *¿Les gusta nadar a Ana y a Juan?*   Do Juan and Ana like to swim?
> — *Sí, a ellos les gusta nadar.*   Yes, they like to swim.

To talk about games or sports you play, use a form of the verb *jugar* (to play).

> *Juego al fútbol.*   I play soccer.
> *Jugamos a las paletas.*   We play paddleball.

Here is the verb **jugar** in the present tense. Note that the stem (**jug-**) changes from *u* to *ue* in all forms except **nosotros(as)** and **vosotros(as)**.

¿RECUERDAS?

When **a** comes before **el**, the two words combine to form **al**.

Cuando llueve, juego al tenis en el gimnasio.

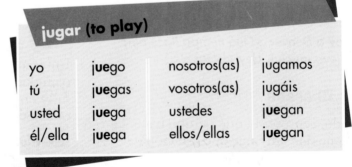

jugar (to play)			
yo	**jue**go	nosotros(as)	**ju**gamos
tú	**jue**gas	vosotros(as)	**ju**gáis
usted	**jue**ga	ustedes	**jue**gan
él/ella	**jue**ga	ellos/ellas	**jue**gan

1 Las estaciones

¿Qué les gusta hacer a ustedes en las diferentes estaciones? Pregúntale a tu compañero(a).

— ¿Qué les gusta hacer a ustedes en el otoño?
— Nos gusta volar chiringas.

¿Cuándo?
En el otoño
En el invierno
En el verano
En la primavera

1.
2.
3.
4.
5.
6.

2 Actividades de fin de semana

A. ¿Qué les gusta hacer los fines de semana a las personas que conoces? Haz una tabla.

B. Habla con tu compañero(a).

— ¿Qué les gusta hacer a tus padres los fines de semana?
— En el verano les gusta ir a la playa y en el invierno les gusta esquiar.

ACTIVIDADES DE FIN DE SEMANA

Personas	En el verano	En el invierno
a mis padres	*ir a la playa*	*esquiar*
a mi amiga		
a mis primos		
a mis vecinos		
a mi abuelo		

3 Juegos y deportes

A. ¿A qué juegan? ¿Cuándo juegan? En grupo, hagan una tabla.

juego o deporte	todos los días	los fines de semana	a veces
ajedrez	*Yolanda Lisa*	*yo*	

B. Hablen con sus compañeros(as) de sus respuestas.

— ¿Quién juega al ajedrez?
— Yolanda, Lisa y yo jugamos al ajedrez.
— ¿Cuándo?
— Yolanda y Lisa juegan todos los días. Yo juego los fines de semana.

PARA COMUNICARNOS MEJOR
Gramática en contexto

Estructura Informal commands; *tener que, no deber*

¡LLEVA UN PARAGUAS!

To tell a friend to do something, use the informal (*tú*) command.

¡Lleva un paraguas!   Take an umbrella!
¡Lee el pronóstico del tiempo!   Read the weather forecast!

Note that the ***tú*** command forms are the same as the present tense forms used for ***usted***, ***él***, or ***ella***.

[handwritten: negative (non tocommand)]

[handwritten: ar→es, er→as, ir→as]

informal commands				
-ar verbs: **-a** ending			**-er/-ir** verbs: **-e** ending	
comprar	compra *[hw: neg / no compres]*		leer *[hw: leas]*	lee *[hw: neg / no leas]*
llevar	lleva *[hw: no lleves]*		compartir	comparte *[hw: no compartas]*
jugar	juega *[hw: no juegues]*		escribir	escribe *[hw: no escribas]*

☐ To tell a friend to do something, you can also use a form of ***tener*** followed by ***que*** and an infinitive.

Hace frío. Tienes que llevar el abrigo.   It's cold. You have to wear your coat.

☐ To tell a friend not to do something, you can use ***no debes*** and the infinitive of another verb.

No debes salir sin las botas cuando llueve.   You should not go out without your boots when it rains.

¿RECUERDAS?

Here are the present-tense forms of the irregular verb ***tener*** (*to have*).

tengo	**tenemos**
tienes	**tenéis**
tiene	**tienen**

166

1 El pronóstico de la semana

Mira el pronóstico del tiempo. Luego, contesta la pregunta de tu compañero(a) y escoge un consejo según el tiempo.

— *¿Qué tiempo va a hacer el jueves?*
— *El jueves va a llover. Lleva el paraguas.*

2 ¿Qué tiene que hacer?

Di a tu compañero(a) qué tienen que hacer las personas según el tiempo.

Va a nevar. El niño tiene que usar botas.

1. un niño

2. la profesora

3. los estudiantes

4. nosotros(as)

5. los vecinos

6. ¿y tú?

Consejos
llevar el paraguas
usar el protector solar
nadar en la piscina
patinar sobre hielo
aprender a navegar
usar botas
llevar un impermeable
tener cuidado

3 Cuando hace mal tiempo

Di a tu compañero qué no debe hacer cuando hace mal tiempo.

— *Este fin de semana va a hacer mal tiempo. No debes ir a la playa.*

1. hacer mal tiempo
2. hacer mucho calor
3. hacer mucho frío
4. hacer mucho sol
5. llover a cántaros
6. nevar

No debes...
ir a la playa
abrir las ventanas open window
jugar en el parque
tomar el sol
salir sin el abrigo
hacer una barbacoa

23A

VIENE GRAN TORMENTA TROPICAL

venir
to come

Vientos de 60 millas por hora

- Lluvias intensas
- Posibles emergencias de agua y electricidad
- Peligro de inundación

Antes de la tormenta aconsejamos:
- conservar agua y electricidad
- escuchar el pronóstico del tiempo
- comprar comida en lata *can*
- comprar velas y pilas *candles batteries*

Durante la tormenta no deben:
- usar el televisor, el refrigerador, el teléfono y otros aparatos eléctricos
- salir cuando hace mucho viento
- abrir las ventanas
- estar cerca de un árbol

Viene una tormenta tropical

Miren el artículo sobre la tormenta tropical. En grupo, hagan una lista de tres cosas que tienen que hacer y tres cosas que no deben hacer cuando viene una tormenta.

Tenemos que conservar agua. No debemos salir cuando hace mucho viento.

2 **¿Qué tiempo hace aquí?**

Con tu compañero(a), contesten las siguientes preguntas sobre el tiempo donde ustedes viven y en otras partes del país. Busquen la información en el periódico.

- ¿Cuál es la temperatura de hoy?
- ¿Cuál es la temperatura máxima? ¿Y la mínima?
- ¿Qué tiempo hace en el norte del país? ¿Y en el sur? ¿Y en el este? ¿Y en el oeste?
- ¿En qué estado hace más frío?
- ¿En qué estado hace más calor?
- ¿En qué estados llueve más?
- ¿En qué estados nieva?

3 **Tu pronóstico**

Usa las respuestas de la actividad 2 para escribir el pronóstico del tiempo. Luego presenta el pronóstico a la clase.

3 affirmative
3 negative
3 no debes

Saluda:	*Buenas tardes/noches.*
Di tu nombre:	*Soy...*
Anuncia:	*Éste es el pronóstico del tiempo para hoy...*
Aconseja:	*Lleva... No debes...*
Saluda:	*Muchas gracias. Hasta mañana.*

 Vamos a hablar del tiempo

Con tu compañero(a), escriban dos diálogos sobre el tiempo. Presenten los diálogos a la clase.

PARA TU REFERENCIA

conservar *to conserve*
gran *great*
en lata *canned*
la inundación *flood*
no deben *you (plural) should not*
las pilas *batteries*
saluda *greet*
las velas *candles*

En grupo, van a hacer carteles de lugares interesantes de su ciudad o estado para estudiantes de otro país. Usen el cartel de la página 171 como modelo.

PASO 1 ¿Qué lugar es?

Escojan un lugar para su cartel. Digan:

- cómo se llama el lugar
- qué hay allí (lagos, ríos, mar, montañas)
- dónde está (al este / oeste / norte / sur de...)
- qué actividades hay según la estación
- qué otros lugares interesantes están cerca
- cómo ir allí
- otra información

PASO 2 ¿Cómo es el tiempo?

Ahora, escojan una estación. ¿Cómo es el tiempo en esa estación? ¿Llueve, nieva o hace sol? ¿Qué temperatura hace? Consulten una enciclopedia y escriban las respuestas.

Mes	Temperatura mínima y máxima	Llueve	Hace sol
enero	60 °F - 75 °F	mucho	sí

PASO 3 ¿Qué ropa necesitan?

Hagan una lista de la ropa y las cosas que necesitan en esa estación.

PASO 4 Su cartel

Hagan su cartel. Usen la información de los pasos 1-3. Incluyan fotos y dibujos.

EL YUNQUE

BOSQUE NACIONAL DEL CARIBE

¿LES GUSTARÍA PASEAR POR UN BOSQUE TROPICAL? EN PUERTO RICO HAY UN LUGAR MARAVILLOSO: EL YUNQUE.

- A 25 MILLAS AL ESTE DE SAN JUAN
- 28.000 ACRES DE BOSQUE TROPICAL
- 240 ESPECIES DIFERENTES DE ÁRBOLES
- EL ÚNICO BOSQUE TROPICAL DEL SISTEMA DE BOSQUES NACIONALES

PLANEA TUS VACACIONES PARA PASEAR POR LAS MONTAÑAS DE EL YUNQUE.

OTRAS ACTIVIDADES: CAMINAR, HACER UN PICNIC EN EL ÁREA RECREATIVA, COMER EN EL RESTAURANTE DEL PARQUE

¿QUÉ DEBEN LLEVAR? LENTES DE SOL, CÁMARA, BOTAS ¡Y EL PARAGUAS! ¡LLUEVE MUCHO!

LAS TEMPERATURAS EN EL YUNQUE SON MODERADAS TODO EL AÑO, PERO EN LAS MONTAÑAS HACE FRÍO.

ENTÉRATE

EL PRONÓSTICO PARA HOY...

¡EL TIEMPO NOS UNE A TODOS!°

Susan Soltero presenta el pronóstico del tiempo en Teleonce, un canal de televisión° de Puerto Rico. En esta entrevista, Susan habla de su trabajo.°

— **¿Cómo es su día de trabajo?**

— Voy al canal a las 2:30 de la tarde. Leo los mapas y escribo el pronóstico. Presento el tiempo a las 6:00 de la tarde y a las 10:00 de la noche.

— **¿Le gusta su trabajo?**

— ¡Me encanta! Porque el tiempo nos une a todos. Los pronósticos son muy importantes.

— **¿Qué tiene que estudiar una persona para trabajar° en televisión?**

— Tiene que estudiar periodismo° y aprender un idioma.°

— **¿Cuál fue° su pronóstico más emocionante?**

— El huracán Hugo, con vientos de más de 72 millas por hora° y lluvias torrenciales.°

TE TOCA A TI

1. Susan Soltero trabaja. *pronóstico de tiempo en Teleonce*
2. A ella le gusta. *su trabajo*
3. Su pronóstico más emocionante fue.. *el huracán*
4. Para trabajar en la televisión, una persona. *tiene que estudiar periodismo y aprender un idioma*

aprender un idioma *to learn a language*
el canal de televisión *TV station*
fue *was*
las lluvias torrenciales *torrential rain*
millas por hora *miles per hour*
el periodismo *journalism*
el tiempo nos une a todos
  the weather brings us together
trabajar *to work*
el trabajo *job/work*

VOCABULARIO TEMÁTICO

El tiempo
The weather

está nublado *it's cloudy*

hace buen tiempo
the weather is nice

hace calor *it's hot*

hace fresco *it's cool*

hace frío *it's cold*

hace mal tiempo
the weather is bad

hace sol *it's sunny*

hace viento *it's windy*

llueve *it rains/it's raining*

nieva *it snows/it's snowing*

Las estaciones del año
The seasons of the year

la primavera *spring*

el verano *summer*

el otoño *fall*

el invierno *winter*

La ropa
Clothing

el abrigo *coat*

las botas *boots*

el gorro *cap, hat*

los guantes *gloves*

el impermeable *raincoat*

el suéter *sweater*

Consejos para el tiempo
Weather advice

Lleva un paraguas.
Take an umbrella.

No debes salir sin...
*You shouldn't go out
without . . .*

**Presta atención al pronóstico
del tiempo.** *Pay attention to
the weather forecast.*

Quédate en casa.
Stay home.

Ten cuidado. *Be careful.*

Actividades para cada estación
Activities for each season

esquiar *to ski*

jugar al ajedrez *to play chess*

jugar con la nieve
to play in the snow

patinar sobre hielo
to ice skate

¿Cuándo?
When?

a veces *sometimes*

nunca *never*

siempre *always*

todos los días *every day*

El pronóstico del tiempo
The weather forecast

el este *east*

el grado *degree*

la lluvia *rain*

la nieve *snow*

el norte *north*

el oeste *west*

el sur *south*

**la temperatura
mínima/máxima**
low/high temperature

va a llover/nevar
it is going to rain/snow

**viene una tormenta/un
huracán** *a storm/a hurricane
is coming*

Expresiones y palabras

¿Cómo te afecta? *How does it
affect you?*

Llueve a cántaros.
It's raining cats and dogs.

les gusta(n) *they like*

nos gusta(n) *we like*

¿Qué aconsejas?
What do you advise?

¡Qué tormenta!
What a storm!

el hombre *man*

llevar *to wear; to take*

la mujer *woman*

el niño/la niña *boy/girl*

usar *to use*

Expresion de Puerto Rico

volar chiringas *to fly kites*

LA CONEXIÓN INGLÉS-ESPAÑOL

Some Spanish words, like *suéter*, look or sound a lot like their English cognates.

Look at the *Vocabulario temático.* Can you find other words that sound similar to English words?

ADELANTE

El Yunque es un bosque tropical cerca de San Juan, Puerto Rico. Tiene más de° 28.000 acres y una gran variedad de flora y fauna.

Mira las páginas 174-177. Según las fotos y los títulos,° ¿cuál es el tema principal de este artículo?

   a. serpientes y otros reptiles

   b. un bosque tropical

   c. cómo sacar fotos en un bosque

El múcaro de Puerto Rico° vive en El Yunque. ▶

más de *more than*
el múcaro *Puerto Rican owl*
los títulos *captions*

174

◄ La cotorra°
puertorriqueña
es un ave° en
peligro de
extinción.°

◄ En El Yunque
hay flores°
exóticas, como
las orquídeas.

◄ El coquí es
una rana° muy
pequeña.

el ave *bird*   en peligro de extinción   las flores *flowers*
la cotorra *parrot*   *in danger of extinction*   la rana *frog*

El Yunque

El Yunque es un parque nacional muy especial. Tiene muchos tipos de animales y plantas. Los árboles de El Yunque son muy altos. Muchos miden° más de 100 pies.

Caminar por El Yunque es una aventura.° Es como un laberinto° con árboles, ríos y senderos.° ¡Y llueve más de cuatro veces° al día!

▼ **Estas orquídeas son típicas de El Yunque.**

▲ **En El Yunque hay helechos° gigantes.**

Flores tropicales

En El Yunque hay flores tropicales de todos los colores. Existen más de 20 tipos de orquídeas.

Animales únicos

El Yunque tiene animales únicos en el mundo. La boa puertorriqueña es muy larga. Mide hasta°

7 pies. La cotorra puertorriqueña es un ave típica de El Yunque.

La boa puertorriqueña está en peligro de extinción. ▶

la aventura *adventure*
hasta *up to*
los helechos *ferns*
el laberinto *maze*

más de cuatro veces
  more than four times
mide(n)... pies *measure(s). . .feet*
los senderos *paths*

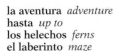

▼ **La cascada La Mina es un lugar muy popular de El Yunque.**

En El Yunque también hay millones de ranas que cantan ¡coquí! ¡coquí! Estas ranas son muy pequeñas: ¡miden menos de una pulgada!°

Lugares para visitar

En El Yunque hay maravillosas cascadas° y también un pico° muy alto. Se llama El Toro y tiene 3.523 pies.

Consejos para los visitantes°

- Consulta un mapa de El Yunque.
- Camina siempre con un(a) guía.°
- No cortes° flores ni plantas.
- No molestes° a los animales.

Y recuerda que llueve todos los días.

Así que°… ¡lleva el paraguas!

LOS ANIMALES DE EL YUNQUE

NOMBRE	ESTADO	ABUNDANCIA
Mangosta *Indian mongoose*	I	C
Culebra corredora *Ground snake*	N	R
Salamanquita *Dwarf gecko (lizard)*	N	C
Lagartijo jardinero *Upland grass lizard*	N	C
Sapo común *Giant toad*	I	R
Múcaro *Puerto Rican owl*	N	C
Cotorra puertorriqueña *Puerto Rican parrot*	N	R
Sapito de labio blanco *White-lipped toad*	N	C
Rata parda *Norway rat*	I	C
Murciélago frutero *Fruit bat*	N	C

Fuente°: Bosque Nacional del Caribe

CLAVE / *KEY*

ESTADO	ABUNDANCIA
N-nativo	C-común
I-introducido	R-raro

así que *so*
las cascadas *falls*
la fuente *source*
el/la guía *guide*
menos de una pulgada *less than an inch*

no cortes *don't cut*
no molestes *don't disturb*
pico *(mountain) peak*
los visitantes *visitors*

DESPUÉS DE LEER

❶ Cuatro preguntas

En grupo, escriban cuatro preguntas sobre El Yunque. Hagan las preguntas a otro grupo. Anoten las respuestas.

Reglas del juego:°

- Los grupos ganan un punto° por cada respuesta correcta.
- Si un grupo no sabe la respuesta, pierde el turno.°

	lluvia (pulgadas/año)	temperatura promedio° en julio (Fahrenheit)
El Yunque	200	88°
Ciudad de México	23	64°
Santiago de Chile	14	48°
Mi pueblo o ciudad	¿?	¿?

❷ Gráficas del tiempo

Ya° sabes que en El Yunque llueve mucho. Usa la información de la tabla de arriba para hacer dos gráficas de barras,° una para la lluvia y otra para la temperatura.

Lluvia anual

El Yunque
Ciudad de México
Santiago de Chile
Mi pueblo o ciudad

pulgadas   0   25   50   75   100   125   150   175 200

Reptiles
la boa

Mamíferos°

Animales de El Yunque

Anfibios°

Aves

❸ ¡Clasifica los animales!

Mira los animales de El Yunque. Clasifica cada animal. Puedes consultar una enciclopedia.

❹ Compruébalo

Busca la descripción correcta.

1. La cotorra puertorriqueña...
2. El Toro...
3. La boa puertorriqueña...
4. Muchos árboles de El Yunque...
5. Las orquídeas...
6. El coquí...

a. miden más de 100 pies.
b. es un ave en peligro de extinción.
c. son flores exóticas.
d. es una rana muy pequeña.
e. mide hasta siete pies.
f. es un pico muy alto de El Yunque.

los anfibios *amphibians*
ganan un punto *win a point*
las gráficas de barras *bar graphs*
los mamíferos *mammals*

pierde el turno *it loses a turn*
el promedio *average*
las reglas del juego *rules of the game*
ya *already*

TALLER DE ESCRITORES

1. UN CARTEL

Con tu compañero(a), diseñen un cartel turístico sobre El Yunque.
Incluyan:

- una descripción del bosque
- una lista de los animales
- fotos y dibujos de revistas
- qué llevar
- consejos para los visitantes

2. INTERCAMBIO° ELECTRÓNICO

En grupo, preparen preguntas para una clase en Puerto Rico.
El tema: actividades favoritas. Por ejemplo:

> ¿Cuáles son las actividades favoritas de la clase?
>
> ¿Qué les gusta hacer en...?
>
> ¿Cuándo van a... ?
>
> ¿Qué les gusta hacer cuando llueve o...?

Usen el correo electrónico° para mandar° sus preguntas.

3. AMIGOS POR CORRESPONDENCIA°

En una carta, invita a tu amigo(a) a visitar un lugar interesante de tu
ciudad o estado. Incluye: una descripción del lugar, dónde está, qué
hay, qué temperatura hace, qué ropa va a necesitar y qué actividades
van a hacer. Por ejemplo:

Miami, 10 de noviembre de 1996

Querida Luisa:

¡Que chévere, vas a visitar mi país! Aquí hay un lugar
fantástico que se llama Everglades. Es un parque
nacional.

Aquí en diciembre a veces hace frío. Vas a necesitar un
suéter y un abrigo. También vamos a ir al cine y a patinar.
Miami es muy divertido.

Tu amigo,

Sam

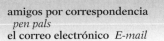

amigos por correspondencia
pen pals
el correo electrónico *E-mail*

el intercambio *exchange*
mandar *to send*

CIELO,° VIENTO Y ¡CHIRINGAS!

Volar chiringas es una actividad que comparten niños, adolescentes y adultos del mundo hispano.

Chiringa es una palabra puertorriqueña. En España las chiringas se llaman *cometas*, en México *papalotes*, en Venezuela *papagayos*, en Argentina *barriletes,* en Nicaragua *lechuzas* y en Chile *volantines*.

HISTORIA Y USOS

Las chiringas tienen más de 3.000 años y vienen de China. Con las chiringas es posible hacer muchas cosas.

• Los científicos° usan chiringas para estudiar la electricidad en el cielo y para otros experimentos. ¡Muchas chiringas ascienden hasta 2 millas!°

• Con una chiringa también es posible hacer deportes. El paracaídas es un tipo de chiringa.

• En Guatemala hacen chiringas para las ceremonias religiosas.

1 Cruza° las dos cañas y átalas° con el cordel. Ata las 4 puntas° con el cordel para formar la estructura.

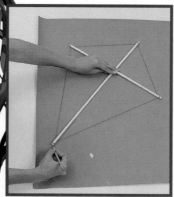

2 Pon° la estructura sobre el papel. Marca las puntas y corta° el papel un poco más grande que la estructura.

3 Dobla° los bordes del papel para darle° forma. Usa el pegamento para pegar° los bordes a la estructura.

ascienden hasta 2 millas
go as high as 2 miles
átalas *tie them*

el cielo *sky*
los científicos *scientists*
corta *cut*

cruza *cross*
darle *to give (it)*
dobla *fold*

pegar *to glue*
pon *place*
las puntas *ends*

LUGAR IDEAL

Y por supuesto,° ¡las chiringas son para jugar! Lo importante es tener mucho espacio y un poco de viento.

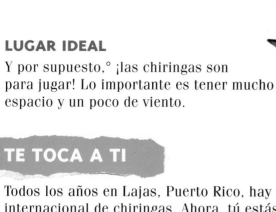

TE TOCA A TI

Todos los años en Lajas, Puerto Rico, hay un concurso° internacional de chiringas. Ahora, tú estás en Lajas y tienes que hacer tu chiringa. Usa tu imaginación porque... ¡la más original gana!°

MATERIALES:

2 cañas finas,°
una de 65 cm
y otra de 54 cm

tijeras

pintura

cordel

pegamento

papel de colores

marcadores
de colores

4 Ata un cordel en cada punta. Ata los cordeles en el centro.

5 Ata otro cordel de la punta de abajo al centro.

6 Haz una cola° con cordel y papel. Ata el cordel al centro de la chiringa y... ¡a volar!

las cañas finas *fine sticks*
la cola *tail*
el concurso *competition*

gana *wins*
por supuesto *of course*

OTRAS FRONTERAS

ECOLOGÍA

Manatíes en peligro

El manatí antillano° es un mamífero acuático que vive en las costas de Puerto Rico. Es de color gris o marrón y come plantas acuáticas. Hoy día, hay sólo 78 manatíes en Puerto Rico. Muchos han muerto° en redes de pescadores° o en accidentes con botes a motor.

- ¿Qué otros animales en peligro de extinción conoces?
- ¿Conoces grupos que trabajan para la protección de animales en peligro de extinción? ¿Cómo se llaman?

ARTE

Pintemos° con palabras

Este cuadro,° *Paisaje doble,*° del artista puertorriqueño Rafael Ferrer (1933) representa un paisaje de Puerto Rico. ¿Puedes describir este cuadro?

- ¿Dónde está la mujer?
- ¿Qué hace?
- ¿Qué tiempo hace?
- ¿Qué colores hay en el cuadro?
- ¿Por qué se llama *Paisaje doble*?

antillano *Antillean*
el cuadro *painting*
han muerto *have died*
el paisaje doble *double landscape*
los pescadores *fishermen*
pintemos *let's paint*

CIENCIAS

¡BIP! * ¡BIP! * ¡BIP!
MENSAJES°
DE LAS GALAXIAS

En Arecibo, Puerto Rico, está el radiotelescopio más grande del mundo.° Este instrumento da° información sobre estrellas,° planetas, otras galaxias y además, sobre tormentas tropicales.

- ¿Qué planetarios conoces en Estados Unidos? ¿Dónde están?
- ¿Te gustaría mandar un mensaje a otros planetas?
- Usa tres adjetivos para describir nuestro planeta.

MÚSICA

LA BOMBA AFRICANA

La bomba es un baile de origen africano que bailan en la costa de Puerto Rico. Los hombres y las mujeres bailan en grupo o separados al ritmo° de los tambores.° El nombre *bomba* viene del instrumento musical *bombo*, un tipo de tambor.

- ¿Qué es la bomba?
- ¿Qué es un bombo?

al ritmo *to the rhythm*
las estrellas *stars*
da *gives*

más grande del mundo
  biggest in the world
los mensajes *messages*
los tambores *drums*

UNIDAD 4

ESPAÑA

DÍA A DÍA

En la unidad 4:

Capítulo 7 **La vida estudiantil**

Capítulo 8 **Preparándose para salir**

Adelante **Para leer:** Maravillas de Andalucía

Proyecto: Azulejos españoles

Otras fronteras: Ecología, tecnología, idioma y literatura

Plaza de España, en Sevilla.

In Spain you will find a rich combination of ancient traditions and today's modern trends. Spain echoes with the beat of traditional flamenco music and pulses with rock and disco rhythms of teen culture. In the cities, you can see buildings that are hundreds—even thousands—of years old as well as modern skyscrapers. Spain is marked by history, but it's also racing into the twenty-first century.

Students in Spain have an adventurous past to explore. For centuries, Spain has given the world artists, authors, builders, doctors, and explorers. Their names are known around the world: Maimonides, Goya, Picasso, and so many more.

But Spanish students don't just learn about yesterday. They're also part of what's happening today. And, like you, they're acquiring skills they'll use in the world of tomorrow.

In this unit, you will meet the teenagers of Seville. You will see what their average day is like, and you will discover how schools in Spain compare and contrast with schools in the United States.

At the end of the school day, you will go out and have some fun with the teenagers of Seville. You may even learn to dance the flamenco. *¡Olé!*

CAPÍTULO 7

LA VIDA ESTUDIANTIL

Objetivos

COMUNICACIÓN
To talk about:
- school subjects and schedules
- activities in school
- making excuses

CULTURA
To learn about:
- schools in Spain
- some after-school activities in Seville

VOCABULARIO TEMÁTICO
To know the expressions for:
- school subjects
- places in school
- school equipment
- excuses

ESTRUCTURA
To talk about:
- what you did: the preterite of *-ar* verbs including verbs with a spelling change such as *sacar, jugar,* and *empezar*
- what else you did: the preterite of *-er* and *-ir* verbs and the preterite of the verb *hacer*

◄ Estudiantes de instituto, en Sevilla, España.

187

CONVERSEMOS

LA ESCUELA Y TÚ

Habla con tu compañero(a).

¿QUÉ MATERIAS TIENES ESTE AÑO?

Este año tengo...

 educación física

 física

 geometría

 historia

 informática

 literatura inglesa

 música

 química

¿QUÉ TAREA HICISTE AYER?
(What homework did you do yesterday?)

Hice un experimento.
(I did an experiment.)

Escribí un informe. *(I wrote a paper.)*
❏ una composición   ❏ un poema

Leí un cuento. *(I read a short story.)*
❏ una novela   ❏ una revista   ❏ un periódico en español

Estudié los apuntes de historia. *(I studied the history notes.)*
❏ las fórmulas de química   ❏ el vocabulario de español / de francés
❏ un capítulo del libro de literatura

¿CÓMO ES TU HORARIO?

schedule
homework

Tengo álgebra todos los días. *(I have algebra every day.)*

Tengo alemán los lunes, miércoles y jueves.
(I have German on Mondays, Wednesdays, and Thursdays.)

Hora	lunes	martes	miércoles	jueves	viernes
8:10	álgebra	álgebra	álgebra	álgebra	álgebra
9:10	alemán	biología	alemán	alemán	historia

¿CUÁNDO FUE TU ÚLTIMO EXAMEN DE ESPAÑOL?

last

Fue ayer. *(It was yesterday.)*
❑ la semana pasada *(last week)*
❑ el lunes pasado *(last Monday)*
❑ el mes pasado *(last month)*

¿Cómo fue?

¡Fue horrible! Saqué mala nota.
(It was horrible! I got a bad grade.)

¡Fue fatal!
(It was awful!)

¡Fue fácil! Saqué buena nota.
(It was easy! I got a good grade.)

¡Qué mala suerte!
(What bad luck!)

¡Qué rollo!*
(What a bore!)

¡Qué suerte!
(What good luck!)

* Expresión de España.

¿HICISTE LA TAREA?

Claro que sí. *(Of course.)*
Todavía no. *(Not yet.)*

porque mi ¿perro comio mi tarea.

¿Por qué?

Porque tuve que estudiar para un examen.
(Because I had to study for a test.)

Porque no comprendí las preguntas.
(Because I didn't understand the questions.)

Porque anoche estuve enfermo(a).
(Because I was sick last night.)

Porque dejé los libros en el armario.
(Because I left the books in the locker.)

MI ÁLBUM DE LA ESCUELA

El día que empezaron las clases, Grace llegó a la escuela en su moto nueva. ¡Qué genial!

Toda la clase hizo una excursión a la Alhambra de Granada. Fue maravilloso.

¡Un momento emocionante! En diciembre, nuestro equipo jugó un partido de fútbol y ganó tres a dos. ¡Qué suerte!

En febrero, Pedro y Lola pasaron muchas horas en la clase de informática. ¡Qué rollo!

Clase de inglés: Marta y Curro leyeron un cuento de Mark Twain. ¡Qué divertido!

En la Feria de abril, María Luisa y Rosa bailaron sevillanas hasta la una de la mañana. ¡Qué divertido!

HABLA DE LAS FOTOS DEL ÁLBUM

A. Con tu compañero(a), hablen de las cosas que hicieron los estudiantes. Usen expresiones de la lista.

— *Grace llegó a la escuela en su moto nueva.*
— *¡Qué genial!**

¡Qué aburrido!
¡Qué divertido!
¡Qué genial!
¡Qué interesante!
¡Qué maravilloso!
¡Qué rollo!
¡Qué suerte!

B. ¿Qué hiciste la semana pasada? ¿Qué no hiciste?

Leí un poema. No jugué al fútbol.

Leí...	Jugué...
Llegué...	Bailé...
Hice...	Empecé...
Escribí...	Estudié...

C. Con tu compañero(a), habla de las cosas que hicieron el año pasado.

— *¿Qué estudiaste el año pasado?*
— *Estudié matemáticas, historia y biología.*
— *¿Qué otras cosas hiciste?*
— *Hice experimentos en el laboratorio. También leí una novela muy emocionante.*

¿QUÉ OPINAS?

¿Cuántos estudiantes hicieron las actividades de la encuesta la semana pasada?

¡SABES QUE...?

In most Spanish schools, the students stay in the same classroom for much of the school day. They go to other rooms only for their music, gym or science classes. The room in which they take most of their subjects is called **la clase** or **el salón de clase**. The people who move from classroom to classroom are the teachers!

ENCUESTA

Actividad	Número de estudiantes
hicieron una excursión	|||
bailaron en una fiesta	|||
jugaron un partido de fútbol	||||
leyeron un cuento	
hicieron un experimento	

*Expresión de España

PALABRAS EN ACCIÓN

AYER EN LA ESCUELA

la pizarra

Tarea para mañana:
Hacer los problemas
de la página 120.
$a + b + y =$

Sí, gracias.

¿Quieres mis apuntes, Lola?

la carpeta

los apuntes

la calculadora

EL SALON DE CLASE

EL LABORATORIO

la fórmula química
$\sim H_2O \sim$

Esqueleto

el microscopio

¡Hiciste la tarea, Eva?

¡Claro que sí!

la canasta

la pelota

la red

EL PATIO

---

1 ¿Qué ves en el dibujo?

Escoge tres lugares de la escuela. Haz una lista de las cosas que ves allí. Compara tu lista con la lista de tu compañero(a).

Lugar	Cosas
laboratorio	*tubos de ensayo, microscopios...*
salón de clase	*pizarra...*

2 Actividades en la escuela

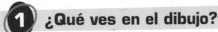

¿Qué hiciste ayer en la escuela? Habla con tu compañero(a) de las cosas que hicieron en los diferentes salones de clase.

— *¿Qué hiciste en el salón de actos?*
— *Canté en el coro.*

3 ¿Qué hicieron ayer?

Pregúntale a tu compañero(a).

— *¿Qué hiciste ayer?*
— *Estudié para un examen. ¿Y tú?*

4 Excusas

¿Por qué no hiciste la tarea? Da tres excusas.

— *¿Por qué no hiciste la tarea?*
— *Porque dejé los libros en el armario.*

5 ¿Cuál fue la tarea?

Habla con tu compañero(a) sobre las tareas de ayer.

— *¿Cuál fue la tarea de español?*
— *Leer dos páginas del libro y aprender a usar el verbo "hacer".*
— *¡Qué rollo!*

6 Charada

Con tu compañero(a), representa una actividad en la escuela. La clase va a decir qué actividad es.

7 Un plano de tu escuela

Haz un plano de tu escuela para un(a) estudiante nuevo(a). Escribe el nombre de cada lugar y anota qué cosas hay allí.

8 Tú eres el autor

¿Cómo fue tu horario ayer? ¿Qué hiciste?

Materia	¿Qué hiciste?
Física	Estudié para un examen.
Informática	Tomé apuntes en la biblioteca.
Matemáticas	Resolví cinco problemas.

PARA COMUNICARNOS MEJOR
Gramática en contexto

Estructura Preterite of *-ar* verbs

[handwritten margin notes:]
Preterite (ar)

jugar:
past tense
no stem
change

¿QUÉ ESTUDIASTE AYER?

To talk about past events, use the preterite tense.

Estudié español.	I studied Spanish.
Nosotros compramos un diccionario.	We bought a dictionary.

Compare the present and preterite forms of the *-ar* verb *comprar* as they appear in the chart below.

comprar (to buy)	Present	Preterite
yo	compro	compré
tú	compras	compraste
usted	compra	compró
él/ella	compra	compró
nosotros(as)	compramos	compramos
vosotros(as)	compráis	comprasteis
ustedes	compran	compraron
ellos/ellas	compran	compraron

Note that the *nosotros(as)* form is the same in both tenses.

Verbs ending in *-car*, *-gar*, and *-zar* have a spelling change in the *yo* form in the preterite.

sacar *to get*	—>	(yo) sa**qué**
jugar *to play*	—>	(yo) ju**gué**
empezar *to start*	—>	(yo) empe**cé**

194

1 ¿Qué compraron?

Con tu compañero(a), hablen sobre las cosas que compraron estas personas.

Mi amigo compró una computadora.

1. mi amigo

2. yo *cuanderno*

3. mis compañeros

4. la profesora de música  *el piano*

5. nosotros(as) *el microspipio*

6. tú *la calcukuladora*

2 En la escuela

Con tu compañero(a), hablen del día de ayer en la escuela. Usen expresiones de la lista.

— *Estudié geometría toda la tarde.*
— *¡Qué rollo!*

1. estudiar geometría toda la tarde
2. llegar tarde a la escuela
3. dejar la tarea en el armario
4. pasar tres horas en el laboratorio
5. jugar un partido de baloncesto
6. sacar una buena nota en química

¡Qué bueno!
¡Qué rollo!
¡Qué aburrido!
¡Qué suerte!
¡Qué lástima!
¡Qué mala suerte!

3 Nuestras notas

A. En grupo, hagan una lista de las materias de este año. Anoten en qué materias sacó buenas notas cada uno.

Materias	yo	Juan	Margarita	Luisa
álgebra	✓	✓		
español		✓	✓	

B. Informen a la clase.

Juan y yo sacamos buenas notas en álgebra.

PARA COMUNICARNOS MEJOR
Gramática en contexto

Estructura Preterite of -*er*/-*ir* verbs and *hacer*

¿QUÉ HICISTE AYER EN LA ESCUELA?

To talk about past events, you will also need to know the preterite of -*er* and -*ir* verbs.

Aprendí un poema.	I learned a poem.
Escribí un informe.	I wrote a report.

Here are the forms of the -*er* verb **aprender** and the -*ir* verb **escribir** in the preterite. Note that they have the same endings.

aprender (to learn)		escribir (to write)
yo	aprend**í**	escrib**í**
tú	aprend**iste**	escrib**iste**
usted	aprend**ió**	escrib**ió**
él/ella	aprend**ió**	escrib**ió**
nosotros(as)	aprend**imos**	escrib**imos**
vosotros(as)	aprend**isteis**	escrib**isteis**
ustedes	aprend**ieron**	escrib**ieron**
ellos/ellas	aprend**ieron**	escrib**ieron**

The verb **hacer** *(to do, to make)* is irregular in the preterite.

hacer (to do, to make)			
yo	**hice**	nosotros(as)	**hicimos**
tú	**hiciste**	vosotros(as)	**hicisteis**
usted	**hizo**	ustedes	**hicieron**
él/ella	**hizo**	ellos/ellas	**hicieron**

¡OJO!

Note that **leer** has a spelling change in some forms of the preterite.

leí	leímos
leíste	leísteis
leyó	**leyeron**

[handwritten:] tener
yo-tuve

1 La tarea

A. ¿Qué tarea hiciste la semana pasada? Haz una gráfica como el modelo.

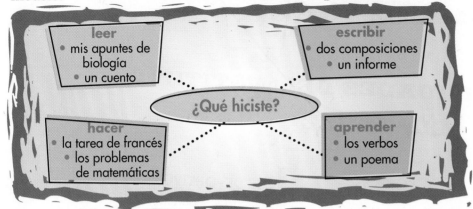

leer
- mis apuntes de biología
- un cuento

escribir
- dos composiciones
- un informe

¿Qué hiciste?

hacer
- la tarea de francés
- los problemas de matemáticas

aprender
- los verbos
- un poema

B. Usa la gráfica para hablar con tu compañero(a) sobre las tareas.

— ¿Qué leíste anoche?   *ayer (yesterday)*
— Leí mis apuntes de biología. ¿Y tú?

2 Un día de clase

A. Hoy es un mal día para la clase. ¿Qué pasó? Haz oraciones negativas.

Mi compañero(a) no hizo la tarea.

1. mi compañero(a)		comprender los problemas
2. yo		escribir el informe
3. nosotros(as)	**no**	hacer la tarea
4. muchos estudiantes		aprender las fórmulas
5. mis compañeros(as)		leer el capítulo de historia
6. tú		ganar el partido de baloncesto

3 En mi tiempo libre

A. En grupo, hagan una tabla de sus actividades favoritas. Escriban quiénes y cuándo hicieron esas actividades.

actividades	quién	cuándo
escribir cartas	María, Jorge	ayer
leer revistas	yo	anoche
comer en un restaurante		

B. Presenten los resultados a la clase.

María y Jorge escribieron cartas ayer.

SITUACIONES

LA REVISTA ESCOLAR

ACTIVIDADES DEL INSTITUTO VELÁZQUEZ

CLUB DE LECTORES

Si te gusta leer, el Club de Lectores es para ti. El mes pasado leímos una novela muy interesante de la escritora española Rosa Chacel.

CLUB DE ECOLOGÍA

¿Te gustan los animales y las plantas? ¿Te interesan los problemas del medio ambiente? En el Club de Ecología hicimos una excursión al Coto de Doñana para estudiar los animales y las plantas de la región.

CLUB DEPORTIVO

¿Te gustan los deportes? En el Club Deportivo practicamos baloncesto, fútbol, atletismo y voleibol. El mes pasado, el equipo de baloncesto del Instituto ganó todos los partidos.

CLUB DE FOTOGRAFÍA

¿Quieres sacar buenas fotos? Los miembros del Club de Fotografía sacaron fotos muy interesantes de pájaros y árboles del Coto de Doñana. Invitaron al Club de Ecología a su exposición.

PARA TU REFERENCIA

el atletismo *track and field*
el/la escritor(a) *writer*
la exposición *exhibition*
¿Te interesan...? *Are you interested in . . .?*
los lectores *readers*
el medio ambiente *environment*
los miembros *members*

1 Actividades en la escuela

Lee la revista escolar y contesta las preguntas.

- ¿Cuántos clubes hay en el Instituto Velázquez? *cuatro*
- ¿Qué leyeron el mes pasado los miembros del Club de Lectores?
- ¿A quién invitaron los miembros del Club de Fotografía?
- ¿Qué hicieron el mes pasado los miembros del Club de Ecología?
- ¿Quién ganó todos los partidos?

[Handwritten annotations: Leyeron / Leímos una novela muy interesante / Club de Ecología / hicieron una excursión / Club Deportivo / al Coto de Doñana]

198

Un evento deportivo

Habla con tu compañero(a) sobre los deportes que practicaron la semana pasada. Digan:

- con quién practicaron el/los deporte(s)
- dónde practicaron el/los deporte(s)
- quiénes jugaron
- qué equipo ganó

 Amigos por correspondencia

Escríbele a un(a) amigo(a) sobre tus actividades de la semana pasada en un club.

> *Querido Esteban:*
>
> *Estoy muy bien. El viernes pasado empecé las clases de fotografía. Saqué unas fotos muy bonitas de mi perro. Ayer llevé mis fotos al Club de Fotografía para una exposición en junio. Hasta pronto. Tu amiga,*
>
> *Clara*

 Una entrevista

Entrevista a un(a) estudiante. Pregúntale:

- en qué materias sacó buenas/malas notas el año pasado
- qué deportes practicó y cuántos partidos ganó su equipo
- en qué club(es) participó y qué hizo allí

Informa a la clase.

> *Eduardo Serna sacó buenas notas en español. Jugó al béisbol y ganó todos los partidos. En el Club de Lectores leyó* Los cuentos de la Alhambra *de Washington Irving.*

5 **Un club divertido**

Tu club necesita más miembros. Escribe cuatro oraciones para un anuncio en el periódico escolar sobre las actividades que hicieron en el club el año pasado.

> • *Sacamos fotos de la ciudad.*
> • *Hicimos una excursión al Parque Nacional.*
> • *Escribimos un informe sobre los animales de la región.*
> • *Leímos dos libros sobre el medio ambiente.*

PARA RESOLVER

COLLAGE DE RECUERDOS

En grupo, hagan un collage de los recuerdos del año.

PASO 1 Un año especial

Hablen con la clase sobre los eventos del año. Hagan una lista en la pizarra.

una excursión
un momento muy divertido
un concierto
un baile en la escuela

PASO 2 Momentos para recordar

Cada grupo va a escoger un momento especial y va a anotar la información en una tabla.

Momento especial	Recuerdos	Fecha
el partido de béisbol	ganamos	23 de octubre

PASO 3 ¡A trabajar!

Ahora diseñen el collage. Escojan fotos o dibujos de los momentos especiales del año. Escriban:

- dos o tres oraciones sobre cada foto
- la fecha
- el título del collage
- los nombres de sus compañeros(as)

PASO 4 Nuestro año escolar

Presenten el collage a la clase y hablen de los eventos del año.

Recuerdos del año

7 de septiembre

15 de mayo

SEVILLA

25 de abril

Las primeras fotos que sacó Elena para el Club de Fotografía.

Miguel Ángel, el día de su cumpleaños. Invitó a toda la clase a un picnic en el parque. ¡Fue genial!

Curro, Lola, Ana María y Grace pasaron un día en el Parque de María Luisa. ¡Qué divertido!

ENTÉRATE

¿QUÉ ESTUDIAN LOS JÓVENES DE ESPAÑA?

En España es obligatorio° ir a la escuela hasta los 16 años. Después de los estudios primarios y secundarios, los estudiantes que quieren seguir° estudiando escogen entre el Bachillerato o la Formación Profesional.

En la Formación Profesional los estudiantes aprenden un oficio° (mecánico(a),° electricista,° etc.). En el Bachillerato, se preparan° para ir a la universidad. Hay seis tipos de Bachillerato. Los estudiantes tienen que escoger uno, según° la carrera° que piensan estudiar.

EDUCACIÓN PRIMARIA
6 años (de los 6 a los 12)

EDUCACIÓN SECUNDARIA
4 años (de los 12 a los 16)

FORMACIÓN PROFESIONAL
2 años (de los 16 a los 18)

BACHILLERATO
2 años (de los 16 a los 18)
- en artes
- en ciencias de la naturaleza
- en salud°
- en humanidades
- en ciencias sociales
- en tecnología

TE TOCA A TI

Completa las oraciones.

1. En España, es obligatorio ir a la escuela...
2. En la Formación Profesional, los estudiantes...
3. Para ir a la universidad los jóvenes...
4. Hay Bachilleratos en...
5. Los estudiantes tienen que escoger un tipo de Bachillerato, según...

la carrera *major, career*
el/la electricista *electrician*
el/la mecánico(a) *mechanic*
obligatorio *mandatory*
el oficio *trade*

se preparan *they get ready*
la salud *health*
seguir *to continue*
según *depending on*

VOCABULARIO TEMÁTICO

En la escuela
At school

el armario *locker*
el fichero *card catalogue*
la fuente de tomar agua
water fountain
el laboratorio *laboratory*
la oficina del director
principal's office
el pasillo *hallway*
el patio *courtyard*
el salón de actos *auditorium*
el salón de clase *classroom*

En el salón de clase
In the classroom

los apuntes *notes*
la calculadora *calculator*
la carpeta *folder/binder*

En el laboratorio
In the lab

el microscopio *microscope*
los tubos de ensayo *test tubes*

Las materias
Subjects

el alemán *German*
el álgebra *algebra*
la biología *biology*
la física *physics*
el francés *French*
la geometría *geometry*
la informática *computer science*

la literatura inglesa
English literature
la química *chemistry*

¿Qué hiciste en la escuela?
What did you do in school?

la composición *composition*
el examen (los exámenes)
exam(s)
el experimento *experiment*
la fórmula *formula*
el informe *report*
el problema *problem*
la tarea *homework*
el vocabulario *vocabulary*
la excursión *excursion, outing*
cantar en el coro
to sing in the choir
estudiar *to study*
ganar el partido
to win the game
sacar buena/mala nota
to get a good/bad grade

¿Qué leíste?
What did you read?

el capítulo *chapter*
el cuento *short story*
la novela *novel*
la página *page*
el poema *poem*

¿Cuándo?
anoche *last night*

ayer *yesterday*
el lunes pasado *last Monday*
el mes pasado *last month*
la semana pasada *last week*

Excusas
Excuses

Estuve enfermo(a). *I was sick.*
Tuve que... *I had to . . .*

Expresiones y palabras

¿Cómo fue...? *How was . . . ?*
¿Cuándo fue...?
When was . . . ?
¡Fue fatal! *It was awful!*
¡Fue horrible! *It was horrible!*
¡Qué mala suerte!
What bad luck!
¡Qué suerte! *What good luck!*
Todavía no. *Not yet.*
la canasta *basket*
comprender *to understand*
dejar *to leave behind*
empezar *to begin*
el equipo *team*
llegar *to arrive*
la moto *motorcycle*
pasar *to spend time/to happen*
último(a) *last*

Expresiones de España

¡Qué genial! *How cool!*
¡Qué rollo! *What a bore!*

LA CONEXIÓN INGLÉS-ESPAÑOL

Many words that end in *em* in English end in *ema* in Spanish. For example, the word *poem* in English is **poema** in Spanish. Note that most Spanish words ending in *ema* are masculine.

Look at the *Vocabulario temático*. Can you find another word like **poema**?

CAPÍTULO 8

PREPARÁNDOSE PARA SALIR

Objetivos

COMUNICACIÓN
To talk about:
- making plans to go out/getting ready
- what to wear
- leaving and receiving phone messages

CULTURA
To learn about:
- how teenagers in Seville spend their free time
- highlights of Andalusian culture
- the popularity of motor bikes in Spain

VOCABULARIO TEMÁTICO
To know the expressions for:
- getting dressed and other daily routines
- calling on the telephone

ESTRUCTURA
To talk about:
- what you can or cannot do: the verb *poder* and the infinitive of another verb
- going out: the verb *salir*
- daily routines: reflexive verbs and pronouns

¿SABES QUE...?

Social life in Spain begins much later than in the United States. Because of the warm climate, many people meet and socialize outdoors. Teenagers frequently go out together in large groups.

◀ Una discoteca en Sevilla, España.

CONVERSEMOS

DESPUÉS DE LA ESCUELA

Habla con tu compañero(a).

GENERALMENTE, ¿CON QUIÉN SALES?

Salgo con mis amigos.
(I go out with my friends.)

- ❑ mis amigos(as)
- ❑ mi familia
- ❑ mi hermano(a)
- ❑ solo(a) *(alone)*

¿QUÉ HACES ANTES DE SALIR?

Me baño, me peino y me pongo la ropa.
(I take a bath, comb my hair, and get dressed.)

 Me cepillo los dientes.

 Me seco el pelo.

 Me ducho.

 Me peino.

 Me lavo el pelo.

 Me pongo la ropa.

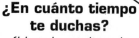
¿En cuánto tiempo te duchas?
(How long does it take you to shower?)

HOLA... ¿QUIERES SALIR?

¡Vale!* ¿Dónde nos encontramos?
(OK! Where shall we meet?)

Sí, estoy listo(a).
(Yes, I am ready.)

¡Claro que quiero salir!
¿Adónde vamos?
*(Of course I want to go out!
Where shall we go?)*

* *Expresión típica de España*

No puedo. Tal vez otro día.
(I can't. Perhaps another day.)

No, no tengo ganas.
(No, I don't feel like it.)

No, todavía no estoy listo(a).
(No, I am not ready yet.)

No puedo. Tengo que trabajar.
(I can't. I have to work.)

POR TELÉFONO

¿Qué dices?

Hola, ¿puedo hablar con...?
(Hello, may I speak with . . . ?)

Dile que me llame, por favor.
(Tell him/her to call me, please.)

¿Qué contesta la otra persona?

No está. ¿Quiere(s) dejar un mensaje?
(He/She is not in. Would you like to leave a message?)

Sí, un momento, por favor.
(Yes, one moment, please.)

No está, pero va a volver pronto.
(He/She is not in but will be back soon.)

EL CONTESTADOR AUTOMÁTICO

¿Qué escuchas?

"En este momento no puedo contestar el teléfono. Por favor, deja un mensaje después de la señal".
("I can't answer the phone right now. Please leave a message after the beep.")

¿Qué dices?

Oye, soy yo. No te olvides del concierto. ¿Qué vas a ponerte? Llámame. ¡Hasta luego!
(Hey, it's me. Don't forget the concert. What are you going to wear? Call me. See you later!)

¿QUÉ VAS A PONERTE?

Voy a ponerme vaqueros y una camisa.
[I'm going to wear jeans and a shirt.]

el suéter

la falda

la camisa

la chaqueta

los vaqueros

los tenis

los zapatos

el chaleco

207

LA SEMANA EN Sevilla

CINE

Flamenco de Carlos Saura. En la sala Rialto, de martes a viernes a las 16:00, 18:15, 20:30 y 22:45 hrs. Entrada: 400 pesetas.

CONCIERTOS

Famosa banda de rock La Lola, en la plaza de San Francisco. Viernes y sábado a las 21:00 hrs. Entrada: 600 pesetas.

DEPORTES

Partido de fútbol entre el Betis y el Sevilla en el estadio Benito Villamarín. El domingo a las 14:00 hrs. Entrada: 2.500 pesetas.

ARTE

Exposición de Arte de Sevilla en el Museo de Bellas Artes. De martes a domingo, de 9:00 a 18:00 hrs. Entrada: 150 pesetas.

BAILE

Clases de baile de sevillanas en la Academia Manolo Marín. De lunes a jueves, de 18:00 a 20:00 hrs. Para más información, llamar al 437–25–12.

A. Con tu compañero(a), hagan planes para ir a uno de los espectáculos mencionados en la guía del ocio (*leisure guide*).

— *¿A qué hora es La Violetera?*
— *A las ocho de la noche.*
— *¿Cuánto cuesta la entrada?*
— *Dos mil pesetas.*
— *Vale. ¡Vamos!*

B. Llama a un(a) amigo(a) por teléfono para hacer planes.

— *¡Hola, Irene! ¿Puedes salir este sábado?*
— *Sí, ¿adónde quieres ir?*
— *Al museo.*
— *¿Dónde nos encontramos?*
— *En la cafetería.*
— *¿Qué vas a ponerte?*
— *Los vaqueros negros y la blusa blanca.*

C. Quieres ir al teatro con tu compañero(a). Deja un mensaje en su contestador automático.

"Hola Juan. ¿Puedes salir conmigo esta tarde? Me gustaría ir al teatro. Va a llover. No te olvides del paraguas. ¡Hasta luego!"

¿QUÉ OPINAS?

¿Qué actividades puedes hacer en tu pueblo o ciudad? ¿Cuándo? ¿A qué hora? ¿Qué actividades no puedes hacer? ¿Por qué? Pregúntale a tu compañero(a).

Haz una tabla con los resultados. Usa el modelo.

DISCOTECAS

Discoteca **Guadalquivir**. Abierta desde las 22:00 hrs. Todos los fines de semana. Entrada: 1.500 pesetas.

TEATRO

La Violetera en el teatro Lope de Vega. De lunes a jueves, a las 20:00 hrs. Entrada: 2.000 pesetas.

		Actividades	Día	Hora	¿Por qué no puedes?
Yo	puedo	ir a la discoteca	el viernes	a las 21:00 hrs.	
	no puedo	ir al teatro	—	—	es muy caro
Luisa	puede	ir al cine	el sábado	a las 18:00 hrs.	
	no puede	ir a la playa	—	—	está muy lejos

Los números del 1.000 al 10.000

1.000 mil	2.000 dos mil
1.100 mil cien	3.000 tres mil
1.500 mil quinientos(as)	10.000 diez mil

PALABRAS EN ACCIÓN

ANTES DE SALIR

¡Hola, Sofía! ¿Puedes salir esta noche?

¿Federico? ¡Vale! ¿Dónde nos encontramos?

Frente a la Giralda, a las 8:30.

Muy bien. ¡Hasta luego!

FEDERICO LLAMA A SOFÍA POR TELÉFONO

¡Hola! ¿Puedo hablar con Cristina, por favor?

Ahora no. Tiene que secarse el pelo. Llama más tarde.

Cristina se seca el pelo.

Pablo se ducha.

María se peina.

Elena se cepilla los dientes.

---

1 ¿Qué hacen las chicas?

Mira las escenas del dibujo. Haz una lista de las cosas que hacen las chicas.

> *Sofía habla con Federico por teléfono.*
> *Cristina se seca el pelo.*

2 ¿Y qué hacen los chicos?

Mira las escenas del dibujo. ¿Qué hacen los chicos antes de salir? Habla con tu compañero(a).

> — *¿Qué hace Pablo antes de salir?*
> — *Se ducha.*

3 ¿Qué llevan?

Mira las escenas del dibujo. Habla con tu compañero(a) sobre la ropa que lleva cada uno.

> — *¿Qué ropa se pone Ramón?*
> — *Se pone vaqueros, tenis y un chaleco rojo.*

4 ¿Qué te pones para ir a...?

Habla con tu compañero(a) sobre la ropa que te pones cuando vas a una fiesta, a un baile, a un concierto y a la escuela.

> — *¿Qué te pones para ir a una fiesta?*
> — *Generalmente me pongo una blusa y una falda corta. ¿Y tú?*
> — *Me pongo vaqueros y un chaleco.*

LUISA ESCOGE LA ROPA

RAMÓN SE PONE LA ROPA

ANA SE PREPARA PARA SALIR

---

7 Collage

5 Antes de salir

¿Qué consejos le das a tu amigo(a) antes de salir?

No te olvides del dinero.
No te olvides...

6 Por teléfono

Llamas por teléfono a un amigo(a) para salir y contesta otra persona. Con tu compañero(a), haz un diálogo.

— *Hola, soy Pedro. ¿Puedo hablar con Eva?*
— *No está, pero va a volver pronto. ¿Quieres dejar un mensaje?*
— *Dile que me llame, por favor.*

7 Collage

Diseña la página de anuncios de una revista de modas. Usa dibujos y fotos de revistas. Escribe los anuncios y luego describe la ropa a la clase.

Esta primavera los chicos se ponen camisas negras con tenis blancos. Las chicas se ponen vestidos largos con botas.

8 Tú eres el autor

Prepara un mensaje para un contestador automático.

Hola. En este momento no puedo contestar el teléfono. Por favor, deja un mensaje después de la señal.

PARA COMUNICARNOS MEJOR
Gramática en contexto

Estructura Present of *poder* and *salir*

¿PUEDES SALIR ESTA NOCHE?

To say what someone can or cannot do, use a form of the verb *poder* followed by the infinitive of another verb.

> *No, esta noche no puedo salir.*   No, tonight I can't go out.

Here are the forms of the verb ***poder*** in the present tense. Note that the *o* in the stem changes to *ue* in all forms except the ***nosotros(as)*** and ***vosotros(as)*** forms.

poder(ue) (to be able to, can)

yo	p**ue**do	nosotros(as)	podemos
tú	p**ue**des	vosotros(as)	podéis
usted	p**ue**de	ustedes	p**ue**den
él/ella	p**ue**de	ellos/ellas	p**ue**den

☐ Other verbs with the same stem change as ***poder*** are ***costar*** *(to cost)* and ***volver*** *(to come back)*.

To say that someone is going out, use the verb *salir*.

> *Los sábados salgo con*   On Saturdays I go out
> *mis amigos.*   with my friends.

Here are the forms of the verb ***salir*** in the present tense. Note that the *yo* form is irregular: ***salgo***.

salir (to go out)

yo	**salgo**	nosotros(as)	salimos
tú	sales	vosotros(as)	salís
usted	sale	ustedes	salen
él/ella	sale	ellos/ellas	salen

1 ¿Salen esta noche?

Pregúntale a tu compañero(a).

— *¿Salen tus amigos esta noche?*
— *No, no pueden. Tienen que estudiar.*

1. tus amigos
2. tu primo(a)
3. tu hermana y tú
4. tu amigo(a)
5. tus padres
6. ¿y tú?

Tener que...
estudiar
escribir un informe
trabajar
hacer la tarea
cocinar
escribir cartas

2 ¿Salen mucho?

A. Pregúntale a cinco compañeros qué días salen, a qué hora salen y adónde van generalmente. Anota las respuestas en una tabla.

¿Quién?	¿Qué días sale?	¿A qué hora?	¿Adónde?
Marta	miércoles y sábados	por la noche	al cine
José	domingos	por la tarde	a la discoteca

B. Presenta los resultados a la clase.

Marta sale los miércoles y los sábados por la noche. Va al cine.
José sale los domingos por la tarde. Va a la discoteca.

3 Problemas de cada día

¿Qué puedo hacer? Pregúntale a tu compañero(a).

— *Quiero aprender más español. ¿Qué puedo hacer?*
— *Puedes mirar la televisión en español.*

1. Quiero aprender más español.
2. Quiero sacar buenas notas.
3. Quiero jugar bien al tenis.
4. No quiero llegar tarde a la escuela.
5. Quiero hablar con mi prima.
6. Quiero invitar a un(a) compañero(a) a una fiesta.

¿Qué puedes hacer?
mirar la televisión en español
llamar por teléfono
escribir una invitación
practicar más
estudiar más
ir en autobús

PARA COMUNICARNOS MEJOR
Gramática en contexto

Estructura Reflexive verbs

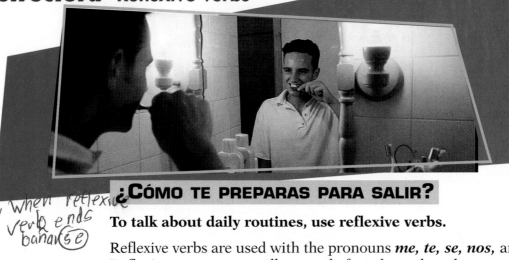

¿CÓMO TE PREPARAS PARA SALIR?

To talk about daily routines, use reflexive verbs.

Reflexive verbs are used with the pronouns *me, te, se, nos,* and *os.*
Reflexive pronouns usually come before the verb and correspond to
the subjects: *(yo) me, (tú) te, (usted/él/ella) se,* and so on.

Me lavo las manos y la cara.	I wash my hands and my face.
Me cepillo los dientes.	I brush my teeth.
Me pongo una falda y una blusa.	I put on a skirt and a blouse.

Here are the forms of the verb *ponerse* in the present tense. Note that
the *yo* form is irregular: *pongo.*

ponerse (to put on, to wear)

yo	**me** pongo	nosotros(as)	**nos** ponemos
tú	**te** pones	vosotros(as)	**os** ponéis
usted	**se** pone	ustedes	**se** ponen
él/ella	**se** pone	ellos/ellas	**se** ponen

☐ Reflexive pronouns may also be attached to an infinitive.

— *¿Qué vas a ponerte?*	What are you going to wear?
— *Voy a ponerme el vestido azul.*	I am going to wear my blue dress.

Here are other reflexive verbs.

bañarse *to take a bath*	**peinarse** *to comb one's hair*
cepillarse *to brush (one's hair/teeth)*	**prepararse** *to get ready*
ducharse *to take a shower*	**secarse** *to dry off*
lavarse *to wash (one's hair/hands/face)*	

214

1 Antes de salir de casa

¿Qué hacen? Pregúntale a tu compañero(a).

— ¿Qué hacen los chicos antes de salir de casa?
— Los chicos se peinan.

1. los chicos

4. los niños

2. la chica

5. el chico

3. tu amiga y tú

6. ¿y tú?

2 ¿Estás listo(a)?

Tu amigo(a) te llama por teléfono antes de salir. Crea un diálogo con tu compañero(a).

— Patricia, ¿estás lista?
— No, todavía no. Tengo que lavarme el pelo.
— ¿Qué vas a ponerte hoy?
— Voy a ponerme la camisa azul.

> Voy a ponerme...
> las botas
> la camisa azul
> los zapatos rojos
> los vaqueros
> la blusa verde
> el chaleco negro

3 ¿En cuánto tiempo...?

A. En grupo, hablen de cuánto tiempo necesita cada uno para hacer cada cosa.

¿En cuánto tiempo?	Romina	Félix	yo
te duchas/te bañas	10 minutos	15 minutos	25 minutos
te pones la ropa			
te lavas las manos y la cara			
te preparas para salir			

B. Informen a la clase.

— ¿En cuánto tiempo se duchan?
— Romina se ducha en diez minutos. Félix se ducha en quince minutos. Yo me ducho en veinticinco minutos.

SITUACIONES

¡ACTIVIDADES PARA TODOS!

PERIÓDICO ESTUDIANTIL número 2 febrero

 Piano/Guitarra Academia de música Triana. Clases privadas. Todos los niveles. ☎ 443-85-75

 Bailes de salón Clases de tango, salsa, fox-trot y cha-cha-chá. Todos los niveles. Sra. Tosca. ☎ 490-10-98

ACADEMIA MANOLO MARÍN

Aprende flamenco con Manolo Marín.
Todos los niveles. También hay clases
de danza clásica española
y sevillanas.

437-25-12

 Gimnasio Hércules. Clases de gimnasia, karate, judo, yoga, natación y tenis. Si tomas clases dos veces por semana puedes usar la piscina y las máquinas de ejercicios. ☎ 444-22-11. Abierto todos los días de 7:00 a 21:00 horas.

 Informática Lotus, WordPerfect. Horario flexible. Llama a Daniel al ☎ 456-22-90.

 Idiomas Francés/Inglés. Profesores nativos. Cursos intensivos. Clases privadas y en grupos. ☎ 443-42-22

 Pintura/Dibujo/Cerámica En la Academia de Bellas Artes. Clases de lunes a viernes a las 18:00 y 20:00 horas. Llama al ☎ 425-11-12.

 Tutora ¿Sacaste malas notas? ¿Necesitas ayuda en matemáticas o química? Llama a María del Pilar. ☎ 435-28-29

¿SABES QUE...?

Sevillanas are a folkloric dance from Seville, in the region of Andalusia. They are very popular throughout Spain.

¿Puedes salir?

Tu compañero(a) te pregunta si puedes salir esta tarde. Tú no puedes porque tomas una clase. Crea un diálogo.

— *¿Puedes salir esta tarde?*
— *Lo siento, pero no puedo. Los lunes, miércoles y viernes voy al gimnasio. Tomo clases de karate. Tal vez otro día.*

 ¿Qué quieres aprender?

Habla con tu compañero(a) sobre las actividades de los anuncios.

— *¿Tú sabes bailar el tango?*
— *No, pero me gustaría aprender.*

 ¿Estás listo(a)?

Vas a salir con tu compañero(a). Llama por teléfono y pregúntale si está listo(a).

— *¿Estás lista, Rosa?*
— *Todavía no. Tengo que ducharme.*
— *¿Qué vas a ponerte?*
— *Una camisa, unos pantalones y los tenis.*

 ¿Qué aconsejas?

- a un(a) amigo(a) que quiere ser deportista

  Puedes ir al Gimnasio Hércules y tomar clases de karate.

- a un chico que quiere aprender francés
- a una chica que quiere aprender a usar la computadora
- a un estudiante que sacó malas notas en química
- a un amigo que baila muy mal

PARA TU REFERENCIA

abierto *open*
la ayuda *help*
los bailes de salón *ballroom dances*
las bellas artes *fine arts*
la cerámica *pottery*
los niveles *levels*
la pintura *painting*

Para resolver

Tú y tus compañeros(as) van a estar tres días en Andalucía. Planeen qué lugares van a visitar.

PASO 1 ¿Adónde podemos ir?

En grupo, lean el siguiente folleto. Hablen de las diferentes excursiones. Decidan:

- adónde quieren ir
- qué pueden hacer allí

> — A mí me gustaría ir a Granada porque allí podemos ver...
> — Yo prefiero ir a Sierra Nevada porque...

PASO 2 Clientes y agentes

Con un(a) compañero(a), hagan un diálogo entre un(a) cliente(a) y un(a) agente de viajes. Incluyan:

- qué día quieren ir
- cuántas personas van a ir
- qué pueden hacer allí
- a qué hora sale la excursión y a qué hora vuelve

PASO 3 ¿Qué vas a ponerte?

Hagan una lista de la ropa que va a ponerse cada uno para la excursión.

> Voy a ponerme vaqueros...

PASO 4 Vamos a ir a...

Presenten sus planes a la clase.

> El viernes vamos a ir a Córdoba para visitar la mezquita y la sinagoga. Salimos por la mañana a las seis y volvemos a las...

El Alcázar: palacio árabe, en Sevilla.

La Mezquita de Córdoba.

PARA TU REFERENCIA

el agente de viajes	*travel agent*
el barrio gitano	*gypsy quarter*
las obras de arte	*works of art*
judío	*Jewish*
la mezquita	*mosque*
ptas.= pesetas	

ANDALUCÍA AYER Y HOY
Todas las excursiones salen de SEVILLA

Sierra Nevada está a pocos minutos de Granada.

Andalucía
60km

Granada y la Alhambra
Vamos a visitar el maravilloso palacio de la Alhambra. Por la noche, flamenco en el barrio gitano del Sacromonte. Salimos a las 5:00. Volvemos al día siguiente a las 11:00 de la mañana.
10.000 ptas. Con desayuno, almuerzo y cena.

Sierra Nevada
Dos días de sol, nieve y paisajes espectaculares. Excelente para esquiar. Salimos el sábado a las 6:00. Volvemos el domingo a las 23:00 horas.
20.000 ptas. Con desayuno, almuerzo y cena.

Sevilla: historia y cultura
La Catedral, la Giralda, el Alcázar, la tumba de Cristóbal Colón son obras de arte donde podemos admirar la historia y la cultura de Andalucía. Salimos a las 8:00. Volvemos a las 18:00 horas.
2.000 ptas. Con almuerzo.

Córdoba
Vamos a visitar la Mezquita, el Alcázar y el barrio judío, que tiene una sinagoga muy antigua. Después, vamos a visitar un mercado de cerámica donde pueden comprar artesanías. Salimos a las 6:00. Volvemos a las 21:30 horas.
5.000 ptas. Con desayuno, almuerzo y cena.

Para más información, llamar al 555-30-00

El Patio de los Leones, en la Alhambra.

Los caballos andaluces son famosos en todo el mundo.

219

ENTÉRATE

Muchos piensan que una moto es la solución para el tráfico del futuro. En España es el vehículo de moda. Hay miles de motos en todas las ciudades.

"Nunca tomo el autobús", dice Carmen Gorospe, una chica de San Sebastián. "Con mi moto voy por toda la ciudad en pocos minutos. Y nunca llego tarde. Las motos son divertidas, fáciles de conducir° y puedes aparcar° en cualquier lugar".°

En España, los jóvenes usan las motos cada vez más°. Usan motos para ir a la escuela, para salir de noche, para ir de excursión; en fin, para todo. Los exámenes para tener una licencia de conducir motos son muy fáciles. ¡Y sólo° tienes que tener 14 años!

Claro, tener una moto es un lujo°. Una buena moto española o italiana cuesta más o menos 2.000 dólares. Y la gasolina, el aceite° y las reparaciones°, 50 dólares por mes. No todos los jóvenes tienen moto, pero a todos les gustaría tener una.

TE TOCA A TI

Completa las oraciones.

1. En España, la moto es el vehículo de...
2. Para conducir una moto en España, tienes que...
3. Los jóvenes usan las motos para...
4. Tener una moto cuesta...

el aceite *(motor) oil*
aparcar *to park*
cada vez más *more and more*
el lujo *luxury*
en cualquier lugar
    anywhere
conducir *to drive*
las reparaciones *repairs*
sólo *only*

220

VOCABULARIO TEMÁTICO

¿Qué vas a ponerte?
What are you going to wear?

la blusa *blouse*
la camisa *shirt*
el chaleco *vest*
la chaqueta *jacket*
la falda *skirt*
los pantalones *pants*
los tenis *sneakers*
los vaqueros *jeans*
el vestido *dress*
los zapatos *shoes*

Antes de salir
Before going out

bañarse *to take a bath*
cepillarse (los dientes)
  to brush (one's teeth)
ducharse *to take a shower*
lavarse *to wash oneself*
peinarse *to comb one's hair*
ponerse *to put on, to wear*
prepararse *to get ready*
secarse *to dry oneself*

Partes del cuerpo
Parts of the body

la cara *face*
las manos *hands*
el pelo *hair*

**Los números
del 1.000 al 10.000**

mil *1,000*
mil cien *1,100*
mil quinientos(as) *1,500*
dos mil *2,000*
diez mil *10,000*

Por teléfono
On the phone

Deja un mensaje después
  de la señal. *Leave
  a message after the beep.*
Dile que me llame, por favor.
  Tell him/her to call me, please.
Llama más tarde. *Call later.*
Llámame. *Call me.*
No está. *He/She is not in.*
¿Puedo hablar con...?
  May I speak with . . .?
¿Quiere(s) dejar un mensaje?
  *Would you like to leave a
  message?*
Un momento, por favor.
  One moment, please.
Va a volver pronto.
  He/She will come back soon.

Expresiones y palabras

antes de *before*
¿Dónde nos encontramos?
  Where shall we meet?

¿En cuánto tiempo...? *How long
  does it take . . . ?*
en este momento *right now*
estar de moda *to be trendy*
estar listo(a) *to be ready*
No te olvides... *Don't forget . . .*
No tengo ganas.
  I don't feel like it.
Oye,... *Listen, . . .*
Tal vez otro día.
  Perhaps another day.
el baile *dance*
el contestador automático
  answering machine
contestar el teléfono
  to answer the phone
costar *to cost*
el dinero *money*
encontrarse *to meet*
la entrada *admission ticket*
la exposición de arte *art exhibit*
llamar por teléfono
  to call (on the telephone)
las llaves *keys*
poder *to be able to, can*
salir *to go out*
solo(a) *alone*
trabajar *to work*
volver *to come back*

Expresión de España
¡Vale! *OK!, Sure!*

LA CONEXIÓN INGLÉS-ESPAÑOL

You have just learned the verb *ponerse*, *to put on* or *to wear*. Like many other Spanish verbs, *ponerse* ends in *-se*. These verbs are called reflexive verbs; they describe actions that a person does for himself or herself.

Look at the *Vocabulario temático*. What other verbs end in *-se*? Do you think these verbs follow the same pattern?

ADELANTE

ANTES DE LEER

Si visitas el sur de España vas a ver la influencia islámica° por todas partes.° Los árabes llegaron a la Península Ibérica° en el año 711 y vivieron allí hasta el año 1492. A la región del sur la llamaron Al-Andalus. Por eso,° hoy día° el sur de España se llama Andalucía.

El tema principal de este artículo es la influencia árabe en Andalucía. Mira las fotos de las páginas 222–225. Haz una lista de cuatro aspectos de la influencia árabe que, en tu opinión, vas a encontrar en este artículo.

hoy día *nowadays*
islámica *Islamic*
la Península Ibérica *Iberian Peninsula*

por eso *that's why*
por todas partes *everywhere*

◄ Los árabes crearon sistemas de irrigación para toda Andalucía. La Alhambra de Granada y sus jardines tienen el mismo° sistema de irrigación desde° el año 1238. ¡Y todavía funciona!°

◄ Los azulejos° de los edificios de Andalucía tienen diseños, generalmente geométricos.

◄ La música más característica de Andalucía es el flamenco. El flamenco combina elementos de la música árabe, gitana° y judía.°

los azulejos *tiles*   el mismo *the same*

Maravillas°
DE ANDALUCÍA

Durante más de 700 años (711–1492) vivieron en Al-Andalus judíos, cristianos y musulmanes.° Fue una época de esplendor cultural.

La influencia árabe y judía fue muy importante en las ciencias, la literatura y la filosofía de España. Podemos ver la influencia islámica en la artesanía, la comida, la danza y, especialmente, en la arquitectura, la música y el idioma de España.

La arquitectura

En ciudades como Granada, Córdoba y Sevilla hay edificios que son únicos en el mundo.

La Alhambra

La Alhambra está en una colina° en el centro de Granada. Tiene una fortaleza° y varios palacios con patios, fuentes y jardines maravillosos.

La Alhambra fue el centro del gobierno° y la residencia del rey° de Granada.

La Giralda

La Giralda era la torre° de una famosa mezquita° árabe.

Hoy día, la Giralda es parte de la Catedral de Sevilla.

La Mezquita de Córdoba

La Mezquita de Córdoba se construyó° a lo largo de° 200 años. Fue la primera mezquita de Europa. En esa época Córdoba era uno de los grandes centros culturales del continente europeo.

a lo largo de *along*
la colina *hill*
la fortaleza *fortress*
las maravillas *wonders*
la mezquita *mosque*

los musulmanes *Moslems*
el rey *king*
se construyó *was built*
la torre *tower*

La Mezquita de Córdoba se empezó en el año 786 y se terminó° 200 años más tarde.

La música

¿Sabes cuál es el origen de la guitarra? La guitarra y el laúd° vienen de un instrumento árabe de cuerdas que se llama *al-'oud.* Hoy día, la guitarra es el instrumento principal del flamenco.

El patio andaluz. Muchas casas de Andalucía tienen un patio con azulejos en las paredes.

La artesanía

La decoración de la Giralda, la Mezquita de Córdoba y la Alhambra muestra un extraordinario trabajo de artesanía. Los diseños geométricos y la caligrafía árabe están en todos sus techos° y paredes.

El laúd es un instrumento de cuerdas que viene del *al-'oud* árabe.

El idioma

El árabe tuvo una gran influencia° en los idiomas del sur de Europa. El español tiene más de 4.000 palabras de origen árabe.

PALABRAS QUE VIENEN DEL ÁRABE	
alfombra	azul
álgebra	cero
algodón°	jazmín
arroz	naranja

el algodón *cotton*
el laúd *lute*
se terminó *was finished*

los techos *ceilings*
tuvo una gran influencia
had a great influence

225

❶ La influencia árabe

Usa una gráfica como la del modelo para organizar la información del artículo sobre la influencia árabe en Andalucía.

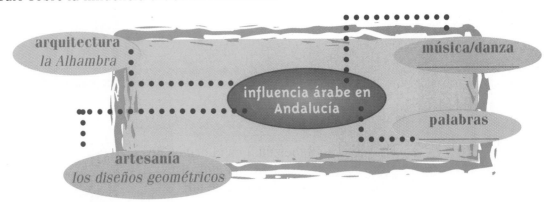

arquitectura
la Alhambra

música/danza

influencia árabe en Andalucía

palabras

artesanía
los diseños geométricos

En tu opinión, ¿qué es interesante de la influencia árabe en España? ¿Por qué? Habla con tu compañero(a).

❷ Los datos

Contesta las preguntas.

1. ¿Cuál es el nombre de una región del sur de España?
2. ¿Quiénes vivieron en Andalucía durante más de 700 años?
3. ¿Cómo llamaron los árabes a esta región?
4. ¿Qué es hoy día la Giralda?
5. ¿Qué era la Alhambra?

Caligrafía árabe

❸ Decorar con palabras

La Alhambra y muchos otros edificios de Andalucía están decorados con caligrafía árabe.

Escribe una palabra o una oración corta en español. Diseña las letras de esa oración o palabra. ¡Usa colores y tu imaginación!

La fuente del Patio de los leones en la Alhambra.

TALLER DE ESCRITORES

1. UNA CIUDAD DE ANDALUCÍA

Busca información en la biblioteca sobre una ciudad de Andalucía.
Haz un folleto con fotos y dibujos. En español, escribe:

- dónde está
- datos históricos importantes
- lugares interesantes para visitar
- cosas para hacer allí

2. ¿QUÉ ESTÁ DE MODA ENTRE LOS JÓVENES?

Un(a) estudiante de otro país va a vivir en tu ciudad durante un mes.
Escríbele una carta. Incluye información sobre:

- qué puede hacer después de la escuela y durante el fin de semana:
  actividades favoritas de los jóvenes
- dónde van los jóvenes: lugares de moda
- qué se ponen: ropa de moda
- cómo es tu escuela: las materias y los profesores más populares
- qué excursiones puede hacer: lugares de interés
- qué tipo de ropa necesita para las excursiones

3. ¡HOLA! ¿QUIÉN HABLA?

Mira los dibujos. Describe las escenas y, donde puedas, escribe un
diálogo. Usa la lista de verbos.

peinarse   cepillarse   encontrarse
llamar   lavarse   secarse

MANOS A LA OBRA

AZULEJOS ESPAÑOLES

Muchas casas y edificios en España y América Latina están decorados con azulejos. Hay azulejos en las escaleras,° en las paredes y en los patios. Muchos tienen diseños geométricos o caligrafía. Otros tienen figuras humanas, plantas y frutas o animales. Todos tienen colores muy vivos.

TE TOCA A TI

Ahora vas a pintar tu propio azulejo. Busca un diseño. Puede ser una fruta, un pájaro, tu nombre o apellido, el número de tu casa o cualquier otra cosa.° Haz tu diseño y escoge los colores.

Materiales

un azulejo blanco

pintura de colores vivos
para azulejos

papel carbón

un pincel fino°

una fotocopia de tu diseño

un lápiz y cinta adhesiva

1 Pon el papel carbón encima del azulejo. Después, usa cinta adhesiva para pegar° tu diseño y el papel carbón al azulejo.

2 Con el lápiz, calca° tu diseño de la fotocopia. Ahora puedes verlo sobre el azulejo.

3 Con el pincel fino y la pintura, pinta tu diseño sobre el azulejo. Usa varios colores.

4 Deja secar° el azulejo durante 24 horas. Pon el azulejo en el horno° a 350° F por 45 minutos. Déjalo enfriar° y... ¡listo!

calca *trace*
cualquier otra cosa
 anything else
deja secar *let dry*

déjalo enfriar *let it cool*
las escaleras *stairs*
el horno *oven*
pegar *to stick*
el pincel fino *thin brush*

OTRAS FRONTERAS

ECOLOGÍA

El Coto° de Doñana

El Coto de Doñana es la reserva ecológica más grande° de España. Está en el sur de Andalucía. Las aves° del norte de Europa paran° allí cuando emigran hacia África. El Coto de Doñana también es muy famoso en todo el mundo por la diversidad de su fauna y su flora.

- ¿Dónde está el Coto de Doñana?
- ¿Por qué es importante?

TECNOLOGÍA

Un AVE que es un tren

El AVE es uno de los trenes más rápidos° y modernos del mundo. Va de Madrid a Sevilla (más de 300 millas) ¡en sólo dos horas y media! El AVE puede ir a más de 180 millas por hora. El tren tiene un restaurante y también puedes escuchar música y ver películas. Nota: AVE significa "alta velocidad° española".

- ¿Qué es el AVE?
- ¿En cuánto tiempo va de Madrid a Sevilla?
- ¿Qué quiere decir la sigla AVE?

alta velocidad *high speed*	**más grande** *largest*
las aves *birds*	**más rápidos** *fastest*
el coto *reserve*	**paran** *stop*

¡JAQUE MATE!°

En el ajedrez, si ganas° dices *jaque mate.* La expresión *jaque mate* viene del árabe y significa "muerte al jeque".° Los árabes llevaron este juego a España. Desde allí el ajedrez se extendió° por toda Europa y las Américas.

- ¿Qué quiere decir *jaque mate?*
- ¿Quiénes llevaron el ajedrez a España?

LITERATURA

EL POETA DE LOS GITANOS

El poeta español Federico García Lorca nació° en Granada en 1898 y murió° en 1936. Escribió sobre la vida° en Andalucía y la cultura de los gitanos. Uno de sus libros de poemas más famosos es el *Romancero gitano.*

- ¿Sobre qué escribió García Lorca?
- ¿Dónde nació?

jaque mate *checkmate*
"muerte al jeque" *"death to the sheik"*
murió *died*
nació *was born*

si ganas *if you win*
se extendió *spread*
la vida *life*

231

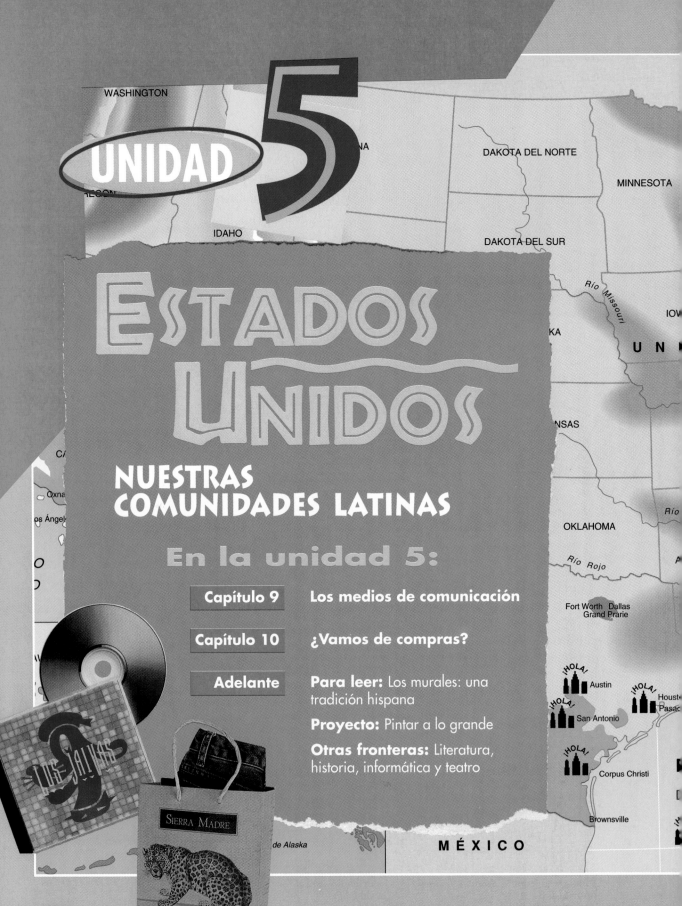

WASHINGTON

DAKOTA DEL NORTE

MINNESOTA

IDAHO

DAKOTA DEL SUR

Río Missouri

IOW

KA

U N

UNIDAD 5

ESTADOS UNIDOS

NUESTRAS COMUNIDADES LATINAS

En la unidad 5:

Capítulo 9	**Los medios de comunicación**
Capítulo 10	**¿Vamos de compras?**
Adelante	**Para leer:** Los murales: una tradición hispana
	Proyecto: Pintar a lo grande
	Otras fronteras: Literatura, historia, informática y teatro

NSA

OKLAHOMA

Río

Río Rojo

Fort Worth Dallas
Grand Prarie

¡HOLA!
Austin

¡HOLA!

¡HOLA!
Houst
Pasad

¡HOLA!
San Antonio

¡HOLA!

Corpus Christi

Oxna

os Ángel

CA

SIERRA MADRE

de Alaska

MÉXICO

Brownsville

232

CANADA

Río San Lorenzo

VERMONT

NEW
HAMP

MASS
¡HOLA!

NUEVA YORK

Bridgepor

Paterson
Newark
Elizabeth

Nue
Jers

NSYLVANIA

NUEVA JE

DELAWARE

Washington, D.C.

ILLINO

Aurora

OS

URI

Mississippi

DEL SUR

OCÉ
ATLÁ

GEORGIA

ALABAMA

LOUIS A

RIDA

¡HOLA!
Miami
Hialeah

rea donde una proporción alta
oblación

Ciudad donde una proporci
oblación habla español

metros

0   300 millas

Un festival en la Pequeña Habana, en Miami.

De compras en la calle Olvera, en Los Ángeles.

Una celebración en Nueva York.

S panish is spoken in many parts of the U.S. Change the stations on your radio or TV and you're bound to hear Spanish spoken or sung. Look at the stores around you. You may find newspapers or magazines written in Spanish. There are probably Spanish products on your supermarket shelves.

This unit will take you to some Spanish-speaking communities in the United States. You will visit a street fair in a Spanish-speaking neighborhood and do a little shopping. As you walk through the streets of these neighbor-hoods, you'll see Spanish on billboards, movie theatres, signs in stores, and even on street signs. Spanish is read, spoken, and heard in many U.S. neighborhoods — Spanish is all around you!

Colorful murals are a form of expression in many Spanish-speaking neighborhoods. You will learn about the artists who created them, discover the origins and meaning of this kind of art, and understand why it is such an important part of the culture of Spanish-speaking people. Then you and your class can create a mural of your own!

CAPÍTULO 9

LOS MEDIOS DE COMUNICACIÓN

Estudiantes mirando un canal
hispano, en Miami.

Objetivos

COMUNICACIÓN
To talk about:
- media: TV, radio, newspapers, magazines and movies
- programs you like or dislike

CULTURA
To learn about:
- where Spanish is spoken and written in the U.S.
- Latino culture
- MTV Latino

VOCABULARIO TEMÁTICO
To know the expressions for:
- TV programs
- types of music
- newspapers, magazines
- electronic equipment

ESTRUCTURA
To talk about:
- what you saw or watched: the preterite of the verb *ver*
- comparing things: *más* or *menos... que*
- people or things: direct object pronouns

¿SABES QUE...?

Today 124 newspapers, 51 TV stations, 76 FM radio stations, and 152 AM radio stations serve the Hispanic communities in the U.S. Together, these leading Spanish-language media outlets reach up to 95% of the Hispanic population. There are also many smaller outlets, and in addition new enterprises are formed each year.

235

CONVERSEMOS

¿QUÉ VES? ¿QUÉ ESCUCHAS? ¿QUÉ LEES?

Habla con tu compañero(a).

¿QUÉ TE GUSTA VER EN LA TELEVISIÓN?

Me gusta ver las telenovelas.

- ❑ las telenovelas *(soap operas)*
- ❑ los dibujos animados *(cartoons)*
- ❑ los documentales *(documentaries)*
- ❑ las películas *(movies)*
- ❑ los programas de concursos *(game shows)*
- ❑ los noticieros *(news)*

¿QUÉ PROGRAMA VISTE ANOCHE?

Vi *Star Trek* y *Friends*. *(I saw Star Trek and Friends.)*
***Star Trek* es más interesante que *Friends*.**

interesante *interesting*
informativo(a) *informative*
aburrido(a) *boring*
cómico(a) *(funny)*

más... que *(more. . . than)*
menos... que *(less. . . than)*

¿QUÉ MÚSICA PREFIERES? ¿POR QUÉ?

Prefiero el jazz porque es relajante.

(el) jazz

(la) música pop

(el) rap *Cuban Music*

(el) bolero

(el) rock duro *(hard rock)*

(la) salsa

(la) música Tex-Mex

música bailable *(dance music)*

lento(a) *(slow)*

rápido(a) *(fast)*

relajante *(relaxing)*

ruidoso(a) *(loud)*

¿QUÉ REVISTAS LEES?

Leo historietas y revistas de deportes.

(las) historietas *comics*

(las) revistas de

 deportes

moda *fasion*

viajes *travel*

espectáculos *entertainment*

ciencia *science*

el mando a distancia (remote control)

> **Yo prefiero leer la sección de noticias internacionales del periódico.**
> *(I prefer to read the international news section of the paper.)*

CUANDO VES TELEVISIÓN, ¿QUÉ DICES?

Enciende el televisor. *(Turn on the TV.)*   Apaga el televisor. *(Turn off the TV.)*

¿A qué hora empieza? *(At what time does it start?)*

Cambia de canal. *(Change the channel.)*

No encuentro la teleguía. *(I can't find the TV guide.)*

Pon el noticiero/el canal 13. *(Put on the news/channel 13.)*

CUANDO ESCUCHAS LA RADIO, ¿QUÉ DICES?

¿Cuál es tu estación de radio favorita?
(What's your favorite radio station?)

Pon música clásica.
(Play classical music.)

> **Apaga la radio, por favor.**

Baja el volumen, por favor.
(Please turn down the volume.)

Sube el volumen, por favor.
(Please turn up the volume.)

EL NUEVO HERALD

MUY ESPECIAL

■ EN LA TELEVISIÓN

Canal 23: *Cristina*
4:00 p.m.
Los jóvenes y la televisión.

Canal 23 : *Sábado Gigante*
7:30 p.m.
Don Francisco, en un entretenido programa de música, concursos y entrevistas con estrellas del cine y los deportes.

Canal 41:
Noticiero Univisión
7:30 p.m.
Patricia Janiot y Jorge Gestoso, con las últimas noticias internacionales.

Canal 51: *Cine Latino*
9:30 p.m.
Arriba y abajo. Comedia con Cantinflas. 2 hrs.

■ EN LA RADIO

WQBA-FM *(107.5)* **10:00 a.m.**
Por la mañana Lili Estefan en un divertido programa de salsa y música popular.

WSUA-AM *(1260)* **2:00 p.m.**
Radio Caribe Roberto Vengoechea presenta música bailable.

WMEX-AM *(1420)* **6:00 p.m.**
Deportivo Béisbol San Diego – Florida.

PROGRAMAS DE LA NOCHE 7:30-10:30

	7:30	8:30	9:30	10:30
23	*Sábado Gigante*			
33	*Marimar.* Telenovela	*Divertido.* Concursos	*Bienvenidos.* Entrevistas	
41	*Noticiero Univisión*	*Alondra.* Telenovela	Fútbol: Perú - Chile	
47	Baloncesto: Miami - San Antonio		*Telenoticias*	
51	*Jorge Porcel.* Entrevistas	*Onda Latina.* Música	Película: *Arriba y abajo*	
OLÉ	*El gato travieso.* Dibujos animados	*Música Moderna*		
GALA VISIÓN	Película: *El viejo*		*La Calle Ocho.* Documental	

HABLA DE LA PROGRAMACIÓN

A. Di qué programas hay esta noche. ¿En qué canal? ¿A qué hora empiezan?

> En el canal *GALAVISIÓN hay una película. Empieza a las 7:30.*

B. Mira la programación "Muy especial". ¿Qué programas te gustaría ver o escuchar? ¿Por qué? Habla con tu compañero(a).

> — *Me gustaría ver Sábado Gigante. Me gustan los programas de concursos. ¿Y a ti?*
> — *Me gustaría escuchar Radio Caribe. Me gusta la música bailable.*

C. ¿Qué programas de televisión viste la semana pasada? ¿Cuál te gustó más? ¿Por qué?

> *Vi Real World y Los Simpsons. Real World me gustó más. Es un programa más divertido que Los Simpsons.*

¿QUÉ OPINAS?

En grupo, hagan una lista de cinco tipos de programas de televisión. Hablen de los programas que ve cada uno(a).

Hagan una tabla. Usen el modelo.

PROGRAMAS

	yo	Inés	Jaime	Eva
telenovelas	X			
documentales	X	X		X
películas		X	X	

Presenten los resultados a la clase.

Palabras en acción

Un día en Los Ángeles

Apartamento 2C
las historietas

Superchico es más divertido que Carmen San Pedro.

Sí, *Superchico* es mejor.

Luis, apaga el televisor. La cena está lista.

el videojuego

Apartamento 1C

¿Dónde está el control remoto?

la videocasetera

la teleguía

el control remoto

el periódico

Diario de Los Ángeles

Periódicos y revistas

Diario de Los Ángeles

Ciencia moderna

---

1 ¿Qué ves en el dibujo?

Haz una lista de las cosas que ves en cada apartamento. Compara tu lista con las listas de tus compañeros(as).

Apt. 1C: el sofá, el control remoto...

2 En español

Mira el dibujo y haz una lista de todos los lugares donde la gente puede escuchar o leer español. Compara tu lista con las listas de tus compañeros(as).

En el quiosco...

3 ¿Qué hacen?

Habla con tu compañero(a) sobre lo que hacen las personas del dibujo. Escoge cinco personas.

— *¿Qué hace la chica del apartamento 2F?*
— *Lee una revista de espectáculos y escucha música.*

4 ¿Qué te gustaría hacer?

Haz un diálogo con tu compañero(a) sobre dos lugares del dibujo.

— *¿Quieres ir conmigo al cine?*
— *Sí. ¿Qué película quieres ver?*
— *Me gustaría ver El viaje a Isla Verde.*

 ¿Qué viste...?

Habla con tu compañero(a) sobre las películas y programas de televisión que vieron esta semana.

— ¿Viste la película...?
— Claro que la vi. Es fantástica.
— ¿Viste el programa...?
— No, no lo vi.

 ¿Qué te gustaría ver?

Tú y tu amigo(a) quieren ver la televisión. Hagan un diálogo.

— ¿Qué te gustaría ver?
— Pon el noticiero.
— ¿A qué hora empieza?
— A las 7:00 en el canal 5.

 Collage

Diseña un cartel sobre los medios de comunicación hispanos en los Estados Unidos. Busca fotos y dibujos en revistas y periódicos. Escoge un título para cada dibujo o foto.

 Tú eres el autor

Escribe un anuncio de televisión.

¡Compra Música moderna,
la revista de reggae y rap!
Es divertida. Es informativa.
¡Es fantástica!

241

PARA COMUNICARNOS MEJOR
Gramática en contexto

Estructura Preterite of *ver;* comparisons

¿QUÉ VISTE ANOCHE?

To talk about what you saw or watched, use the preterite of the verb *ver*.

— *Anoche vi el noticiero.*   Last night I watched the news.
— *Nosotros vimos la telenovela.*   We watched the soap opera.

Here are the forms of the verb **ver** in the preterite tense.

the preterite of ver (to see, to watch)

yo	**vi**	nosotros(as)	**vimos**
tú	**viste**	vosotros(as)	**visteis**
usted	**vio**	ustedes	**vieron**
él/ella	**vio**	ellos/ellas	**vieron**

To make comparisons, use *más* (more) or *menos* (less) followed by an adjective and *que* (than).

Note that the adjective has the same gender and number as the first noun in the comparison.

La salsa es más popular que el reggae.   Salsa is more popular than reggae.

El jazz es menos ruidoso que el rock duro.   Jazz is less noisy than hard rock.

Los dibujos animados son más cómicos que las telenovelas.   Cartoons are funnier than soap operas.

To say "better than" or "worse than," use **mejor** (better) or **peor** (worse) followed by **que** (than).

El rap es mejor/peor que el reggae.   Rap is better/worse than reggae.

1 Anoche en televisión

Pregúntale a tu compañero(a).

—¿Qué vieron ustedes anoche?
—Vimos dibujos animados.

1. ustedes
2. tus compañeros(as)
3. tu amigo(a)

4. tu hermano(a)
5. tus padres
6. ¿y tú?

DIBUJOS ANIMADOS

UN DOCUMENTAL

UNA TELENOVELA

UN PROGRAMA DE CONCURSOS

EL NOTICIERO

2 Sobre música

Con tu compañero(a), compara los diferentes tipos de música.

—¿Qué prefieres, la salsa o el rock?
—Prefiero la salsa. Es más bailable que el rock.

1. bailable
2. popular
3. rápido(a)

4. relajante
5. ruidoso(a)
6. lento(a)

Tipos de música
el rap
el reggae
la salsa
la música popular
el rock
el jazz

3 ¿Cuál te gusta más?

Pregúntale a tu compañero(a).

—¿Qué historieta te gusta más, Garfield o Peanuts?
—Me gusta más Garfield. Es más cómica que Peanuts.

• historietas
• telenovelas
• videojuegos

• noticieros
• programas de concursos
• programas de entrevistas

Es...
entretenido(a)
divertido(a)
interesante
popular
emocionante
cómico(a)

243

PARA COMUNICARNOS MEJOR
Gramática en contexto

Estructura   Direct object pronouns

¿LO LEÍSTE?

To refer to people and things, use direct object pronouns.

— ¿Leíste el periódico?   Did you read the newspaper?
— Sí, lo leí.   Yes, I read it.

Here are the direct object pronouns for "him," "her," "it," and "them."

direct object pronouns			
lo	him, it	**los**	them (masc.)
la	her, it	**las**	them (fem.)

☐ Direct object pronouns have the same gender and number as the nouns they replace. Notice that they are placed before the verb.

— ¿Tienes los discos compactos?   Do you have the CD's?
— Sí, los tengo.   Yes, I have them.

— Vieron a Jay Leno anoche?   Did you watch Jay Leno last night?

— No, no lo vimos.   No, we didn't watch him.

— ¿Leíste las historietas?   Did you read the comics?
— Sí, las leí.   Yes, I read them.

— ¿Invitaste a Raquel?   Did you invite Raquel?
— ¡Claro que la invité!   Of course I invited her!

1 ¿Qué leíste en el periódico?

Con un(a) compañero(a) haz un diálogo, siguiendo el modelo.

—*El domingo leí un artículo sobre fútbol.*
—*¿Sí? ¿En qué sección lo leíste?*
—*Lo leí en la sección de deportes.*

1. un artículo sobre fútbol
2. una encuesta sobre los medios de comunicación
3. dos artículos sobre las playas de Miami
4. la programación de televisión
5. un artículo sobre computadoras
6. una entrevista con el Presidente

EL PAÍS DEL DOMINGO

ÍNDICE

SECCIÓN	PÁGINA
Noticias internacionales	A1-4
Noticias nacionales	A5-12
Noticias locales	B13-17
Espectáculos	B18-25
Deportes	C26-29
Viajes	D30-35
Informática	E36-41
Anuncios	F42-50

...y también
La revista
La teleguía
Las historietas
El tiempo

2 ¿Lo viste?

Con un(a) compañero(a) haz un diálogo, siguiendo el modelo.

— *No encuentro la teleguía.*
  ¿Tú la viste?
— *Sí, la vi en la sala.*

1. la teleguía
2. mis cintas
3. mi videojuego
4. la sección de deportes
5. el control remoto
6. los discos compactos de Luis Miguel

En...
la sala
el comedor
tu dormitorio
el sótano
la cocina

3 Invitaciones

Pregúntale a tu compañero(a) a quién invitó a su última fiesta.

— *¿Invitaste a tus vecinos?*
— *Sí, los invité. Son muy divertidos.*
  (No, no los invité.)

1. a tus vecinos
2. a tu mejor amiga
3. a tu profesor(a) de español
4. a tus abuelos *viejos*
5. a tu novio(a)
6. a tus compañeros(as)

SITUACIONES

LOS RITMOS DE LA RADIO

LOS MEJORES PROGRAMAS DE HOY:

6 a.m. WQBA-FM (107.5) *Mañanas alegres.* Programa de música, noticias, concursos y entrevistas.

9:30 a.m. WSUA-AM (1260) *Voces y canciones.* Música romántica.

1:00 p.m. WSUA-AM (1260) *Mundo del deporte.* Noticiero internacional y nacional.

2:00 p.m. WOCN-AM (1450) *La voz.* Noticiero sobre Nicaragua.

TU MUNDO MÚSICA RADIO

Escucha música, entrevistas y noticias del mundo latinoamericano en las estaciones de la Asociación de Radio de Habla Hispana de Estados Unidos. ¿Quieres información cada minuto? ¿Quieres bailar los ritmos de nuestra música? ¿Quieres escuchar las mejores transmisiones de fútbol? Estamos contigo todos los días, durante las 24 horas.

PARTICIPAN:

KLAX Música ranchera mexicana a todas horas.

CARACOL Las noticias del día, para gente despierta.

FM92 El sonido más joven de Miami.

Super KQ Los clásicos de la música latina.

UNA ESTACIÓN DE RADIO HISPANA, NÚMERO UNO EN LOS ÁNGELES

KLAX, una estación de radio hispana, llegó en octubre al número uno de las listas de audiencia de Los Ángeles. La KLAX sólo pone música ranchera mexicana. KLAX es una de las nueve estaciones de radio de Los Ángeles que transmiten totalmente en español. El vicepresidente de la estación, Alfredo Rodríguez, dice que "esta noticia es muy importante para el mercado hispano".

PARA TU REFERENCIA

durante *during*
la gente despierta *wide awake people*
llegó *reached*
el mundo *world*
la música ranchera *popular Mexican music*
las transmisiones *broadcasts*
la voz (pl. voces) *voice*

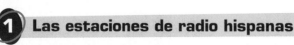

1 Las estaciones de radio hispanas

Lee la programación de radio y contesta las preguntas.

- ¿Qué tipo de música pone cada estación de radio?
- ¿Qué programas te gustaría escuchar?
- ¿Qué noticia es muy importante para el mercado hispano?

2 ¿Qué estación escuchas?

Habla con tu compañero(a) sobre tu estación de radio favorita.
Di qué programas escuchas y a qué hora.

> — Yo escucho la estación WQBA-FM (107.5).
> — ¿Cuándo la escuchas?
> — La escucho todos los días.
> — ¿Qué tipo de programas escuchas?
> — Los noticieros.
> — ¿A qué hora los escuchas?
> — A las 6:00 de la mañana y a las 10:00
>   de la noche.

3 Encuesta

En grupo, hagan una encuesta para saber cuál es la
estación más popular de su ciudad o pueblo. Anoten los resultados.

Estación	yo	mis compañeros(as)
LSQ -FM		XX
Clásica		XXX
UU3-AM	X	XXXX
LATINA		X

Presenten los resultados a la clase. Comparen una estación con otra.

> UU3-AM es más popular que LSQ-FM.

4 Tu estación de radio

En grupo, preparen la programación de una estación de radio.
Piensen qué programas van a tener, el nombre de cada
programa, qué tipo de música van a poner y a qué hora.

> Nuestra estación va a tener un programa de entrevistas.
> El nombre del programa va a ser Bienvenidos y va a estar
> todos los días a las 12:00 y a las 6:00 de la tarde. También
> va a tener un noticiero, Noticias de hoy, a las 10:00 de la
> mañana y a las 3:00 de la tarde. A las 4:00 de la tarde va
> a tener un programa de música latina.

Luego, hagan una tabla con la programación. Preséntenla
a la clase.

5 Anuncio

Escribe el anuncio para una estación de radio hispana en tu ciudad.
Usa la información de la página anterior.

PARA RESOLVER

¡A CELEBRAR...CON MÚSICA LATINA!

En grupos, seleccionen la música para una celebración.

PASO 1 ¿Qué tipo de fiesta van a organizar?
Hablen de la celebración que quieren planear:

- un baile de graduación
- una fiesta de cumpleaños
- una fiesta del Club de Español

PASO 2 ¿Qué tipo de música van a necesitar?
Lean el catálogo de Música Latina y hagan una lista de música bailable y otra de música para escuchar. Decidan qué tipo de música van a poner en la fiesta y por qué la prefieren.

PASO 3 ¿Qué discos van a comprar?

- Escojan los discos de sus grupos y cantantes favoritos.
- Decidan qué discos van a comprar.

PASO 4 Y ahora...
Informen a la clase.

> *Vamos a organizar la fiesta del Club de Español. Vamos a poner música bailable. Vamos a comprar discos de... y de... Son discos de salsa y... La salsa es mejor que... porque...*

PASO 5 Los discos favoritos
¿Cuáles son los discos favoritos de la clase? ¿Qué tipo de música es?

¿SABES QUE...?

The range of international Hispanic performers runs from opera singers to leading-edge pop stars. It moves from rockers like *Los Caifanes* to Latin jazz musicians like Dave Valentin and Paquito D'Rivera; from crooners like Vikki Carr to rappers like Lisa M; from folk singers like the Argentine Mercedes Sosa to the Tex-Mex artist Tish Hinojosa.

248

MÚSICA LATINA Y MUCHO MÁS

MEXICANA Y TEJANA

Ana Gabriel—Luna
(Sony Latin)   472•910

Los Fugitivos—Te conquistaré
(Rodven)   486•514

Bronco—Pura sangre
(Melody)   107•698

Selena y Los Dinos—Selena Live!
(EMI Latin)   461•293

Ana Gabriel—Mi México
(Sony Discos)   432•369

Vicente Fernández—Lástima que seas
ajena
(Sony Discos)   464•065

Selena—Amor prohibido
(EMI Latin)   477•646

Vicente Fernández—
Mientras ustedes…
(Sony Discos)   417•600

Alejandro Fernández—Grandes éxitos
a la manera de Alejandro Fernández
(Sony Discos)   486•522

Selena—Mis mejores canciones
(EMI Latin)   481•333

Los Rehenes—Ni el primero, ni el último
(FonoVisa)   117•622

Yndio—16 éxitos de oro
(EMI Latin)   437•632
(Sony Discos)   114•371

Liberación—Para estar contigo
(FonoVisa)   119•040

La Mafia—Ahora y siempre
(Sony Discos)   453•597

Vicente Fernández y Ramón Ayala—
Arriba el Norte y arriba el Sur
(Sony Discos)   437•921

Los Yonic's—14 super éxitos
(EMI Latin)   437•640

Vicente Fernández—
Recordando a Los Panchos
(Sony Discos)   489•708

Ezequiel Peña—Yo vendo unos ojos verdes
(FonoVisa)   119•057

TROPICAL Y SALSA

Frankie Ruiz—No dudes de mí
(Rodven)   116•962

India—Dicen que soy
(Sony/SoHo Latin)   106•948

Jerry Rivera—Lo nuevo y lo mejor
(Sony Tropical)   114•405

Cachao—Master Sessions, Vol. 1
(Crescent Moon)   489•146

Fania All-Stars—Salsa
(Fania)   484•071

Héctor Lavoe—Hector's Gold
(Fania)   483•941

Frankie Ruiz—Oro salsero
(Rodven)   487•686/397•687

Paquito Guzmán—Oro salsero—20 éxitos
(Rodven)   488•650/398•651

Danny Rivera—Las caras del amor
(Sony latin)   487•744

Oscar D'León—Oro salsero—20 éxitos
(Rodven)   488•668/398•669

Eddie Santiago—Oro salsero
(Rodven)   487•694/397•695

Rubén Blades—Live!
(Elektra)   415•026

Tony Vega—Si me miras a los ojos
(RMM)   487•652

Fania All-Stars—Greatest Hits
(Fania)   484•089

RMM La combinación perfecta—
Varios artistas
(RMM)   470•888

Orquesta Guayacán—A puro golpe
(RMM)   481•499

Grupo Niche—Un alto en el camino
(SDI)   476•580

POP LATINO

Plácido Domingo—De mi alma latina
(Angel)   103•028

Maná—En vivo
(Live)   116•723/396•721

Gloria Estefan—Hold Me, Thrill Me, Kiss
Me
(Epic)   110•486

Gloria Estefan—Éxitos de Gloria Estefan
(Sony Discos)   415•174

Garibaldi—Éxitos de Garibaldi
(Rodven)   476•705

Ricardo Montaner—Éxitos y…algo más
(Rodven)   475•491

The Barrio Boyz—Dondequiera que estés
(EMI Latin)   468•801

ABBA—Oro
(PolyGram Latino)   466•748

Maná—Dónde jugarán los niños
(WEA Latina)   466•532

Leo Dan—Serie de colección.
15 éxitos auténticos
(Sony Discos)   416•545

Los fantasmas del Caribe—Caramelo
(Rodven)   465•062

Luis Miguel—Aries
(WEA Latina)   464•016

Gipsy Kings—Live
(Elektra/Musician)   499•678

Gala—Gregorian Dance
(PolyGram Latino)   114•298

Myriam Hernández—Todo lo mío
(EMI Latin)   444•661

Luis Miguel—Romance
(WEA Latina)   432•518

Ana Gabriel—Silueta
(Sony Discos)   443•366

Leonardo Favio—Los mayores éxitos
(Sony Discos)   416•529

MUSIC TELEVISION®

LATINO

El canal que los jóvenes hispanos prefieren. El 50% de los hispanos en Estados Unidos tiene entre 12 y 34 años. Y ellos escogen MTV Latino.

CONEXIÓN
lunes y viernes, de 3:30 a 4:30 p.m.

Llama por teléfono y pide tu video favorito. Vas a poder oír° tu voz en MTV.

MTV CLÁSICO
lunes y viernes, de 7:00 a 8:00 p.m.

Una retrospectiva de videos clásicos de MTV. Y también, de cortos° clásicos latinos.

MTV AFUERA°
lunes y viernes, de 8:00 a 9:00 p.m.

Un viaje por toda América Latina. Esta semana presentamos un viaje a Guadalajara, México, y un vistazo° a la vida de un mariachi.

afuera *abroad*
un vistazo a *a look or glance at*
sin parar *nonstop*
los cortos *(movie/video) clips*
los asuntos *issues*
oír *to hear*

SEMANA ROCK
lunes y viernes, de 10:00 a 10:30 p.m.

Noticias sobre música, modas, artistas, bandas, conciertos, cine y asuntos° sociales. Esta semana, un informe especial sobre rap.

INSOMNIO
domingo y lunes, de 3:00 a 5:00 a.m.

Dos horas de música sin parar.°

TE TOCA A TI

Lee la programación de *MTV Latino*. Di qué oraciones son ciertas y cuáles son falsas. Corrige las oraciones falsas.

1. Puedes llamar a *Semana Rock* y oír tu voz en *MTV*.
2. *MTV Afuera* presenta informes sobre países latinoamericanos.
3. *Insomnio* presenta cinco horas de música sin parar.

VOCABULARIO TEMÁTICO

En la televisión
On television

los anuncios *commercials*

el canal *channel*

los dibujos animados *cartoons*

los documentales *documentaries*

la película *movie*

los programas de concursos *game shows*

el noticiero *news*

las telenovelas *soap operas*

¿Cómo es el programa?
What is the program like?

cómico(a) *funny*

educativo(a) *educational*

entretenido(a) *entertaining*

fantástico(a) *fantastic*

informativo(a) *informative*

Tipos de música
Kinds of music

el bolero *bolero*

el jazz *jazz*

el rap *rap*

el reggae *reggae*

el rock duro *hard rock*

la música clásica *classical music*

la música pop *pop music*

la música Tex-Mex *Tex-Mex music*

la salsa *salsa*

¿Cómo es la música?
What is the music like?

lento(a) *slow*

música bailable *dance music*

rápido(a) *fast*

relajante *relaxing*

ruidoso(a) *loud*

Los aparatos electrónicos
Electronic appliances

la videocasetera *video cassette recorder (VCR)*

la cinta *tape, cassette*

el estéreo *stereo*

el televisor *TV set*

el tocacintas *cassette player*

Para leer
To read

las historietas *comics*

la revista de espectáculos *entertainment magazine*

la revista de moda *fashion magazine*

la sección de noticias *news section*

la teleguía *TV guide*

Expresiones y palabras

¿A qué hora empieza? *At what time does it start?*

Apaga... *Turn off . . .*

Baja el volumen. *Turn down the volume.*

Cambia de canal. *Change the channel.*

Enciende... *Turn on . . .*

no encuentro... *I can't find . . .*

Pon el canal.../el noticiero. *put on channel. . . /the news.*

poner música... *to play. . . music*

preferir *to prefer*

Sube el volumen. *Turn up the volume.*

ver *to see, to watch*

el cine *movie theater*

el control remoto *remote control*

la estación de radio *radio station*

los medios de comunicación *media*

lo *him, it*

la *her, it*

los/las *them*

más/menos... que *more/less . . . than*

mejor (que) *better (than)*

peor (que) *worse (than)*

LA CONEXIÓN INGLÉS-ESPAÑOL

In this chapter, you have learned the word ***informativo(a).*** This Spanish term has an English cognate. What is it? Now look at the following words and find out their cognates:

positivo(a)   *negativo(a)*

decorativo(a)   *selectivo(a)*

comparativo(a)   *relativo(a)*

activo(a)   *intensivo(a)*

CAPÍTULO 10

¿VAMOS DE COMPRAS?

Objetivos

COMUNICACIÓN

To talk about:
- places to shop and things to buy
- store transactions

CULTURA

To learn about:
- Hispanic shopping districts in New York, Miami, San Antonio, and Los Angeles
- areas in the U.S. with Hispanic populations

VOCABULARIO TEMÁTICO

To know the expressions for:
- different kinds of stores
- products to buy
- different shopping transactions

ESTRUCTURA

To talk about:
- where you or someone else went: the preterite of *ir*
- specific people or things: demonstrative adjectives
- giving something to someone: the preterite of *dar* and indirect object pronouns

¿SABES QUE...?

After Christopher Columbus's voyages, Spaniards began to colonize most of what today is Latin America, but they also settled in what today is California, Nevada, Utah, Arizona, Colorado, New Mexico, and Texas. That is why many states and cities have names derived from Spanish. For instance, Florida means *flowery*, Arizona comes from two Spanish words meaning *arid zone*, Colorado is *red*, Los Angeles means *the angels*, Las Vegas means *fertile lowlands*, and Sacramento is the Spanish word for *sacrament*.

◀ **De compras por una calle de Los Ángeles.**

CONVERSEMOS

Habla con tu compañero(a).

¿A QUÉ TIENDAS VAS?

Voy...

 al almacén

 a la tienda de ropa

 a la farmacia

 a la tienda de música

 a la joyería

 al supermercado

 a la tienda de aparatos electrónicos

 a la zapatería

¿ADÓNDE FUISTE DE COMPRAS? ¿QUÉ COMPRASTE?
(Where did you go shopping? What did you buy?)

Fui a la farmacia. Compré pasta de dientes.
(I went to the drugstore. I bought toothpaste.)

| **a la farmacia** | **al supermercado** | **al almacén** |

 (el) maquillaje

 (el) queso

 una corbata

 (el) jabón

 (las) verduras

 un cinturón de cuero

 (la) pasta de dientes

 (la) leche

 una gorra

254

¿PARA QUIÉN COMPRASTE UN REGALO?
¿QUÉ LE REGALASTE?

Compré un regalo para mi amiga. Le regalé un broche.
(I bought a present for my friend. I gave her a pin.)

Para...   **Le regalé...**

mi amigo(a)

mi papá

 un broche   un anillo   una cámara

mi mamá

 un perfume   un libro   un reloj

mi primo(a)

mi novio(a)

 un collar   una pulsera de plata   botas tejanas

EN LA TIENDA

¿Qué dice...?

el/la vendedor(a) *(salesperson)*

¿En qué le puedo ayudar?
(How can I help you?)

¿Qué desea?
(What would you like?)

¿Tiene el recibo?
(Do you have the receipt?)

Lo siento. Sólo aceptamos dinero en efectivo. *(Sorry. We only take cash.)*

¿Qué talla usa?
(What size do you wear?)

¿Qué número usa?
(What shoe size do you wear?)

el cliente/la clienta *(customer)*

¿Puedo devolver / cambiar este anillo / esa pulsera...? *(May I return / exchange this ring / that bracelet . . . ?)*

¿Está(n) en rebaja?
(Is it / are they on sale?)

No funciona.
(It doesn't work.)

Es una ganga.
(It's a bargain.)

¿Aceptan tarjetas de crédito / cheques?
(Do you take credit cards / checks?)

Talla mediana.
(Medium size.)

Número seis y medio.
(Size 6½.)

¿Qué precio tiene?
(What's the price?)

255

REALIDADES

DE COMPRAS EN ESPAÑOL

DE COMPRAS EN
Nueva York, Miami, Los Ángeles y San Antonio

CON ANA LUISA REYES

Ir de compras por los vecindarios hispanos es siempre muy divertido. Hay cosas que son una ganga y que no se encuentran en otros lugares. Este artículo cuenta mis aventuras por las comunidades latinas de Nueva York, Miami, Los Ángeles y San Antonio.

En El Barrio de Nueva York, en la calle 116, venden ropa, comida típica del Caribe, discos compactos, cintas, libros y mucho más. Allí compré una camiseta con la bandera de Puerto Rico.

En La Pequeña Habana, en Miami, hay bodegas que venden productos típicos cubanos: frijoles negros y frutas tropicales como el mamey y la papaya. Allí compré pasta de guayaba, un dulce delicioso que los cubanos comen con queso blanco.

En las joyerías del vecindario latino de Los Ángeles venden joyas de plata: aretes, collares, broches, anillos... Fui a una joyería en la calle Olvera y compré una pulsera muy bonita.

En esta tienda de artesanías mexicanas de San Antonio compré regalos para toda mi familia. Una piñata para mi hermano, una blusa bordada para mi madre, un cinturón de cuero para mi padre y un sarape para decorar mi cuarto.

256

HABLA DEL ARTÍCULO

A. Haz una lista de las tiendas y de las cosas que puedes comprar en cada una.

En la calle 116, en Nueva York, puedo comprar discos compactos de música latina.

B. ¿Adónde fue Ana Luisa Reyes?¿Qué vio?

Fue a una joyería en Los Ángeles. Vio joyas de plata.

C. ¿Qué cosas compró? ¿Dónde? Habla con tu compañero(a).

— *¿Qué compró Ana Luisa en Nueva York?*
— *Compró una camiseta con la bandera de Puerto Rico.*
— *¿Dónde la compró?*
— *En la calle 116, en El Barrio.*

¿QUÉ OPINAS?

¿Adónde y cuándo vas de compras? Pregúntales a tres compañeros(as). Anota los resultados en una tabla.

Tiendas	Rosa	Marina	Alex
de música	los sábados	a veces	nunca
zapatería			
joyería			
de aparatos electrónicos			
librería			
almacén			

Compara tu tabla con las de otros(as) estudiantes.

¿SABES QUE...?

Many Latin Americans have successful careers in the U.S. in different fields. In film, actors such as Andy García and Rosie Pérez have become household names. One of Florida's past governors, Robert Martínez, is of Hispanic origin. In music, singers such as Gloria Estefan or Rubén Blades have had hit songs on the Top 10 list.

PALABRAS EN ACCIÓN

EN LA FERIA

¿Qué desea?

la vendedora

TAQUERÍA

tacos $2.00
enchiladas . $2.50
sándwiches . $ 2.00
galletas ...... .50
refrescos ...... .75

¿En qué le puedo ayudar?

Quiero estas sandalias de cuero, número ocho y medio, por favor.

Estos pantalones me quedan grandes.

Todo de Cuero

vendemos de todo

¿Qué desea?

las botas tejanas

las sandalias

el cinturón

Un taco y un refresco, por favor.

Una bolsa de cacahuates, por favor.

los dulces

los cacahuates

la bolsa

TODO RICO

1 ¿Qué ves en el dibujo?

Escoge tres puestos del dibujo. Haz una lista de las cosas que te gustaría comprar en cada uno. Compara tu lista con la de tu compañero(a).

En el puesto Todo de Cuero: el cinturón...

2 ¿Qué puesto es?

Describe uno de los puestos del dibujo. Tu compañero(a) tiene que adivinar cuál es.

— Hay un hombre con una gorra. Cerca hay una joyería.
— Es el puesto Música Latina.

3 ¿Qué hacen?

Escoge cinco personas del dibujo. Explica qué hace cada una.

- *El hombre de la joyería Esmeralda vende joyas.*
- *El cliente de la joyería Esmeralda mira un collar.*

4 ¿Qué compras en la feria?

Habla con tu compañero(a) sobre cuatro cosas que te gustaría comprar. Explica dónde venden cada cosa.

— Quiero comprar cacahuates.
— ¿Dónde los venden?
— En el puesto Todo Rico.

5 ¿Qué le regalaste a...?

Habla con tu compañero(a) de lo que les regalaste a dos personas por su cumpleaños.

Le regalé un collar a mi hermana.
Le regalé un cinturón a mi novio(a).

6 Miniteatro

Escoge un puesto de la feria. Tú eres el cliente/la clienta y tu compañero(a) es el vendedor/la vendedora.

Vendedor(a): *Buenos días, ¿qué desea?*
Cliente(a): *Me gustaría devolver esta camisa. Me queda pequeña.*
Vendedor(a): *¿Tiene el recibo?*
Cliente(a): *Sí, aquí está.*

7 Collage

En grupo, hagan un anuncio de una feria en la calle. Digan dónde y cuándo va a ser. Usen fotos y dibujos de revistas y periódicos. Hagan una lista de las cosas que van a vender.

8 Tú eres el autor

Haz una lista de regalos para cinco personas. Indica para quién es cada regalo.

Una cámara para mi hermano.
Aretes de plata para mi amiga...

PARA COMUNICARNOS MEJOR
Gramática en contexto

Estructura Preterite of *ir;* demonstrative adjectives

¿ADÓNDE FUISTE AYER?

To say where you or somebody else went, use the preterite of the verb *ir.*

—*Fui a la joyería.*	I went to the jewelry store.
—*Fuimos a una zapatería.*	We went to a shoe store.

Here are the forms of *ir* in the preterite tense.

the preterite of ir (to go)

yo	**fui**	nosotros(as)	**fuimos**
tú	**fuiste**	vosotros(as)	**fuisteis**
usted	**fue**	ustedes	**fueron**
él/ella	**fue**	ellos/ellas	**fueron**

To point out specific people or things, use demonstrative adjectives.

¿Quieres este anillo?	Do you want this ring?
Esa mujer vende aretes.	That woman sells earrings.

Demonstrative adjectives come before nouns. They have the same gender and number as the nouns they modify.

demonstrative adjectives

singular		plural	
este anillo	*this ring*	**estos** anillos	*these rings*
esta pulsera	*this bracelet*	**estas** pulseras	*these bracelets*
ese libro	*that book*	**esos** libros	*those books*
esa gorra	*that cap*	**esas** gorras	*those caps*

¿Adónde fuiste ayer? ¿Qué compraste? Pregúntale a tu compañero(a).

— ¿Adónde fuiste ayer?
— Fui a la feria.
— ¿Qué compraste?
— Compré cacahuates y dulces.

Fui...
a la feria
a la farmacia
a la joyería
a la bodega
al almacén
a la tienda de discos

2 En el centro comercial

¿Adónde fueron? Pregúntale a tu compañero(a).

— ¿Adónde fueron tus amigos?
— Fueron a la zapatería El Botín. Compraron zapatos de cuero.

1. tus amigos   **4.** tu compañero(a) de clase

2. tu amiga   **5.** tu amiga y tú

3. tus hermanos(as)   **6.**  ¿y tú?

3 ¿En qué le puedo ayudar?

Estás en el almacén y quieres cambiar varios regalos. Tu compañero(a) es el/la vendedor(a).

— ¿En qué le puedo ayudar?
— Quiero cambiar este collar.
— ¿Le gustan esos broches? Están en rebaja.
— Sí, me gustan. Quiero ese broche de plata.

1. collar/broches
2. aretes/pulseras
3. tocacintas/cámaras
4. maquillaje/perfume
5. zapatos/botas
6. gorra/corbata

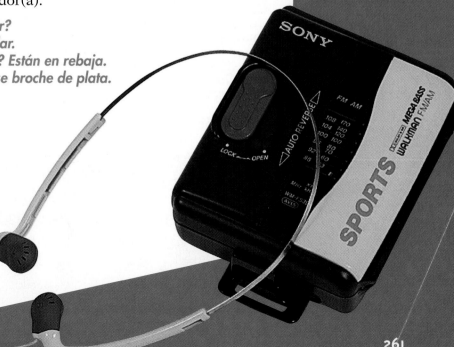

PARA COMUNICARNOS MEJOR
Gramática en contexto

Estructura Indirect object pronouns; *dar*

¿QUÉ LE REGALASTE?

To say to whom or for whom something is intended, use indirect object nouns and pronouns.

— ¿Qué le regalaste a tu hermana?	What present did you give your sister?
— Le regalé un collar.	I gave her a necklace.
— ¿Qué te regalaron?	What present did they give you?
— Me regalaron una cámara.	They gave me a camera.

Here are the indirect object pronouns.

indirect object pronouns			
me	to me	**nos**	to us
te	to you (informal)	**os**	to you (pl. informal)
le	to him, her, it, you (formal)	**les**	to them, you (pl. formal)

To say that you gave something to someone, use the preterite of *dar* (*to give*) with an indirect object pronoun.

— ¿Qué le diste a tu hermano?	What did you give your brother?
— Le di una bolsa de dulces.	I gave him a bag of candies.

Here are the forms of the verb *dar* in the preterite tense.

The verb *dar* in the present tense is conjugated like other *-ar* verbs, except for the *yo* form: *doy*.

doy	damos
das	dais
da	dan

the preterite of dar (to give)			
yo	**di**	nosotros(as)	**dimos**
tú	**diste**	vosotros(as)	**disteis**
usted	**dio**	ustedes	**dieron**
él/ella	**dio**	ellos/ellas	**dieron**

1 Regalos°

¿Qué le dieron a la quinceañera por su cumpleaños? Pregúntale a tu compañero(a).

— *¿Qué le dio la mamá?*
— *Le dio una pulsera de oro.*

1. la mamá
2. los abuelos
3. el novio
4. el padrino
5. ustedes
6. ¿y tú?

2 Entrevista

Entrevista a tres compañeros(as).

— *¿Quién te compra la ropa?*
— *Mi madre me compra la ropa.*

- ¿Quién te compra la ropa?
- ¿Quién te da dinero cuando sales?
- ¿Quién te regala cintas o discos compactos?
- ¿Quién te escribe cartas?
- ¿Quién te prepara la comida?

3 En el almacén

¿Qué les compró tu abuela? Pregúntale a tu compañero(a).

— *¿Qué les compró tu abuela a tus hermanos?*
— *Les compró gorras.*

1. a tus hermanos
2. a ti
3. a tu papá
4. a tus tíos
5. a ustedes
6. a tu mamá

Regalos
gorras
un cinturón
un perfume
una blusa bordada
camisetas
dulces
maquillaje

EL SÁBADO 10 DE MAYO

Feria de la Calle 116

DE 9:00 A.M. A 5:00 P.M.

VENDEMOS:

bicicleta	$35
patines número 8½	$15
tocacintas	$10
chaleco de cuero talla mediana	$18
tenis rojos número 8½	$12
aretes y collar de plata	$8
pulseras	$3 cada una
camisetas talla extra grande	$3 cada una
cinturones	$3 cada uno
gorras	$1 cada una

Vendo un disco de los Rolling Stones y un libro sobre animales. Sólo $6 cada cosa. Marcos L. 555-7432.

Vendo una colección de broches. Casi nuevos y muy baratos. Mari García 555-5487.

Cambio aretes y pulseras de plata por cintas de música latina. Aurora Zimmer 555-6893.

Regalo dos perros. Busco familia cariñosa y responsable. Mercedes 555-3256.

¡Y muchas cosas más!

(Sólo aceptamos dinero en efectivo.)

PARA TU REFERENCIA

cariñoso(a) *affectionate*
casi *almost*
regatear *to bargain*

1 En la feria de la calle 116

Tú y tu compañero(a) fueron a la feria del vecindario. Digan qué compraron y para quién.

— ¿Fuiste a la feria de la calle 116?
— Sí, allí compré estos tenis rojos.
— Ah, ¡qué chévere!
— Y tú, ¿qué compraste?
— Le compré estos aretes a mi hermana.

2 ¿Compras o cambias?

Mira los anuncios. Habla con tu compañero(a) sobre qué les gustaría comprar o cambiar.

— Me gustaría cambiar mis cintas de música latina por unas pulseras de plata. ¿Y a ti?
— A mí me gustaría comprar un regalo para mi mamá.
— ¿Por qué no le compras un collar?

3 Tu anuncio

Haz una lista de las cosas que quieres regalar, cambiar o vender. Escribe un anuncio con toda la información. Incluye los precios.

4 En la feria de la clase

Hagan una feria en su clase para regalar, cambiar o vender sus cosas. Recuerden, ¡tienen que regatear!

— ¿Cuánto cuesta ese collar?
— Sólo 99 centavos.
— ¿Lo cambias por este champú?
— Sí, si me das esa gorra de béisbol también.
— Bueno.

PARA RESOLVER

COMPRAS POR TELÉFONO

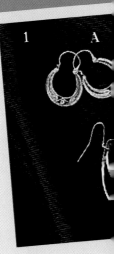

1   A

3

PASO 1 ¿Qué les gustaría comprar?

Lean la página de este catálogo. Digan qué les gustaría comprar.

— ¿Qué te gustaría comprar de este catálogo?
— Me gustaría comprar este anillo o esta gorra.

PASO 2 ¡Es una ganga!

Ahora, van a comprar un regalo para un(a) amigo(a). Piensen qué le gustaría a su amigo(a). Hablen de los precios de cada cosa. Decidan qué van a comprar.

— ¿Qué le gustaría más a Nélida, este anillo o estos aretes?
— El anillo es muy bonito.
— Sí, y sólo cuesta $4.99. ¡Es una ganga!

PASO 3 ¿En qué puedo ayudar?

Van a hacer una compra por teléfono. Preparen un diálogo entre el/la vendedor(a) y el/la cliente(a). Incluyan:

• qué van a comprar
• el modelo, la talla, el color y el precio
• su nombre, dirección y número de teléfono
• cuánto es el total de la compra (incluyan los gastos de envío y los impuestos)
• si van a pagar con cheque o con tarjeta de crédito

PASO 4 Un problema

Quieren cambiar el regalo que compraron. En una carta, expliquen por qué. Digan qué quieren ahora.

Les devolvemos el anillo que compramos porque le queda grande a nuestra amiga. Lo queremos cambiar por un tamaño más pequeño.

PARA TU REFERENCIA

la fecha de vencimiento
expiration date
los gastos de envío *shipping charges*
el impuesto *tax*
el tamaño *size*

1 ARETES DE PLATA
Modelos: A, B y C
Precios: A) **$2.99**
B) **$3.99**
C) **$4.99**

2 GORRAS
Tamaño único
Modelos: A, B y C
Precio: **$4.99**

3 CINTURONES DE CUERO
Tallas: pequeña/ mediana/grande
Modelos: A, B y C
Precio: **$29.99**

4 ANILLOS DE PLATA
Modelos: A, B y C
Precios: A) **$4.99**
B) **$6.99**
C) **$5.99**

La casa del regalo
Doctor Lamia Nº 49
Miami, Florida 92304
1-800-555-3147

Nombre _____ Apellido _____

Dirección _____

Ciudad _____ Estado _____ Código Postal _____

Teléfono _____

	Cantidad	Talla	Modelo	Color	Precio	
Cinturón de cuero						
Gorra						
Aretes						
Anillo						

Aceptamos:

❏ cheque ❏ Visa ❏ MasterCard

Nº ☐☐☐☐☐☐☐☐☐☐☐☐☐☐☐☐

Fecha de vencimiento: _____

Total	
Gastos de envío	+ $2.95
Impuesto 8%	
Total	

ENTÉRATE

LA POBLACIÓN° HISPANA

En 1979, había° más o menos 14 millones de personas de origen hispano en Estados Unidos. ¿Sabes que hoy hay más de 26 millones? Eso significa° que de cada diez habitantes° de los Estados Unidos, uno es de origen hispano.

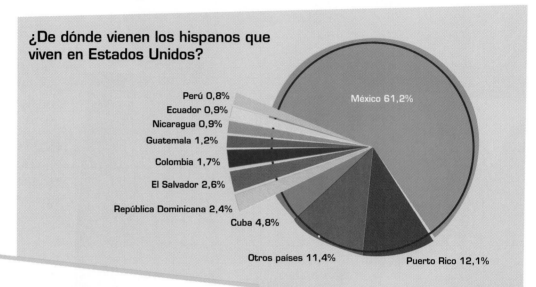

¿De dónde vienen los hispanos que viven en Estados Unidos?

- México 61,2%
- Puerto Rico 12,1%
- Otros países 11,4%
- Cuba 4,8%
- República Dominicana 2,4%
- El Salvador 2,6%
- Colombia 1,7%
- Guatemala 1,2%
- Nicaragua 0,9%
- Ecuador 0,9%
- Perú 0,8%

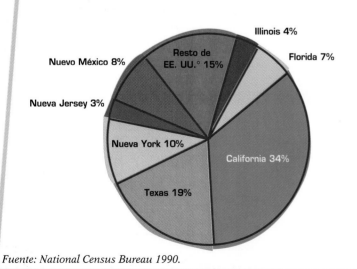

¿En qué estados de Estados Unidos viven los hispanos? ¿Qué porcentaje de hispanos hay en cada estado?

- Illinois 4%
- Florida 7%
- Resto de EE. UU.° 15%
- Nuevo México 8%
- Nueva Jersey 3%
- Nueva York 10%
- California 34%
- Texas 19%

Fuente: National Census Bureau 1990.

TE TOCA A TI

Di qué oraciones son ciertas y cuáles son falsas. Corrige las oraciones falsas.

1. Hay menos de° 20 millones de hispanos en Estados Unidos.
2. California es el estado donde hay más personas de origen hispano.
3. Hoy, de cada 10 habitantes de los Estados Unidos, uno es de origen hispano.
4. El 50% de la población hispana en Estados Unidos es de origen mexicano.

EE. UU. *U.S.*
eso significa *that means*
había *there were*

los habitantes *inhabitants*
menos de *less than*
la población *population*

VOCABULARIO TEMÁTICO

Las tiendas
Stores

el almacén *department store*
la feria *fair, street fair*
la joyería *jewelry store*
el puesto *booth*
el supermercado *supermarket*
la zapatería *shoe store*

Las compras
Purchases

el anillo *ring*
los aretes *earrings*
la bolsa *bag*
las botas tejanas *cowboy boots*
el broche *pin*
el cinturón *belt*
el collar *necklace*
la corbata *necktie*
los dulces *candies, sweets*
la gorra *cap*
las joyas *jewels*
el maquillaje *makeup*
el perfume *perfume*
la pulsera *bracelet*
el reloj *watch, clock*
las sandalias *sandals*

¿De qué es?
What's it made of?

de plata *(made of) silver*
de oro *(made of) gold*
de cuero *(made of) leather*

En la tienda
At the store

¿Aceptan tarjetas de crédito/ cheques? *Do you take credit cards/checks?*
¿En qué le puedo ayudar? *How can I help you?*
Es una ganga. *It's a bargain.*
Está en rebaja. *It's on sale.*
Me queda pequeño/grande. *It's too small/big for me.*
No funciona. *It doesn't work.*
¿Qué desea? *What would you like?*
¿Qué precio tiene? *What's the price?*
¿Qué talla/número usa? *What size do you wear?*
Sólo aceptamos dinero en efectivo. *We only take cash.*
el(la) vendedor(a) *salesperson*

Expresiones y palabras

bordado(a) *embroidered*
cambiar *to exchange, to change*
el cheque *check*

dar *to give*
devolver *to return (to give back)*
este/esta *this*
estos/estas *these*
ese/esa *that*
esos/esas *those*
le *to him, her, it, you (formal sing.)*
les *to them, you (pl.)*
me/te *to me, you (informal, sing.)*
mediano(a) *medium*
nos/os *to us, you (informal, pl.)*
el número (de zapatos) *(shoe) size*
pagar *to pay*
el recibo *receipt*
regalar *to give a present*
regatear *to bargain*
sólo *only*
la talla *clothing size*
la tarjeta de crédito *credit card*
vender *to sell*

Expresiones de las Américas

la bodega *grocery store*
el cacahuate *peanut*
la pasta de guayaba *guava paste*

LA CONEXIÓN INGLÉS-ESPAÑOL

You know the Spanish word for *bookstore*, **librería**. Look in the **Vocabulario temático** for other Spanish words with the same ending **-ería**. What common meaning do these words have in English? What do you think the words **florería** and **lechería** mean in English?

ANTES DE LEER

Los murales son una forma de expresión de las comunidades hispanas de Estados Unidos. La mayoría de los murales están en las ciudades.

¿Hay murales en tu comunidad? ¿Cómo son? ¿Viste alguna vez° un mural? ¿Dónde?

Mira los fotos de las páginas 270-273. Haz una lista de las características que asocias con los murales.

Tony García, alias Chico, es un muralista puertorriqueño que vive en Nueva York. Su mural, *Dedicated to the L.E.S.*, celebra la diversidad hispana en el Lower East Side, en Manhattan.

¿viste alguna vez...? *did you ever see . . . ?*

◄ Este mural del famoso artista mexicano Diego Rivera se llama *Historia de México*. Rivera tuvo° una gran influencia sobre los muralistas del mundo° hispano.

◄ Chico empezó haciendo° murales en las calles y tiendas de Nueva York. Este mural es un homenaje° al jazz. Está en Manhattan.

◄ Muchos murales celebran ocasiones especiales. Este mural está en Miami y celebra el Día de la Tierra.°

el mundo *world*
el Día de la Tierra *Earth Day*

haciendo *making*
un homenaje a *in honor of*
tuvo *had*

271

Los murales
Una tradición hispana

Los murales son un medio de comunicación visual típico de la tradición cultural hispana. En Los Ángeles, Miami o Nueva York, donde viven muchos hispanos, puedes ver murales por todas partes.°

Los primeros muralistas fueron° los hombres y mujeres prehistóricos. Ellos pintaron animales y personas en las paredes de

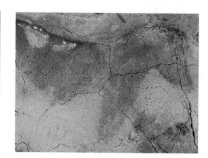

▲ Éste es uno de los dibujos más antiguos del mundo. Está en las cuevas de Altamira, en el norte de España.

las cuevas. Hoy día, algunos murales muestran° la sociedad o la historia de un país. Otros expresan una protesta popular.

Diego Rivera
México (1886-1957)

El mexicano Diego Rivera es uno de los muralistas más famosos de este siglo.

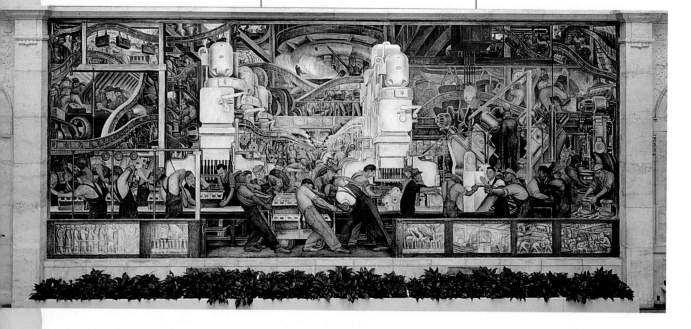

▲ Este mural, *Detroit Industry* (1932-33), es una de las obras más importantes de Diego Rivera en Estados Unidos. Está en Detroit y representa la industria del automóvil en esa ciudad.

fueron *were*
muestran *(they) show*
por todas partes *everywhere*

▲ Este mural de Ben Valenzuela representa la importancia de la música a lo largo de° la historia. Está en el George Washington Middle School, en Long Beach, California.

Los murales de Rivera ilustran la historia y la cultura de su país.

Rivera pintó varios murales en las paredes de edificios públicos de México. Su idea era crear un arte para todos. Rivera también pintó muchos murales en Estados Unidos. Su influencia sobre los muralistas de este país es muy importante.

Víctor Ochoa California (1948)

Víctor Ochoa es uno de los muralistas más conocidos° del movimiento de arte chicano° de San Diego. Uno de los murales más famosos de Ochoa se llama *Gerónimo*, y lo pintó en honor del héroe de los apaches. Está en el Centro Cultural de la Raza, en San Diego.

Murales en las escuelas

En muchas escuelas hay murales hechos° por artistas conocidos o por los estudiantes. Así° los jóvenes muestran su creatividad y expresan sus ideas.

Este mural está en la calle Elvira, en un vecindario hispano de Los Ángeles. ▶

así *in this way*
a lo largo de *throughout*
chicano *Mexican-American*

conocidos *well-known*
hechos *made*

273

❶ Los murales

Usa un diagrama para organizar la información sobre los murales. Sigue el modelo.

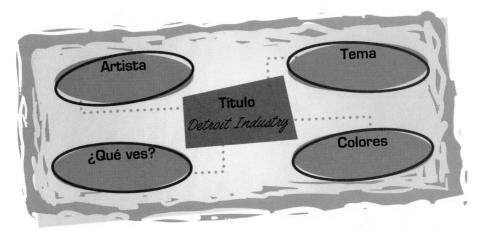

❷ Sobre los murales

Habla con tu compañero(a). ¿Qué mural te gusta más? ¿Qué mural te gusta menos? Di por qué. Incluye:

- los colores
- el paisaje
- los temas
- los dibujos

❸ Compruébalo

Di cuáles de las siguientes oraciones son ciertas y cuáles son falsas.

1. El muralista Tony García trabaja en Puerto Rico.

2. Víctor Ochoa es un artista del movimiento de arte chicano de San Diego.

3. Diego Rivera nunca hizo murales fuera de México.

4. Los dibujos de las cuevas de Altamira son muy antiguos.

▲ Detalle de un mural de Chico

TALLER DE ESCRITORES

1. DESCRIBAN UN CUADRO

En parejas, hagan una investigación sobre un mural o un cuadro de un artista hispano. Busquen información en libros o enciclopedias. Escriban una pequeña descripción y preséntenla a la clase. Incluyan:

- por qué lo escogieron
- quién es el/la artista
- cuándo lo pintó
- dónde está
- cómo es y qué colores tiene
- qué representa

2. SU TELEGUÍA

En grupos, escriban la página ideal de una teleguía. Incluyan todos los programas que les gustaría ver y una pequeña descripción de cada uno. Pueden inventar sus propios programas.

12:00 p.m.	Programa de cocina: Hoy, pastel de chocolate
12:30 p.m.	Dibujos animados: *Los Simpsons*

3. ESCRIBE UNA POSTAL

La estación de radio WACG-FM tiene un programa de concursos. El premio° es una radio. Para ganar, tienes que escribir una postal explicando° por qué WACG-FM es tu estación favorita. La respuesta más original gana el premio.

River Park
New Orleans
United States

7 de septiembre.

Queridos amigos:

No puedo vivir sin WACG FM. ¡Es fantástica! Ayer encendí la radio a las 5 de la mañana. ¿Para qué? Para escuchar tres horas de rock duro antes de mi examen de química.

Su admirador.°

Roberto

Publicacions Suth-Amrica, Ave. las Europas, New Orleans, United States

WACG Radio Station
1208 Beauregard Blvd.
New Orleans. LA 90000

el admirador *fan*
explicando *explaining*
el premio *prize*

275

PINTAR A LO GRANDE°

Los murales siempre han sido° un importante medio de comunicación. En los años sesenta, muchos artistas norteamericanos pintaron murales sobre la paz° y los problemas sociales. Hoy estos murales decoran las calles de muchas ciudades de Estados Unidos.

TE TOCA A TI

MATERIALES:

un dibujo

pinturas de colores

pinceles

un lápiz

carboncillo°

una regla° corta

una regla larga

papel fuerte

papel transparente°

cinta adhesiva

Ahora tú vas a hacer un mural. Piensa en un tema interesante. Haz un dibujo sobre ese tema en un papel.

Busca una pared. Puede ser una pared interior o exterior. Puede estar en tu escuela o en la calle. **¡No te olvides de pedir permiso!°** Antes de empezar, tienes que limpiar° la pared.

Un mural en una calle de Nueva York. ▶

---

a lo grande *on a grand scale*   el papel transparente *tracing paper*
el carboncillo *charcoal*   la paz *peace*
han sido *(they) have been*   pedir permiso *to ask for permission*
limpiar *to clean*   la regla *ruler*

1 Pon el papel transparente sobre tu dibujo. Con la regla corta, cuadricula° el papel transparente. Copia° tu dibujo en el papel transparente. Copia sólo las formas más grandes.

2 Con la regla larga, haz una cuadrícula en la pared. Haz el mismo° número de cuadrados° que hiciste en el papel transparente. En el papel fuerte haz varios cuadrados del mismo tamaño° que los cuadrados de la pared.

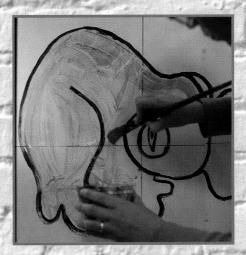

3 Escoge una parte de tu dibujo y cópiala en el papel fuerte. Usa el mismo número de cuadrados. Corta el dibujo que hiciste en el papel. Pégalo en la pared, sobre el cuadrado correspondiente.° Con el carboncillo, dibújalo en la pared. Haz lo mismo con los otros cuadrados.

4 Pinta las áreas más grandes primero y después las áreas más pequeñas. Luego... ¡invita a tus amigos a admirar tu mural!

copia *copy*
correspondiente *corresponding*
cuadrados *squares*
cuadrícula *grid*
mismo *same*
tamaño *size*

LITERATURA

Soñando° con tu país

Millones de personas en Estados Unidos sueñan° con su país de origen. Éste es el caso de Cristina García, una joven escritora cubano-americana. Cristina escribió su primera novela, *Dreaming in Cuban*, en inglés. En ella, nos cuenta las aventuras de una adolescente en Nueva York, las dificultades con sus padres y su viaje a Cuba para buscar a su abuela. Es una novela muy divertida sobre dos culturas muy diferentes: la cubana y la estadounidense. Con su libro, Cristina nos ayuda a comprender la experiencia de los inmigrantes en este país.

- ¿Qué cuenta Cristina García en *Dreaming in Cuban*?

- ¿Tienes un amigo o amiga de otro país? ¿De dónde es? ¿Cuál es su experiencia en Estados Unidos?

HISTORIA

San Agustín, Florida

¿**S**abías que la ciudad más antigua de Estados Unidos está en Florida? Se llama San Agustín, y ya existía° cuando los ingleses llegaron a Virginia. La fundó° el español Pedro Menéndez de Avilés en 1565. Fue la primera° ciudad que los europeos establecieron° en la región que hoy es Estados Unidos. Allí está la fortaleza más antigua del país: el Castillo de San Marcos.

- ¿Cuándo fundaron tu ciudad o pueblo? ¿Quién la fundó?

- ¿Cuál es el edificio más antiguo de tu ciudad? Según tu opinión, ¿tenemos que conservar los edificios antiguos? ¿Por qué?

establecieron *established*   soñando con *dreaming of*
fundó *founded*   sueñan con *dream of*
primera *first*   ya existía *it already existed*

INFORMÁTICA LATINONET

LatinoNet es la primera red de comunicación por computadoras para la comunidad hispana. Conecta organizaciones, profesionales, académicos y estudiantes de todo el país. Este servicio está a disposición° del público por medio de° America Online. Ofrece información sobre organizaciones, actividades culturales, becas° para estudiantes, oportunidades de empleo° y mucho más.

- ¿Qué es LatinoNet? ¿Qué ofrece?

- ¿Qué información te gustaría obtener de LatinoNet? ¿Por qué?

TEATRO

CAFÉ CALIENTE

En 1992 un grupo de artistas chicanos de Los Ángeles fundaron Café Caliente. Según Eddie Ayala, líder de la banda de rock Aztec Radio y director de Café Caliente, el propósito° de Café Caliente "es estimular un ambiente° de teatro en la comunidad chicana". Entre los artistas de Café Caliente están Guillermo Gómez-Peña, ganador° del Genius Grant de la Fundación MacArthur, y la actriz Yarelli Arizmendi.

- ¿Quiénes fundaron Café Caliente?

- ¿Cuál es el propósito de Café Caliente?

- En tu opinión, ¿es importante Café Caliente? ¿Por qué?

un ambiente *atmosphere*
las becas *scholarships*
el empleo *job*
está a disposición *is available*

el ganador *winner*
por medio de *through*
el propósito *purpose*

UNIDAD 6

PERÚ, ARGENTINA, CHILE:

UN VIAJE AL SUR
En la unidad 6:

Capítulo 11	Viajes de intercambio
Capítulo 12	Bienvenidos a Perú
Adelante	**Para leer:** Misterios del Sur
	Proyecto: Una máscara para ti
	Otras fronteras: Idiomas, ecología, informática y geografía

La cordillera de los Andes y las ruinas de Machu Picchu, en Perú.

Suppose you could take off for a country where Spanish is the primary language and spend a month, a semester, or even a year living there with a family. Just imagine the advantages of such a trip!

In this unit, you are going to explore student exchange programs to see what you have to do to plan and prepare for a trip to such South American countries as Peru, Chile and Argentina. Then you will fly to Peru, where you will meet your new Peruvian family and visit Cuzco, the ancient capital of the Incan empire. The mysterious ruins of Machu Picchu will be your next stop.

You will explore other centuries-old mysteries of South America as you try to solve the riddle of the pictures drawn in the sands of the Nazca desert. You will also encounter the giant statues of Easter Island, abandoned there hundreds of years ago. An unforgettable experience awaits you! *¡Vamos!*

CAPÍTULO 11

VIAJES DE INTERCAMBIO

Una excursión a las ruinas de Machu Picchu, en Perú.

Objetivos

COMUNICACIÓN

To talk about:

- reasons for participating in a foreign exchange program
- what to do in order to participate
- how to prepare for a trip abroad

CULTURA

To learn about:

- exchange programs in Argentina, Chile, and Peru
- the Chilean poet Pablo Neruda

VOCABULARIO TEMÁTICO

To know the expressions for:

- ways to obtain travel information
- documents needed for travel
- giving travel advice

ESTRUCTURA

To talk about:

- what someone says: the verb *decir*
- how to ask for something: the verb *pedir*
- telling a friend to do something: the irregular *tú* commands

¿SABES QUE...?

The most effective and fun way to explore the language and culture of another country may be as an exchange student. Several organizations sponsor exchange programs for high school students in countries such as Chile, Peru, and Argentina. Programs vary in length — from an intensive month of exposure to a year-long experience. But be sure to consult your calendar carefully before applying. Did you know that the regular school year in South America starts in March or April and lasts through December? In South America, the seasons are reversed.

Habla con tu compañero(a).

¿TE GUSTARÍA IR DE INTERCAMBIO AL EXTRANJERO? ¿POR QUÉ?

Sí, porque me interesa aprender bien otro idioma.

Me gustaría...   Quiero...   Me interesa...

❏ aprender bien otro idioma
   (to learn another language well)

❏ conocer otras costumbres
   (to get to know other customs)

❏ conocer a otros jóvenes
   (to meet other young people)

❏ divertirme *(to have fun)*

¡Me encantaría ir de viaje!
(I would love to go on a trip!)

¿A QUIÉN LE PIDES INFORMACIÓN PARA EL VIAJE?

Le pido información a la agente de viajes.
(I ask the travel agent for information.)

❏ el/la agente de viajes *(travel agent)*

❏ el/la representante de la agencia de intercambio
   (exchange program representative)

❏ el/la representante del consulado
   (consulate representative)

❏ el/la consejero(a) de mi escuela
   (my school counselor)

¿QUÉ TIENES QUE HACER PARA PARTICIPAR EN UN PROGRAMA DE INTERCAMBIO?

Tengo que hacer los trámites.
(I have to do the paperwork.)

❏ llenar la solicitud *(to fill out the application form)*

❏ pedir cartas de recomendación
(to ask for letters of recommendation)

❏ sacar el pasaporte / la visa *(to get a passport / visa)*

❏ hacer los trámites *(to do the paperwork)*

SI UN AMIGO O UNA AMIGA VA DE VIAJE, ¿QUÉ CONSEJOS LE DAS?

Lleva...

 sólo una maleta

 un bolso de mano

 los documentos

 cheques de viajero

 el pasaje

 la cámara

Antes de viajar:

Cambia dinero.
(Exchange money.)

Haz la reserva de avión.
(Make your plane reservation.

Haz la maleta.
(Pack your suitcase.)

Haz el itinerario.
(Plan the itinerary.)

Pon tu nombre en la maleta.
(Put your name on the suitcase.)

Sal temprano.
(Leave early.)

En el país:

Respeta las costumbres.
(Respect the customs.)

Sé cortés.
(Be courteous.)

REALIDADES

DESCUBRE UN Mundo EN eSPAÑOL

¡Vive con una familia en Perú, Argentina o Chile! ¡Conoce otras culturas! ¡Practica deportes! ¡Haz nuevos amigos! ¡Aprende español!

Programas de intercambio estudiantil en América del Sur

Cuzco (Perú)

Cuzco fue la capital del imperio inca. Si te gusta el arte, visita la Plaza de Armas o los museos. Si prefieres los deportes, ven a navegar por el río Urubamba. También puedes hacer una excursión a las ruinas de Machu Picchu.

Valdivia (Chile)

La naturaleza es lo más interesante de Valdivia, una ciudad de la región de los lagos. Sal a mochilear* por los parques nacionales, como Aguas Calientes o Puyehue, con su gran volcán.

Expresión de Chile.

Buenos Aires (Argentina)

¿Te gustaría vivir en una de las grandes ciudades del mundo? Visita Buenos Aires. Allí puedes aprender a jugar al fútbol, visitar museos y exposiciones, o pasear por los bosques de Palermo. ¡Es bárbaro!*

Información importante

La duración del intercambio es de un año. Los programas empiezan en julio, agosto o enero.

Los trámites necesarios para participar en este programa son:
- llenar la solicitud de intercambio
- sacar el pasaporte y la visa
- presentar la autorización de los padres
- presentar tres cartas de recomendación
- presentar un certificado de estudios
- presentar un certificado médico

Expresión de Argentina.

HABLA DE LA GUÍA

A. Dile a tu compañero(a) qué tiene que hacer para participar en el programa de intercambio.

- *Llena la solicitud de intercambio.*
- *Saca el pasaporte.*

B. Haz una lista de todas las cosas que te gustaría hacer en cada lugar.

Cuzco: Me gustaría estudiar la cultura del imperio inca.
Valdivia: Me gustaría salir a mochilear por...
Buenos Aires: Me gustaría...

C. ¿Cuándo te gustaría ir de intercambio? ¿A qué lugar te gustaría ir? ¿Por qué? Habla con tu compañero(a).

— *¿Cuándo te gustaría ir de intercambio?*
— *En enero.*
— *¿Adónde te gustaría ir?*
— *A Chile, porque quiero ver un volcán. Y a ti, ¿adónde te gustaría ir?*

¿QUÉ OPINAS?

¿Por qué te gustaría participar en un programa de intercambio? Haz una encuesta entre tus compañeros(as). Cada uno(a) puede dar más de una respuesta. Anota las respuestas en una tabla.

ENCUESTA

Porque quiero...	yo	la clase
aprender bien otro idioma	✓	||||| ||
divertirme	✓	|||||
conocer otras culturas		|||
conocer otras costumbres		||
hacer nuevos amigos		|||||

Según la encuesta, ¿cuál es la razón principal para participar en un programa de intercambio?

PALABRAS EN ACCIÓN

LA FERIA DE INTERCAMBIO ESTUDIANTIL

DOCUMENTOS

una solicitud

un certificado de estudios

autorización de tus padres

un certificado médico

una visa

tres cartas de recomendación

recomenda...

NO TE OLVIDES DE LLEVAR
- el bolso de mano
- la cámara
- los cheques de viajero
- el itinerario
- la maleta
- el pasaporte
- el pasaje

Tengo que llena solicitud.

¿Te gustaría viajar al extranjero?

Sí, me encantaría conocer otras culturas.

el folleto turístico

---

① ¿Qué ves en el dibujo?

¿Qué necesitan las personas del dibujo para ir de intercambio? Haz una lista.

la visa, las cartas de recomendación...

② ¿Adónde te gustaría ir?

Mira los carteles de cada país. Habla con tu compañero(a) sobre dos lugares que te gustaría visitar. ¿Qué te gustaría hacer allí?

— *¿Adónde te gustaría ir?*
— *A Argentina, a esquiar en las montañas. ¿Y a ti?*
— *Yo prefiero ir a...*

③ ¿Qué vas a llevar?

Mira la lista del dibujo. ¿Qué necesitas para el viaje? Habla con tu compañero(a).

— *¿Qué vas a llevar?*
— *Una cámara. ¿Y tú?*

④ El programa de intercambio

¿Qué tienes que hacer para participar en un programa de intercambio? Habla con tu compañero(a).

— *Me interesa ir de intercambio. ¿Qué tengo que hacer?*
— *Tienes que sacar el pasaporte.*
— *Ya tengo pasaporte. ¿Qué más necesito?*

5 Consejos de viaje

Tu amigo(a) va a ir de intercambio al extranjero. Dale tres consejos.

- *Saca la visa.*
- *Llena la solicitud.*
- *Lleva cheques de viajero.*

6 Miniteatro

Estás en una agencia de viajes. Tu compañero(a) es el/la agente de viajes. Hagan un diálogo.

Agente: *¿Adónde te gustaría ir?*
Estudiante: *A Chile. ¿Qué documentos necesito?*

7 Collage

Diseña un cartel sobre un programa de intercambio. Busca fotos y dibujos en revistas y periódicos. Escribe un título para cada foto. Presenta tu cartel a la clase.

8 Tú eres el autor

Vas a ir de intercambio a vivir con una familia en otro país. Haz una lista de preguntas para ellos.

¿Qué tiempo hace allí?
¿Qué ropa tengo que llevar?

PARA COMUNICARNOS MEJOR
Gramática en contexto

Estructura Present of *pedir* and *decir*

¿QUÉ DICE? ¿QUÉ TE PIDE?

To tell what someone says, use the verb *decir*. To say that somebody asks for something, use the verb *pedir*.

— ¿Qué dice tu amiga?	What does your friend say?
— Dice que quiere mi número de teléfono y me pide la dirección.	She says that she wants my phone number, and she asks me for my address.

Note that ***decir que*** means "to say that . . ."

Juan dice que quiere ir a Chile.	John says that he wants to go to Chile.

In the present tense, the stem of ***decir*** and ***pedir*** changes from *e* to *i* in all forms except ***nosotros(as)*** and ***vosotros(as)***. Note that ***decir*** also has an irregular ***yo*** form: *digo*.

pedir (i) (to ask for)	decir (i) (to say, to tell)	
yo	pido	**digo**
tú	pides	dices
usted	pide	dice
él/ella	pide	dice
nosotros(as)	pedimos	decimos
vosotros(as)	pedís	decís
ustedes	piden	dicen
ellos/ellas	piden	dicen

Planes de viaje

Tu clase planea un viaje a Perú. Los estudiantes, los padres y los profesores necesitan más información. ¿Qué pide cada uno?

— *¿Qué pide el consejero?*
— *Pide una lista de hoteles.*

1. el/la consejero(a)
2. los estudiantes
3. el/la profesor(a) de español
4. tú y tus compañeros(as)
5. los padres
6. ¿y tú?

¿Qué piden?
información sobre el viaje
itinerarios y mapas
una lista de hoteles
folletos turísticos
un calendario de las fiestas
el precio de los pasajes

 Entrevista

A. Entrevista a seis compañeros(as). Pregúntales adónde quieren ir de vacaciones este año y por qué. Anota los nombres de cada estudiante y sus respuestas en una tabla.

Nombre	¿Adónde?	¿Por qué?
Esteban	San Juan	las playas son maravillosas
Juana y Daniel	Nueva York	la ciudad es bárbara
María	Denver	las montañas son fabulosas

B. Informa a la clase.

Esteban quiere ir a San Juan. Dice que las playas son maravillosas. Juana y Daniel quieren ir a Nueva York. Dicen que la ciudad es bárbara.

 Comidas de las Américas

¿Qué piden ustedes? Pregúntales a tus compañeros(as).

— *En un restaurante peruano, ¿qué piden?*
— *Pedimos ceviche. ¿Y ustedes?*

1. peruano
2. chileno
3. argentino
4. mexicano
5. italiano

¿SABES QUE...?

South America has a great variety of interesting and delicious foods. The most typical Peruvian dish is **ceviche**, raw fish marinated in lemon juice. It's served with corn and sweet potatoes. Another traditional dish is **sopa a la criolla**, a soup with beef, noodles, milk, and vegetables. In Chile, some of the most popular dishes are **empanadas**, oven-baked turnovers stuffed with meat and sometimes onions, raisins, and olives, and **humitas**, packets of ground corn. Argentina is famous for its **asados** (barbecues) and **bifes** (beefsteaks).

PARA COMUNICARNOS MEJOR
Gramática en contexto

Estructura Irregular informal commands

¡HAZ LAS MALETAS!

To tell a friend to do something, you can use an informal *(tú)* command.

Some *tú* commands have irregular forms.

Pon todos los regalos en el bolso de mano.	Put all the presents in your handbag.
Sé cortés con tu familia peruana.	Be courteous to your Peruvian family.

Here are some verbs that have an irregular *tú* command form.

irregular informal commands			
decir	**di**	salir	**sal**
hacer	**haz**	ser	**sé**
ir	**ve**	tener	**ten**
poner	**pon**	venir	**ven**

☐ Direct and/or indirect object pronouns must be attached to the end of the affirmative command.

Dime qué documentos necesitas.	Tell me what documents you need.
— *Pon tu nombre en la maleta.*	Put your name on the suitcase.
— *Hazlo tú. Yo no tengo bolígrafo.*	You do it. I don't have a pen.

¿RECUERDAS?

To tell a friend not to do something, use **no debes** and an infinitive.

No debes llevar el pasaporte siempre contigo. Lleva una fotocopia.

292

1 Consejos a mi amigo(a) chileno(a)

Un(a) amigo(a) chileno(a) quiere visitar Estados Unidos. Dale cuatro consejos para su viaje.

Ve al consulado de Estados Unidos y pide una visa.

ir
al consulado de Estados Unidos
a la agencia de viajes
a la agencia de intercambio

venir
pronto
en verano
para mi cumpleaños

hacer
los trámites temprano
las maletas dos días antes
  de salir

poner
tu nombre en la maleta
los cheques de viajero en
  el bolso de mano

2 ¡Hazlo tú!

Tu compañero(a) y tú planean un viaje al extranjero. ¿Qué va a hacer cada uno(a)?

— *Haz las maletas.*
— *Muy bien. Y tú, sal ahora y compra un diccionario de español.*

- hacer las maletas
- salir y comprar un diccionario de español
- hacer el itinerario
- ir a buscar los pasajes
- poner los documentos en el bolso
- tener los pasaportes contigo

3 Antes de salir

En dos horas vas a salir de viaje y tienes mucho que hacer. Pídele ayuda a tu compañero(a).

— *¿Dónde pongo la cámara?*
— *Ponla en la maleta.*
— *¿Cuándo hago el itinerario?*
— *Hazlo ahora.*

¿Cuándo...?
hacer el itinerario
hacer las maletas
hacer las reservas

¿Dónde...?
poner la cámara
poner el pasaporte
poner los folletos

293

FOLLETO DE INTERCAMBIO

ARGENTINA
Programa de intercambio cultural

Argentina es un país con una naturaleza maravillosa. Tiene de todo: montañas, ríos, lagos y una larga costa en el océano Atlántico. También tiene grandes ciudades, como Buenos Aires. ¡Ven al sur! ¡Visita Argentina y conoce a su gente!

Fechas del programa:
Del 12 de julio al 16 de agosto

Requisitos:
- Un año de estudios de español
- Tener de 16 a 18 años de edad

Información escolar:
- Certificado de estudios

Documentos necesarios:
- Autorización de la madre, del padre o del/de la tutor(a)
- Certificado médico
- Pasaporte
- Visa

Información personal:

Nombre y apellido: _____

Dirección: _____

Teléfono: _____

Fecha de nacimiento: _____

Nombre de la madre, del padre o del/de la tutor(a): _____

1 **¿Qué dice el folleto?**

Contesta las preguntas.

- ¿Qué dice el folleto sobre Argentina?
- ¿Qué información pide el folleto?
- ¿Cuáles son las fechas del programa de intercambio?
- ¿Cuáles son los requisitos para participar en el programa?

¿Qué te piden?

Haz una lista de los documentos que te piden para participar en el programa de intercambio cultural. Por ejemplo:

- *autorización de tus padres o de tu tutor(a)*
- *certificado de estudios*

 ¿Qué tienes que llevar?

Haz un diálogo con tu compañero(a) entre un(a) representante del programa de intercambio y un(a) estudiante. Pregunta:

- qué tienes que hacer
- qué documentos necesitas
- qué otras cosas tienes que llevar
- dónde pides más información

 Me interesa...

Para participar en programas de intercambio tienes que contestar preguntas sobre tus intereses y actividades favoritas. Trabaja con tu compañero(a).

- ¿Cuáles son tus actividades favoritas?
- ¿Qué te gustaría estudiar en el futuro?
- ¿Practicas deportes? ¿Cuáles?
- ¿Te gusta la música? ¿Cantas en un coro? ¿Tocas un instrumento?

 Vamos a escribir

Vas a participar en un programa de intercambio. Escribe a qué país vas, cuándo vas y con quién vas a vivir.

PARA RESOLVER

¡A VIAJAR!

En grupos, van a hacer folletos para estudiantes extranjeros sobre lugares interesantes de su ciudad o estado. Incluyan información y consejos para el viaje.

PASO 1 ¿Adónde?

Cada grupo debe escoger un lugar. Expliquen cómo es ese lugar. Incluyan:

- cómo se llama el lugar y dónde está
- por qué es importante visitar ese lugar
- qué cosas pueden hacer allí
- dónde puede vivir un(a) estudiante extranjero(a) (con una familia, en un hotel, en una residencia de estudiantes, en una granja...)

PASO 2 Antes del viaje

Hagan una lista de consejos para los estudiantes extranjeros que van a venir a visitar su ciudad o estado. Incluyan:

- documentos para el viaje
- ropa y otras cosas que necesitan
- equipo deportivo
- números de teléfono importantes

Saca el pasaporte; no te olvides los esquís...

PASO 3 Durante la visita

Den consejos a los estudiantes sobre qué deben hacer durante su visita.

- Respeta las costumbres.
- Sé cortés.
- Prueba los platos típicos.

PASO 4 Su folleto

Ahora hagan su folleto. Usen la información de los pasos anteriores. Incluyan fotos y dibujos.

PARA TU REFERENCIA

durante *during*
prueba los platos típicos
  taste the typical dishes
la residencia de estudiantes
  student dorm
sube *climb*

Bariloche

ARGENTINA

En la sección argentina de los Andes hay un lugar maravilloso: Bariloche.

. Compra el pasaje.
. Cambia dinero.
. Haz la maleta y...

¡VEN A ESQUIAR DE JUNIO A SEPTIEMBRE!

Ven a las montañas más espectaculares de América del Sur. Haz nuevos amigos y visita con ellos el lago Nahuel Huapi. Sube al volcán Tronador. Vive con una familia, en una residencia de estudiantes, en una granja o en un hotel. Prueba los platos típicos de estas montañas.

VE A UNA AGENCIA DE VIAJES Y PIDE MÁS INFORMACIÓN.

ENTÉRATE

EL POETA CHILENO PABLO NERUDA

Una de las ventajas° de saber español es poder leer las novelas, los cuentos y los poemas de los grandes escritores hispanoamericanos.

Muchos escritores españoles y latinoamericanos ganaron el premio Nobel° de Literatura. Uno de ellos es el poeta chileno Pablo Neruda (1904-1973). Neruda es uno de los poetas más conocidos° de la lengua española. A los 20 años publicó° *Veinte poemas de amor*° *y una canción desesperada*° y adquirió° fama internacional. Otra obra° muy conocida de Neruda es el *Canto general*, una colección de poemas sobre la historia y la cultura de América Latina. También escribió *Odas elementales*, unos poemas cortos sobre cosas de cada día, como la papa o el tomate.

TE TOCA A TI

Contesta las preguntas.

1. ¿Con qué obra adquirió Neruda fama internacional?
2. ¿Cuál es el tema del *Canto general*?
3. ¿Cuál es el tema de las *Odas elementales*?

adquirió *(he) acquired*
el amor *love*
conocidos *well-known*
desesperada *hopeless*
la obra *work*
el premio Nobel *Nobel Prize*
publicó *(he) published*
las ventajas *advantages*

VOCABULARIO TEMÁTICO

Razones para viajar al extranjero
Reasons for traveling abroad

aprender bien otro idioma
to learn another language well
conocer otras costumbres
to get to know other customs
conocer otras culturas
to get to know other cultures
conocer a otros jóvenes
to meet other young people
divertirse *to have fun*
hacer amigos *to make friends*
salir a mochilear *to go back-packing*

Información sobre el viaje
Travel information

la agencia de intercambio
exchange program agency
el/la agente de viajes
travel agent
el/la consejero(a) *counselor*
el consulado *consulate*
el/la representante de...
representative of . . .

Cosas que necesitas para viajar
Things you need to travel

el bolso de mano *handbag*
los cheques de viajero
traveler's checks
los documentos *documents*
el itinerario *itinerary*
la maleta *suitcase*
el pasaje *(airline) ticket*

Documentos para un programa de intercambio
Documents for an exchange program

la autorización de los padres
parents' authorization
las cartas de recomendación
letters of recommendation
el certificado médico
health certificate
el certificado de estudios
school transcript
la visa *visa*

Consejos para viajar
Travel advice

Cambia dinero.
Exchange money.
Haz el itinerario.
Plan the itinerary.
Haz la maleta.
Pack the suitcase.
Haz la reserva de avión.
Make your plane reservation.
Haz los trámites.
Do the paperwork.
Llena la solicitud.
Fill out the application form.
Pide la visa. *Ask for a visa.*
Pon tu nombre en la maleta.
Put your name on the suitcase.
Respeta las costumbres (del otro país). *Respect the customs (of the other country).*
Saca el pasaporte.
Get the passport.

Sal temprano. *Leave early.*
Sé cortés con... *Be courteous to. . .*

Expresiones y palabras

ir al extranjero
to go abroad
ir de viaje
to go on a trip
Me encantaría.
I would love to.
Me interesa...
I'm interested in . . .
el avión *plane*
decir *to say, to tell*
durante *during*
los estudios *studies*
el folleto *brochure*
llenar *to fill out*
la montaña *mountain*
participar en *to participate, take part in*
pedir *to ask for*
perfectamente *perfectly*
poner *to put*
el programa de intercambio estudiantil *student exchange program*
venir *to come*
viajar *to travel*

Expresiones de Argentina y Chile

¡Es bárbaro(a)!
It's great! (Argentina)
salir a mochilear
to go backpacking (Chile)

LA CONEXIÓN INGLÉS-ESPAÑOL

There are some Spanish words that look similar to English words, but their meanings are completely different. These are called "false cognates." An example of a false cognate is the Spanish word *idioma*. Although it looks like the English word *idiom*, *idioma* really means *language*. Another example is the word ***pariente***, which looks like *parent*, but means *relative*.

Can you think of any other false cognates you have learned? Why do you think a false cognate is also referred to as a *"falso amigo"*?

CAPÍTULO 12

BIENVENIDOS A PERÚ

Objetivos

COMUNICACIÓN
To talk about:
- what you and others are doing right now
- travel highlights
- shopping for souvenirs

CULTURA
To learn about:
- interesting sites of Peru
- the *llamas* of the Andes

VOCABULARIO TEMÁTICO
To know the expressions for:
- geographical features
- souvenirs
- descriptions of geographical features

ESTRUCTURA
To talk about:
- actions in progress: the present progressive tense
- qualities of persons, places or things: the superlative construction
- characteristics, location, origin, emotions: uses of the verbs *ser* and *estar*

¿SABES QUE...?

The Festival of the Sun takes places every year in Cuzco, Peru, at the time of the summer solstice. Called *Inti Rami* in the Quechua language of the Incas, this three-day festival celebrates the sun, which was central to agriculture, and therefore, to life itself among the ancient Incas. The tradition continues to this day with music, dance, and a colorful parade, presided over by the festival's king and queen.

◀ **Festival del Sol, en Cuzco.**

CONVERSEMOS

LOS VIAJES Y TÚ

Habla con tu compañero(a).

GENERALMENTE, ¿CÓMO ESTÁS ANTES DE UN VIAJE? ¿Y DESPUÉS?

Antes de un viaje estoy un poco nervioso(a).
(Before a trip I'm a little nervous.)
Después de un viaje estoy cansado(a). *(After a trip I'm tired.)*

nervioso(a) *(nervous)*   preocupado(a) *(worried)*
contento(a) *(glad)*   cansado(a) *(tired)*
emocionado(a) *(excited, moved)*   triste *(sad)*

¿ADÓNDE FUISTE EN TU ÚLTIMO VIAJE? ¿QUÉ VISITASTE?

Fui a Perú y visité la catedral de Lima.

la catedral de...   las cataratas de...

el castillo de...   la selva de...

> No fui a ningún lado.
> *(I didn't go anywhere.)*

¿CÓMO FUISTE?

Fui en avión a Lima y en tren a Machu Picchu.

 en avión   en auto*

 en barco   en tren

*Expresión de Perú. En otros países: **el coche**.

¿QUÉ HICISTE DURANTE EL VIAJE?

Fui a un festival de danza. ¡Fue fabuloso!
(I went to a dance festival. It was fabulous!)

ver un espectáculo *(to see a show)*

admirar el paisaje *(to admire the landscape)*

ir a un festival de danza *(to go to a dance festival)*

filmar el viaje *(to film the trip)*

comprar tarjetas postales *(to buy postcards)*

subir a una montaña *(to climb a mountain)*

escribir un diario de mis experiencias
(to keep a diary of my experiences)

¿QUÉ COMPRASTE? ¿PARA QUIÉN?

Compré recuerdos para mis amigos.
(I bought souvenirs for my friends.)

una máscara   una manta

un poncho   un sombrero

una escultura 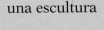   un tapiz

No compré nada.
(I didn't buy anything.)

¿CUÁL ES EL LUGAR MÁS ESPECTACULAR QUE VISITASTE?

Machu Picchu es el lugar más espectacular que visité.
(Machu Picchu is the most spectacular place I visited.)

¿Y el más antiguo?
(And the oldest?)

¿Y el más hermoso?
(And the most beautiful?)

¿Y el más alto?
(And the highest?)

¿Y el más impresionante?
(And the most awesome?)

¿Y el más conocido?)
(And the most well-known?)

¿Y el más increíble?
(And the most amazing?)

Diario de mi viaje a Perú
(con mis amigos Sandro y Yanina)

jueves 25 de junio
Estamos en el autobús que va a Cuzco. Sandro está filmando el paisaje. Es espectacular. La cordillera de los Andes es larguísima. Va del norte al sur de América del Sur.

domingo 28 de junio, Machu Picchu
¡Este lugar es increíble! ¡Una ciudad inca en las montañas! Para muchos es el lugar más impresionante de Perú. Yanina está sacando muchas fotos.

miércoles 1 de julio, lago Titicaca
Estamos haciendo una excursión en barco por el lago Titicaca. Es el lago más grande de Perú. Está en el sur del país. También es el lago más alto del mundo. Está a más de 3.800 metros de altura.

viernes 3 de julio, cañón del Colca
Hoy estamos visitando el cañón del Colca. Tiene 3.336 metros. ¡Es profundísimo! Muchos dicen que es el más profundo del mundo.

Sandro, yo y una amiga de Sandro
Hoy es el primer día de mi viaje por Perú. Ayer llegué en avión a Lima, la capital. ¡Estoy muy emocionado!

martes 7 de julio, Nazca
Ayer volamos sobre el desierto de Nazca. Es muy misterioso. Está en el sur de Perú. En este desierto hay unos dibujos de animales y unas figuras geométricas que tienen más de 2.000 años. Muchos miden más de 300 metros. ¡Son increíbles!

domingo 28 de junio, Machu Picchu

Yanina subió a Machu Picchu. ¡Está contentísima!

viernes 26 de junio, Cuzco

Cuzco es una ciudad muy antigua. Está en las montañas, al sureste de Lima. Ahora Sandro, Yanina y yo estamos comprando recuerdos en un mercado. El paisaje desde aquí es hermosísimo.

HABLA DEL DIARIO DE VIAJE

A. ¿Qué lugar es?

> *un lago altísimo: el lago Titicaca*

• una ciudad muy antigua con un paisaje hermosísimo
• una cordillera larguísima
• el lugar más impresionante de Perú
• un cañón profundísimo
• un desierto muy misterioso

B. Pregúntale a tu compañero(a) qué lugares visitaron Dan y sus amigos, dónde están y cómo son según el diario.

> — *¿Dónde está Cuzco?*
> — *Está en las montañas, al sureste de Lima.*
> — *¿Cómo es?*
> — *Es una ciudad muy antigua.*

C. Habla con tu compañero(a) sobre lo que Dan y sus amigos hicieron durante su viaje.

> — *¿Qué hicieron en el lago Titicaca?*
> — *Hicieron una excursión en barco.*

¿QUÉ OPINAS?

En grupo, hagan una lista de lugares especiales del mundo que conocen. Digan cómo es cada uno. Anoten las respuestas en la tabla. Usen el modelo.

¿Cuál es el lugar más...?	espectacular	divertido	misterioso	conocido	impresionante	aburrido
El Gran Cañón del Colorado	✓	✓			✓	
Nueva York						
Las cataratas del Niágara						
Los Alpes						
Los Andes						
El desierto del Sahara						

Informen a la clase de los resultados.

PALABRAS EN ACCIÓN

COMPRANDO RECUERDOS

el tapiz

el poncho

el sombrero

la manta

el océano

la costa

Estoy buscando a mi hija. Estoy muy preocupada.

¿Qué está haciendo?

Está haciendo una manta de lana. Es hermosísima, ¿no?

¿Qué tal la excursión?

¡Fue una experiencia increíble!

---

1 ¿Qué ves en el dibujo?

Haz una lista de las cosas que ves en el dibujo. Compara tu lista con la lista de tu compañero(a).

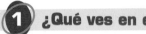

una manta de lana...

2 ¿Qué hace?

Con tu compañero(a), di qué hacen las personas del dibujo.

Un chico filma las esculturas.
Un hombre busca a su hija.

3 ¿Qué están vendiendo?

Di qué están vendiendo las personas del dibujo.

Un hombre está vendiendo
máscaras de madera.
Una mujer está vendiendo
mantas de lana.

4 ¿Cómo está?

¿Cómo están las personas del dibujo? Pregúntale a tu compañero(a).

— ¿Cómo está la madre de la chica?
— Está preocupada.

5 Recuerdos del mundo

¿Qué recuerdos te gustaría comprar?
Habla con tu compañero(a).

— *¿Qué recuerdos te gustaría comprar?*
— *Me gustaría comprar una escultura de piedra.*

6 Viajes por el mundo

Habla con tu compañero(a) de las cosas que hiciste durante un viaje.

— *Cuando fui a Yellowstone compré muchas tarjetas postales. ¿Y tú?*
— *Yo, cuando fui a España, visité la catedral de Sevilla.*

7 Cartel

Haz un cartel en español para invitar a gente de otros países a una fiesta tradicional de tu pueblo o ciudad. Di cuándo es, qué celebran y dónde la celebran.

8 Tú eres el autor

Estás en Perú, en un viaje de intercambio. En una carta a tus padres, di qué cosas estás viendo.

Queridos papá y mamá:

Les escribo esta carta desde Cuzco. La cordillera de los Andes es impresionante. Mañana voy a ir a la playa. Mi amigo dice que la costa de Perú es hermosísima. ¡Hasta pronto!

Ramón

PARA COMUNICARNOS MEJOR
Gramática en contexto

Estructura Present progressive; superlatives

¿QUÉ ESTÁS HACIENDO EN PERÚ?

To describe an action in progress, use the present progressive tense.

To form the present progressive, use a form of the verb *estar (to be)* followed by a present participle (in English, the form of the verb ending in *-ing*).

> *Estoy visitando Lima.* I'm visiting Lima.

To form the present participle of regular verbs, replace the *-ar* ending of a verb with *-ando*, and the *-er* and *-ir* endings with *-iendo*.

present participle			
Verb	**drop**	**add**	
cantar	-ar	-ando	**cantando**
comer	-er	-iendo	**comiendo**
escribir	-ir	-iendo	**escribiendo**

¡OJO!

Note that spelling changes occur in the superlative when the last syllable of an adjective starts with **c**, **g**, or ends in **z**: **simpático** > **simpatiquísimo**, **largo** > **larguísimo** and **feliz** > **felicísimo**.

To describe a person, place, or thing that stands out from all the rest, use the superlative construction.

To form the superlative, use the definite article, a noun, and *más* followed by an adjective.

> *Cuzco es la ciudad más conocida de Perú.* Cuzco is the most well-known city in Peru.

☐ Another way to form a superlative is to add the ending *-ísimo* (*-ísima, -ísimos, ísimas*) to the singular form of the adjective. If the adjective ends in a vowel, drop the vowel before adding the superlative ending.

> *La música es popularísima.* The music is very popular.
> *Los Andes son altísimos.* The Andes are extremely high.

308

1 Viajando por Perú

Un(a) amigo(a) está viajando por Perú y te llama por teléfono. Pregúntale qué está haciendo en cada lugar.

— *Hola, hoy estoy en los Andes.*
— *¡Qué bueno! ¿Y qué estás haciendo?*
— *Estoy caminando por las montañas.*

En Perú
caminar por las montañas
sacar fotos
visitar la catedral
navegar
admirar el paisaje
ver el Festival del Sol

2 ¿Cómo es?

Con tu compañero(a), habla de lugares de Perú.

— *¿Cómo son los Andes?*
— *Son altísimos.*

1. los Andes/altos
2. el río Amazonas/largo
3. el lago Titicaca/grande
4. la catedral/impresionante
5. la selva/hermosa
6. el cañón del Colca/profundo

3 En tu estado

¿Cuál es el lugar más...? Pregúntale a tu compañero(a).

— *En tu opinión, ¿cuál es el lugar más espectacular del estado?*
— *El lago...*

1. espectacular
2. conocido
3. alto
4. interesante
5. popular
6. grande

Para comunicarnos mejor
Gramática en contexto

Estructura Uses of *ser* and *estar*

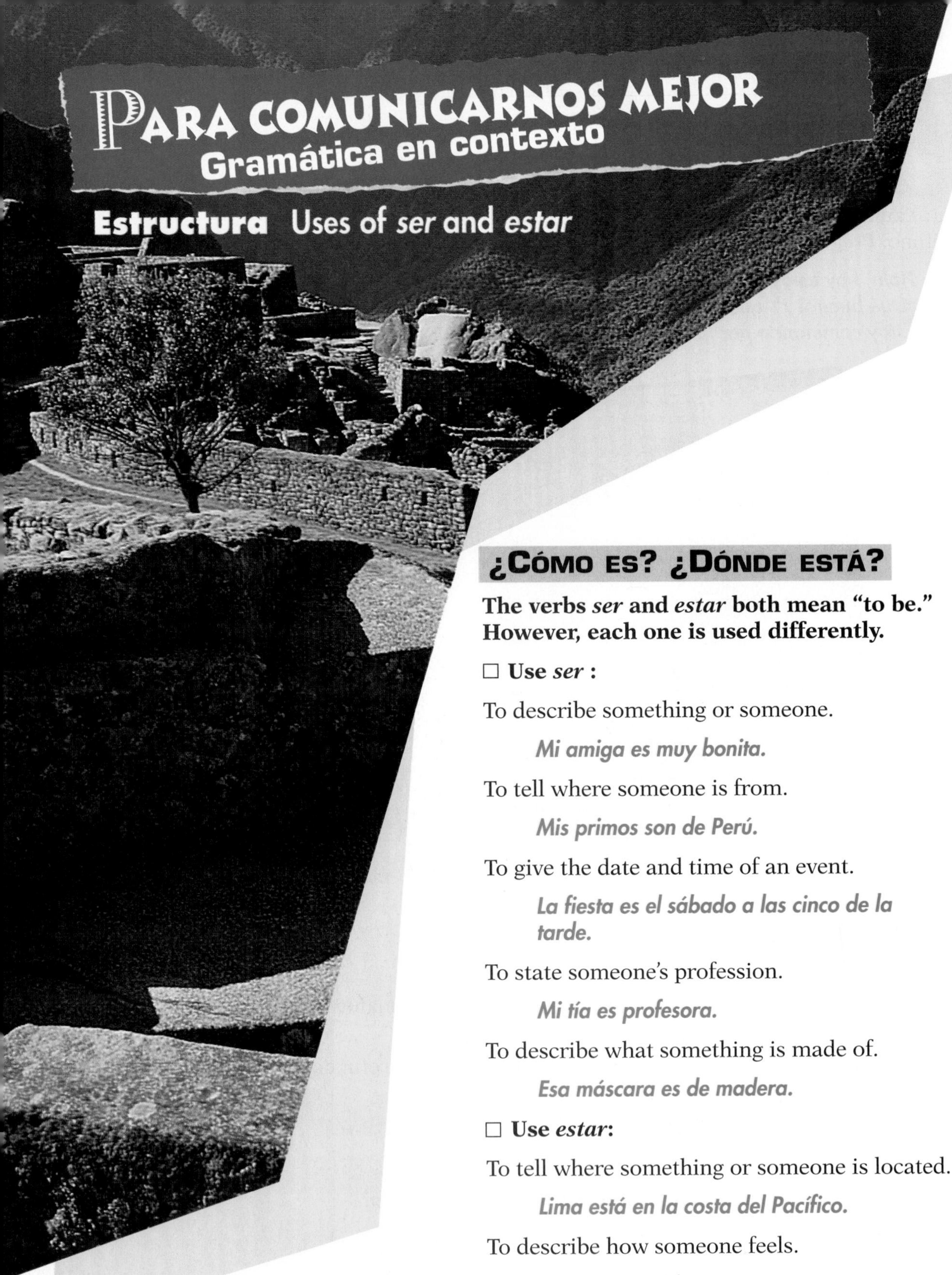

¿Cómo es? ¿Dónde está?

The verbs *ser* and *estar* both mean "to be." However, each one is used differently.

☐ **Use *ser* :**

To describe something or someone.

Mi amiga es muy bonita.

To tell where someone is from.

Mis primos son de Perú.

To give the date and time of an event.

La fiesta es el sábado a las cinco de la tarde.

To state someone's profession.

Mi tía es profesora.

To describe what something is made of.

Esa máscara es de madera.

☐ **Use *estar*:**

To tell where something or someone is located.

Lima está en la costa del Pacífico.

To describe how someone feels.

Estoy contentísima.

To talk about activities in progress.

Estoy admirando el paisaje.

1 Una visita a Cuzco

Un grupo de turistas está visitando Cuzco.
¿Qué está haciendo cado uno? ¿Cómo está?

Una mujer está escuchando música de los
Andes. Está muy emocionada.

1. una mujer/escuchar música de los Andes
2. un chico/sacar fotos de un festival de danza
3. dos jóvenes/comprar tapices en el mercado
4. un padre/buscar a su hija
5. dos chicas/caminar en la Plaza de Armas
6. un hombre/subir a una montaña

¿Cómo está?
emocionado(a)
cansado(a)
contento(a)
nervioso(a)
preocupado(a)

2 Centros turísticos

Nombra cinco lugares. Di dónde están y cómo son.

Las cataratas del Niágara están en el estado de Nueva York
y son impresionantes.

1. las cataratas...

2. el desierto...

3. las montañas...

4. el lago...

5. el valle...

6. la playa...

3 Veo, veo

¿Sabes jugar al *Veo, veo*? Una persona dice que ve
una cosa, pero no dice qué es; sus compañeros(as)
le hacen preguntas para adivinar.

— Veo, veo.
— ¿Qué ves?
— Una cosa.
— ¿De qué es?
— Es de lana.
— ¿De qué color es?
— Es azul.

Veo, veo
¿De qué color es?
¿De qué es?
¿Cómo es?
¿Dónde está?

¡Es un poncho!

LOS ANDES A CABALLO

PASA CINCO DÍAS VIAJANDO A CABALLO, DE ARGENTINA A CHILE, DURMIENDO AL AIRE LIBRE, ADMIRANDO PAISAJES ESPECTACULARES, VIENDO VOLAR AL CÓNDOR, EL AVE VOLADORA MÁS GRANDE DEL MUNDO, Y CONOCIENDO ESTA LARGUÍSIMA CORDILLERA.

HAY DOS ITINERARIOS POSIBLES:
- POR EL RÍO GRANDE Y CAMPANARIO
- POR EL RÍO ATUEL

EL PRIMERO ES MÁS FÁCIL. EL SEGUNDO LLEGA A ALTURAS MÁS ALTAS, HASTA LOS 4.000 METROS.

LA SELVA DEL AMAZONAS EN BOTE

PASA UNA SEMANA EN EL PARQUE NACIONAL DE MANU, VIAJANDO EN BOTE, ACAMPANDO EN LAS ORILLAS DEL RÍO DE LAS SERPIENTES Y VISITANDO ESTA HERMOSÍSIMA RESERVA NATURAL PERUANA. LA FLORA Y LA FAUNA SON IMPRESIONANTES: HAY MÁS DE 1.000 ESPECIES DE PÁJAROS, 200 ESPECIES DE MAMÍFEROS Y MÁS DE 15.000 ESPECIES DE PLANTAS. EN MANU TAMBIÉN PUEDES VISITAR RUINAS ARQUEOLÓGICAS.

1 A viajar

Haz una lista de las actividades que puedes hacer en los viajes de los anuncios.

> *Los Andes a caballo: dormir al aire libre...*
> *La selva del Amazonas en bote: viajar en bote...*

2 Viajes increíbles

Pregúntale a tu compañero(a) si alguna vez hizo un viaje similar a los viajes de los anuncios.

> — *¿Viajaste alguna vez a un lugar espectacular?*
> — *Sí, viajé a las montañas de Colorado.*
> — *¿Cómo son?*
> — *Son altísimas. El paisaje es increíble...*

3 Lugares hermosísimos

Con tu compañero(a), habla de un lugar hermosísimo que te gustaría visitar. Di dónde está y describe cómo es.

> — *Me gustaría visitar las cataratas del Niágara.*
> — *¿Dónde están?*
> — *En el norte del estado de Nueva York, cerca de Buffalo.*
> — *¿Cómo son?*
> — *Son las cataratas más grandes de América del Norte y son altísimas. Y a ti, ¿qué lugar te gustaría visitar?*

4 Entrevista

Entrevista a un(a) compañero(a). Pregúntale cuál fue el peor viaje que hizo y por qué. Informa a la clase.

> *Juan hizo un viaje al valle del Hudson. No hizo excursiones por el valle porque llovió muchísimo. Fue el peor viaje de su vida.*

5 Una postal

Estás visitando Perú. Escríbele una postal a tu amigo(a). Dile dónde estás, qué lugares estás visitando, cómo son esos lugares y qué estás haciendo.

> *Querido Esteban:*
> *Te estoy escribiendo desde Perú. Ayer visité Lima, la capital. Es hermosísima. Estoy practicando muchísimo español y estoy conociendo gente simpatiquísima. Mañana voy a ir a Machu Picchu.*
> *Hasta pronto,*
>
> *Carlos*

PARA TU REFERENCIA

a caballo *by horse*
acampando *camping*
el ave voladora *flying bird*
el bote *boat*
durmiendo *sleeping*
el segundo *the second one*

PARA RESOLVER

VIAJANDO POR AMÉRICA DEL SUR

En grupo, hagan una investigación sobre un país de América del Sur donde se habla español: Venezuela, Colombia, Ecuador, Perú, Chile, Bolivia, Paraguay, Argentina o Uruguay.

PASO 1 Los países

Escojan un país. Describan su situación geográfica.

Nuestro grupo va a investigar sobre Perú. Perú está en la costa del océano Pacífico. Al este de Perú está Brasil, al norte están Ecuador y Colombia, y al sur están Chile y Bolivia.

PASO 2 La investigación

Busquen información sobre el país que escogieron y escriban un párrafo. Incluyan el nombre de la capital y cinco características geográficas del país. Describan cómo son.

La capital de Perú es Lima. Lima es también la ciudad más grande del país. El Huascarán es la montaña más alta. El Colca es el cañón más profundo. El río más largo es el Amazonas. El lago más grande es el Titicaca. Y el lugar más impresionante de Perú es Machu Picchu.

PASO 3 Las actividades

Hagan una lista de actividades que se pueden hacer en ese país.

Subir a los Andes a caballo, sacar fotos, navegar por el lago Titicaca, visitar las ruinas de Machu Picchu...

PASO 4 La información

Hagan un mapa del país. Dibujen logos para los lugares y las actividades que escogieron. Escriban los nombres de cada lugar. Usen el mapa de la página 315 como modelo.

PASO 5 Intercambios

Presenten su mapa a la clase.

Mar Caribe

OCÉANO
ATLÁNTICO

Barranquilla

Caracas

VENEZUELA

Georgetown
Paramaribo
Cayena

GUAYANA FRANCESA (Fr.)

PANAMÁ

Bogotá

Salto
del
Ángel

GUYANA

SURINAM

COLOMBIA

Río Orinoco

Quito

Ecuador

ECUADOR

Río Amazonas

Iquitos

PERÚ

BRASIL

CORDILLERA DE LOS ANDES

Machu
Picchu

Lima

Cuzco

Lago
Titicaca

La Paz

Brasilia

BOLIVIA

Sucre

PARAGUAY

Río de Janeiro

Cataratas del Iguazú

São Paulo

CHILE

Trópico de Capricornio

San Miguel
de Tucumán

Asunción

OCÉANO
ATLÁNTICO

Aconcagua
(6959 m)

Córdoba

Río Paraná

OCÉANO
PACÍFICO

Valparaíso
Santiago

ARGENTINA

URUGUAY

Montevideo

Concepción

Buenos
Aires

Río de la Plata

Estrecho de
Magallanes

Islas Malv
(Falkland)

Cabo de Hornos

Tierra
del Fuego

ENTÉRATE
LAS LLAMAS DE LOS ANDES

La llama es el animal más típico de los Andes. Es de la familia de los camellos.° Otros "camellos de los Andes" son la alpaca, la vicuña y el guanaco. Como el camello, todos tienen el cuello° muy largo. La llama es la más grande. Mide aproximadamente 1 metro 80 centímetros de alto. Generalmente tiene el pelo blanco, pero también hay llamas negras y marrones.

La función de las llamas en Perú y otros países de los Andes es muy importante. Son animales de carga° que pueden llevar hasta 45 kilos. Están muy bien adaptadas al terreno montañoso° de los Andes. La lana de la llama sirve para° hacer tapices, telas° y tejidos.°

TE TOCA A TI

Completa las oraciones.

1. La llama es de la familia de...
2. Tres parientes de la llama son...
3. La llama mide...
4. La llama puede llevar hasta 45 kilos. Es un animal de...
5. La lana de la llama sirve para...

los animales de carga *pack animals*
los camellos *camels*
el cuello *neck*
sirve para *is used to*
las telas *fabrics*
los tejidos *woven goods*
el terreno montañoso *mountainous terrain*

VOCABULARIO TEMÁTICO

¿Cómo viajas?
How do you travel?

en avión *by plane*
en barco *by boat*
en tren *by train*

La geografía de un país
The geography of a country

el cañón *canyon*
las cataratas *falls*
la cordillera *mountain range*
la costa *coast*
el desierto *desert*
la selva *rain forest*
el océano *ocean*
el valle *valley*

Lugares para visitar
Places to visit

el castillo *castle*
la catedral *cathedral*
la fortaleza *fortress*

Actividades turísticas
Travel-related activities

admirar *to admire*
escribir un diario
  to keep a diary
filmar *to film*
subir a *to climb (a mountain)*

¿Cómo es el paisaje?
What is the landscape like?

altísimo(a) *extremely high*
alto(a) *high*

conocido(a) *well-known*
espectacular *spectacular*
hermosísimo(a)
  exceptionally beautiful
hermoso(a) *beautiful*
impresionante *awesome*
increíble *amazing*
larguísimo(a) *extremely long*
misterioso(a) *mysterious*
profundísimo(a) *extremely deep*
profundo(a) *deep*

Las artesanías y los recuerdos
Crafts and souvenirs

la escultura *sculpture*
la manta *blanket*
la máscara *mask*
el poncho *poncho*
el sombrero *hat*
el tapiz *tapestry, carpet*

¿De qué es?
What is it made of?

de lana *(made of) wool*
de madera *(made of) wood*
de piedra *(made of) stone*

¿Cómo estás?
How do you feel?

cansado(a) *tired*
contento(a) *glad*
emocionado(a) *excited, moved*
nervioso(a) *nervous*
preocupado(a) *worried*
triste *sad*

¿Cuánto mide?
How tall is it?

el centímetro *centimeter*
el metro *meter*
mide... *it measures . . .; he/she
  is . . . (feet/meters) tall*
miden *they measure . . .
  they are . . . (feet/meters) tall*
el pie *(measurement) foot*

Expresiones y palabras

el/la más alto(a) *the highest*
el/la más grande *the largest*
el/la/los/las más... *the most . . .*
No fui a ningún lado.
  I didn't go anywhere.
de altura *in height*
buscar *to look for*
el espectáculo *show*
la experiencia *experience*
el festival de danza
  dance festival
el/la guía turístico(a) *travel
  guide*
el mundo *world*
el paisaje *landscape*

Expresiones de Perú

el auto *car*
mi pata *my friend*

LA CONEXIÓN INGLÉS-ESPAÑOL

You know the meaning of the Spanish words *delicioso*, *famoso*, and *fabuloso*. What connection do you see between the endings of these words and their English cognates?

Look in the *Vocabulario temático*. Are there words that show the same pattern? What rule can you make up to find the English cognates of words like these?

ADELANTE

ANTES DE LEER

En América del Sur puedes encontrar tres de los enigmas° más grandes de la historia: en Perú, la increíble ciudad inca de Machu Picchu y las líneas° del desierto de Nazca; en Chile, las gigantescas° esculturas moais de la Isla de Pascua.°

Lee el texto de las páginas 318–321. ¿Qué palabras no comprendes? ¿Puedes adivinar su significado? ¿Son cognados? Haz una lista de todos los cognados que ves.

Estas antiguas ruinas están en las montañas, cerca de Cuzco.

el enigma *mystery*
gigantescas *giant*
la Isla de Pascua *Easter Island*
las líneas *lines*

◄ **Machu Picchu es un gran misterio arquitectónico.°** ¿Cómo cortaron° y montaron° los incas estas piedras sin tener hierro° ni cemento?

◄ **Los dibujos de Nazca son tan grandes que sólo se pueden ver° desde un avión.** ¿Son mensajes? ¿Para quién?

◄ **Las famosas estatuas llamadas moais están en la Isla de Pascua, en el Pacífico.** ¿Qué representan?

arquitectónico *architectural*   montaron *they assembled*
cortaron *they cut*   se pueden ver *they can be seen*
el hierro *iron*

MISTERIOS
DEL SUR

Machu Picchu

Hace más de 700 años,° los incas construyeron° Machu Picchu. A más de 7.000 pies de altura, hicieron calles, casas, acueductos, palacios, templos y terrazas para cultivar. ¿No es increíble?

▲ En 1911 una expedición de la Universidad de Yale encontró° las ruinas de la ciudad de Machu Picchu.

Nadie° sabe por qué los incas construyeron la ciudad de Machu Picchu en las montañas. ¿Quiénes vivían° allí? ¿Cómo la construyeron? ¿Cuándo y por qué la abandonaron?° Hay muchas teorías, pero los expertos de todo el mundo todavía tienen muchas dudas.

Una teoría dice que Machu Picchu era° un santuario.° Algunos° piensan que Machu Picchu era la ciudad de las *mamacunas*, muchachas consagradas° a adorar al sol.

La Isla de Pascua

En la Isla de Pascua, a más de 2.300 millas de la costa de Chile, hay unas estatuas de piedra gigantes. Se llaman *moais*. Muchos moais pesan más de 80 toneladas° y miden 68 pies.

Los moais son altísimos. Muchos son tan altos como un edificio de cuatro pisos.° ▶

Según varios expertos, los moais tienen más de 1.600 años. Son un gran misterio. ¿Quiénes los hicieron? ¿Por qué? ¿Cómo hicieron estas estatuas gigantes?

Las líneas de Nazca

Las líneas de Nazca son unos dibujos grandísimos que están en el desierto de Nazca, en el sur de Perú.

abandonaron *(they) abandoned*
algunos *some*
consagradas *consecrated*
construyeron *(they) built*
cultivar *to cultivate*

de cuatro pisos *four stories high*
encontró *found*
era *was*
Hace más de 700 años *More than 700 years ago*

nadie *nobody*
el santuario *sanctuary*
las toneladas *tons*
vivían *(they) lived*

Representan animales y figuras geométricas. Muchos dibujos miden más de 1.000 pies. Sólo puedes verlos desde un avión.

Según los expertos, tienen más de 2.000 años. ¡Y todavía podemos verlos!

Hay varias teorías sobre el significado de estos dibujos. Según una teoría, las líneas de Nazca eran regalos de los habitantes nativos para los dioses.° Otra teoría dice que son un calendario astronómico. ¿Qué piensas tú?

▲ Las líneas de Nazca se vieron° por primera vez desde un avión en 1939.

los dioses *gods*
se vieron *were seen*

321

DESPUÉS DE LEER

❶ Palabras similares

Mira tu lista de cognados. Completa la tabla según las categorías.

Sustantivos°	Verbos	Adjetivos
enigma	abandonaron	astronómico

❷ Sobre los misterios del Sur

Completa la tabla según el texto de las páginas anteriores.

	¿Dónde? (lugar geográfico)	País	¿Qué hay?	¿Qué más?
Isla de Pascua	una isla en...			
Machu Picchu				más de 7.000 pies de altura
Líneas de Nazca		Perú		

❸ Un misterio

Escoge uno de los lugares misteriosos de América del Sur. Describe el lugar a la clase.

> *La Isla de Pascua está en el océano Pacífico. Allí hay... Una teoría dice que...*

❹ Completa las oraciones

1. En el desierto de Nazca...

2. Los moais son...

3. A más de 7.000 pies de altura...

4. Las líneas de Nazca son...

los **sustantivos** *nouns*

322

TALLER DE ESCRITORES

1. OTRO MISTERIO

Con tu compañero(a), investiguen otro misterio del mundo (por ejemplo, Stonehenge). Escriban seis oraciones sobre ese misterio. Incluyan:

- dónde está
- por qué es un misterio
- qué dicen los expertos

2. INTERCAMBIO ELECTRÓNICO

Con tu compañero(a), haz una lista de cuatro preguntas. Pidan información sobre uno de los lugares del texto "Misterios del Sur". Si tienen una computadora, usen el correo electrónico para mandar sus preguntas.

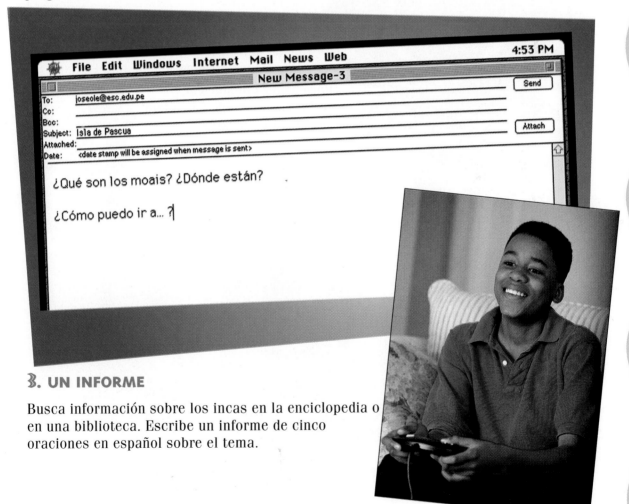

```
                                                              4:53 PM
    File  Edit  Windows  Internet  Mail  News  Web
                        New Message-3                          Send
  To:    joseole@esc.edu.pe
  Cc:
  Bcc:
  Subject:  Isla de Pascua                                     Attach
  Attached:
  Date:     <date stamp will be assigned when message is sent>

     ¿Qué son los moais? ¿Dónde están?

     ¿Cómo puedo ir a... ?
```

3. UN INFORME

Busca información sobre los incas en la enciclopedia o en una biblioteca. Escribe un informe de cinco oraciones en español sobre el tema.

MANOS A LA OBRA

UNA MÁSCARA PARA TI

Usar las máscaras es una costumbre muy popular en fiestas y celebraciones de todo el mundo. En Perú, el arte de hacer máscaras es una tradición muy antigua. Según esta tradición, una máscara es un objeto mágico.

TE TOCA A TI

Aquí tienes los pasos para hacer una máscara. Primero tienes que decidir qué tipo de máscara quieres hacer. ¿Un animal? ¿Un monstruo?° ¿Un personaje mitológico?°

Para hacer una máscara necesitas un molde.° Usa una máscara de plástico.°

Máscara de carnaval de Cuzco, Perú.

escurre *drain*
la masa *dough*
el molde *mold*
el monstruo *monster*
el personaje mitológico
 character from mythology
el plástico *plastic*

1 Pon el papel de periódico en agua. Tiene que estar allí durante seis horas.

2 Escurre° el papel. Con la harina cocida, la tiza molida y el papel, haz una masa.°

324

Materiales

- papel de periódico
- harina cocida° en agua
- tiza molida°
- pinturas
- pinceles
- papel de lija°

3 Cubre° el molde con la masa. Haz una capa° no muy fina.° Pon la máscara al sol.

4 Lija° la máscara antes de pintarla y decorarla. ¡Y ya está! Ya puedes usar tu máscara.

la capa *coat*
cubre *cover*
fina *thin*
la harina cocida *cooked flour*
lija *smooth*
el papel de lija *sandpaper*
la tiza molida *powdered chalk*

325

OTRAS FRONTERAS

IDIOMA

EL IDIOMA DE LOS INCAS

En América del Sur y América del Norte hay grandes grupos de indígenas que conservan sus idiomas nativos. El **quechua** es uno de estos idiomas. Lo hablan° más de ocho millones de personas en Perú y Bolivia. Las palabras quechuas son muy largas y no son similares al español. En quechua, por ejemplo, *Tahuantinsuyo* es el nombre del imperio inca.

- ¿Dónde hablan quechua?
- ¿Cuántas personas hablan quechua?

COSECHA° DE NUBES

ECOLOGÍA

El Tofo es una montaña de Chile de más de 2.600 pies de altura. Allí, un equipo de investigadores° chilenos está desarrollando° un proyecto para llevar agua a lugares donde la necesitan. El nombre que los investigadores dan a este proyecto es "Cosecha de nubes".

El proyecto consiste en poner unas redes° de plástico en una montaña muy alta. Cuando las nubes entran en contacto° con las redes, forman gotas° de agua. Después, el agua baja al pueblo por una tubería.°

Según los investigadores, otros proyectos similares llevarán° agua a lugares que la necesitan en más de 22 países de América Latina y de África.

- ¿Qué es El Tofo y en qué país está?
- ¿Cómo llaman los investigadores al proyecto El Tofo?
- ¿En qué consiste el proyecto?

---

la cosecha *harvest*
desarrollando *developing*
entran en contacto con *touch*
forman gotas *(they) form drops*

Lo hablan *It is spoken by*
los investigadores
  researchers
llevarán *(they) will bring*

las redes *nets*
la tubería *set of pipes*

INFORMÁTICA

EL QUIPU

Los incas inventaron el **quipu**, un sistema muy preciso para guardar° información y datos, comparable a las computadoras de hoy. El quipu consiste en cuerdas,° largas y cortas, de diferentes colores. Las cuerdas tienen nudos° que representan los números 1, 10, 100, etc. Según el tamaño, °color y posición de los nudos los incas podían° leer y recordar° datos y eventos importantes.

- ¿Qué es el quipu?
- ¿Quiénes inventaron el quipu?
- ¿En qué consiste?

GEOGRAFÍA

LAS CATARATAS DEL IGUAZÚ

En la selva que está entre Argentina y Brasil, están las cataratas más espectaculares de toda América del Sur: las cataratas del Iguazú. El nombre de las cataratas viene del **guaraní** y significa "grandes aguas". El guaraní es el idioma nativo de Paraguay, de la parte suroeste de Brasil y del noreste de Argentina.

- ¿Dónde están las cataratas del Iguazú?
- ¿Qué significa "Iguazú" en guaraní?
- ¿Dónde hablan guaraní?

las cuerdas *ropes*
se extienden *they are stretched*
guardar *to keep*
los nudos *knots*

podían *(they) could*
recordar *to remember*
el tamaño *size*

327

VERBOS: resumen gramatical

In level one, you learn to communicate using the present tense, the preterite, and the imperative forms for *tú*. You also learn the present progressive tense, which uses a present tense form of *estar* with a present participle.

In the following charts, the verbs are listed in categories: regular, irregular, stem–changing, reflexive, and verbs with spelling changes. You will also find a chart for *gustar*.

Within each chart, the verbs are listed according to their infinitive forms (*comprar, comer, compartir*). This is the form in which verbs appear in a dictionary or a glossary. You will find a few extras, such as imperative or preterite forms that you haven't yet seen for certain verbs. You will probably find them very helpful as you begin to communicate in Spanish. Refer to these pages often.

Regular Verbs			
Infinitive **Present Participle**	**Indicative**		**Imperative**
	Present	*Preterite*	
-ar verbs			
comprar	compro	compré	
comprando	compras	compraste	compra
	compra	compró	
	compramos	compramos	
	compráis	comprasteis	
	compran	compraron	
-er verbs			
comer	como	comí	
comiendo	comes	comiste	come
	come	comió	
	comemos	comimos	
	coméis	comisteis	
	comen	comieron	
-ir verbs			
compartir	comparto	compartí	
compartiendo	compartes	compartiste	comparte
	comparte	compartió	
	compartimos	compartimos	
	compartís	compartisteis	
	comparten	compartieron	

Irregular Verbs

Infinitive Present Participle	Indicative		Imperative
	Present	Preterite	
dar	doy	di	
dando	das	diste	da
	da	dio	
	damos	dimos	
	dais	disteis	
	dan	dieron	
decir	digo	dije	
diciendo	dices	dijiste	di
	dice	dijo	
	decimos	dijimos	
	decís	dijisteis	
	dicen	dijeron	
estar	estoy	estuve	
estando	estás	estuviste	está
	está	estuvo	
	estamos	estuvimos	
	estáis	estuvisteis	
	están	estuvieron	
hacer	hago	hice	
haciendo	haces	hiciste	haz
	hace	hizo	
	hacemos	hicimos	
	hacéis	hicisteis	
	hacen	hicieron	
ir	voy	fui	
yendo	vas	fuiste	ve
	va	fue	
	vamos	fuimos	
	vais	fuisteis	
	van	fueron	

Infinitive Present Participle	Indicative		Imperative
	Present	Preterite	
saber	sé	supe	
sabiendo	sabes	supiste	sabe
	sabe	supo	
	sabemos	supimos	
	sabéis	supisteis	
	saben	supieron	
salir	salgo	salí	
saliendo	sales	saliste	sal
	sale	salió	
	salimos	salimos	
	salís	salisteis	
	salen	salieron	
ser	soy	fui	
siendo	eres	fuiste	sé
	es	fue	
	somos	fuimos	
	sois	fuisteis	
	son	fueron	
tener	tengo	tuve	
teniendo	tienes	tuviste	ten
	tiene	tuvo	
	tenemos	tuvimos	
	tenéis	tuvisteis	
	tienen	tuvieron	
ver	veo	vi	
viendo	ves	viste	ve
	ve	vio	
	vemos	vimos	
	veis	visteis	
	ven	vieron	

Stem–Changing Verbs

Infinitive Present Participle	Indicative		Imperative
	Present	Preterite	
jugar (u > ue)	juego	jugué	
jugando	juegas	jugaste	juega
	juega	jugó	
	jugamos	jugamos	
	jugáis	jugasteis	
	juegan	jugaron	
pedir (e > i)	pido	pedí	
pidiendo	pides	pediste	pide
	pide	pidió	
	pedimos	pedimos	
	pedís	pedisteis	
	piden	pidieron	
poder (o > ue)	puedo	pude	
pudiendo	puedes	pudiste	puede
	puede	pudo	
	podemos	pudimos	
	podéis	pudisteis	
	pueden	pudieron	
querer (e > ie)	quiero	quise	
queriendo	quieres	quisiste	quiere
	quiere	quiso	
	queremos	quisimos	
	queréis	quisisteis	
	quieren	quisieron	

Verbs with Spelling Changes

Infinitive Present Participle	Indicative		Imperative
	Present	Preterite	
conocer (c > zc)	conozco	conocí	
conociendo	conoces	conociste	conoce
	conoce	conoció	
	conocemos	conocimos	
	conocéis	conocisteis	
	conocen	conocieron	
empezar (z > c)	empiezo	empecé	
empezando	empiezas	empezaste	empieza
	empieza	empezó	
	empezamos	empezamos	
	empezáis	empezasteis	
	empiezan	empezaron	
leer (e > y)	leo	leí	
leyendo	lees	leíste	lee
	lee	leyó	
	leemos	leímos	
	leéis	leísteis	
	leen	leyeron	
sacar (c > qu)	saco	saqué	
sacando	sacas	sacaste	saca
	saca	sacó	
	sacamos	sacamos	
	sacáis	sacasteis	
	sacan	sacaron	

Reflexive Verbs

Infinitive Present Participle	Indicative		Imperative
	Present	Preterite	
lavarse lavándose	me lavo te lavas se lava nos lavamos os laváis se lavan	me lavé te lavaste se lavó nos lavamos os lavasteis se lavaron	lávate
ponerse poniéndose	me pongo te pones se pone nos ponemos os ponéis se ponen	me puse te pusiste se puso nos pusimos os pusisteis se pusieron	ponte

Gustar: Present Tense

Infinitive Present Participle	If one thing is liked:	If two or more things are liked:
gustar gustando	me te le nos os les } gusta	me te le nos os les } gustan

GLOSARIO ESPAÑOL-INGLÉS

The **Glosario Español-Inglés** contains most of the words in the textbook, including vocabulary presented in the *Adelante* sections.

The number following each entry indicates the chapter in which the Spanish word or expression is first introduced. The letter *A* following an entry refers to the *Adelante* sections; the letter *E* refers to the *Encuentros* section.

Most verbs appear in the infinitive form. Stem-changing verbs appear with the change in parentheses after the infinitive.

A

a *at; to,* E
  al (a+el=al) *to the,* E
a la(s)... *at . . . (time),* E
abajo *downstairs,* 4
abandonar *to abandon,* A6
abierto *open,* 8
el **abrigo** *coat,* 6
abril *April,* E
abrir *to open,* 3
la **abuela** *grandmother,* E
el **abuelo** *grandfather,* E
los **abuelos** *grandparents,* E
aburrido(a) *boring,* E
acampar *to camp,* 12
el **aceite** *oil,* A1
aceptar *to accept,* 10
  ¿Aceptan tarjetas de crédito/cheques? *Do you take credit cards/checks?,* 10
acomodar *to hold,* 5
la **actividad** *activity,* E
acuático *aquatic,* 5
adaptado(a) *adapted,* 12
adiós *goodbye,* E
admirar *to admire,* 12
el **admirador** *fan,* A5
¿Adónde? *where?,* 1
adquirir *to acquire,* 11
la **aduana** *customs,* E
el **aeropuerto** *airport,* E
afuera *abroad,* 9
las **afueras** *suburbs,* 4
la **agencia** *agency,* 11
  la **agencia de intercambio estudiantil** *student exchange program agency,* 11

el/la **agente de viajes** *travel agent,* 8
agosto *August,* E
el **agua mineral** *mineral water,* 2
el **aguacate** *avocado,* 2
el **águila** *eagle,* A1
ahora *now,* E
el **aire** *air,* 2
  al aire libre *outdoors,* 2
el **ajedrez** *chess,* 6
el **alemán** *German (language),* 7
las **aletas** *flippers,* 5
la **alfombra** *rug,* 4
el **álgebra** *algebra,* 7
  ¿Algo más? *Something else?,* 2
el **algodón** *cotton,* 4
algunos(as) *some,* A6
allí *there,* E
el **almacén** *department store,* 10
el **almuerzo** *lunch,* E
alquilar *to rent,* 5
el **alquiler** *rental,* 5
los **altares** *altars,* 3
alto(a) *tall; high,* E
la **altura** *height,* 12
amarillo(a) *yellow,* E
América del Sur *South America,* 11
el/la **amigo(a)** *friend,* E
  el/la **amigo(a) por correspondencia** *pen pal,* A3
el **amor** *love,* A2

anaranjado(a) *orange,* E
los **anfibios** *amphibians,* A3
el **anillo** *ring,* 10
los **animales de carga** *pack animals,* 12
el **aniversario** *anniversary,* 3
anoche *last night,* 7
antes de *before,* 4
antiguo(a) *ancient,* 1
antillano *Antillean,* A3
el **anuncio** *advertisement; commercial,* 9
el **año** *year,* E
  el **Año Nuevo** *New Year,* 3
apagar *to turn off,* 9
el **aparato electrónico** *electronic appliance,* 9
aparcar *to park,* 8
el **apellido** *last name,* E
aprender a *to learn how to,* 5
los **apuntes** *notes,* 7
aquí *here,* E
el **árbol** *tree,* 4
la **arena** *sand,* 5
los **aretes** *earrings,* 10
el **armario** *locker,* 7
arquitectónico(a) *architectural,* A6
arriba *upstairs,* 4
el **arroz** *rice,* 2
el **arte** *art,* E
  las **bellas artes** *fine arts,* 8
las **artesanías** *arts and crafts,* 1
el **artículo** *article,* 10
ascender (e>ie) *to ascend; to go up,* A3
así que... *so; therefore . . . ,* A3

los **asuntos** *issues,* 9
atar *to tie,* A3
el **atletismo** *track and field,* 7
el **atole** *sweet drink made of milk and cornstarch,* 2
el **atún** *tuna,* 2
la **audiencia** *audience,* 9
el **auto (Perú)** *car,* 12
el **autobús** *bus,* E
la **autorización** *authorization; permission,* 11
el **ave** *bird,* A3
la **avenida** *avenue,* E
la **aventura** *adventure,* 5
averiguar *to find out,* 2
el **avión** *plane,* 11
en avión *by plane,* 12
¡Ay, bendito! (Puerto Rico) *Oh, no!,* 5
ayer *yesterday,* 7
la **ayuda** *help,* 8
el **azúcar** *sugar,* A1
azul *blue,* E
los **azulejos** *tiles,* A4

B

bailar *to dance,* E
el **baile** *dance,* 8
los **bailes de salón** *ballroom dances,* 8
bajar (el volumen) *to turn down (the volume),* 9
bajo(a) *short,* E
el **baloncesto** *basketball,* E
la **banda de rock** *rock band,* 8
la **bandera** *flag,* A1
bañarse *to take a bath,* 8
la **bañera** *bathtub,* 4
barato(a) *inexpensive,* 1
la **barbacoa** *barbecue,* 3
bárbaro(a) (Argentina) *great, terrific,* 11
el **barco** *boat,* 12
el **barrio gitano** *Gypsy quarter,* 8
bastante *enough, quite,* 5
bastante bien *pretty well,* 5
la **batería** *drums,* A2
el **batido** *milkshake,* E
beber *to drink,* 2

la **bebida** *beverage,* 2
las **becas** *scholarships,* A5
el **béisbol** *baseball,* E
la **biblioteca** *library,* 1
la **bicicleta** *bicycle,* 1
bien *good; well; fine,* E
¡Bienvenidos! *Welcome!,* E
la **biología** *biology,* 7
el **bistec** *steak,* 2
blanco(a) *white,* E
la **blusa** *blouse,* 8
la **boda** *wedding,* 3
la **bodega** *grocery store,* 10
el **bolero** *bolero,* 9
el **bolígrafo** *pen,* E
la **bolsa** *bag,* 10
el **bolso de mano** *handbag,* 11
bonito(a) *pretty,* E
bordado(a) *embroidered,* 10
boricuas *from Puerto Rico,* 5
el/la **borinqueño(a)** *Puerto Rican,* 5
el **borrador** *eraser,* E
el **bosque** *woods,* A1
el **bosque tropical** *rain forest,* 6
las **botas** *boots,* 6
las **botas tejanas** *cowboy boots,* 10
el **bote a motor** *motorboat,* 5
el **broche** *pin,* 10
bucear *to (scuba) dive,* 5
el **buceo** *diving,* 5
buen(o, a) *good,* E
¡Buen provecho! *Enjoy your meal!,* 2
Buenas noches *Good evening; Good night,* E
Buenas tardes *Good afternoon; Good evening,* E
Buenos días *Good morning,* E
buscar *to look for,* 12

C

el **caballero** *gentleman,* E
el **caballo** *horse,* 12
a caballo *on horseback,* 12

los **cacahuates** *peanuts,* A1
cada *each,* 6
cada vez más *more and more,* 8
el **café** *coffee,* 2
la **cafetería** *cafeteria,* E
calcar *to trace,* A4
la **calculadora** *calculator,* 7
el **calendario** *calendar,* E
caliente *hot,* 2
la **calle** *street,* E
la **Calzada de los Muertos** *Road of the Dead,* 1
la **cama** *bed,* 4
la **cámara** *camera,* 10
cambiar *to exchange; to change,* 10
cambiar dinero *to exchange money,* 11
cambiar el canal *change the channel,* 9
los **camellos** *camels,* 12
caminar *to walk,* 1
el **camino de las misiones** *mission trail,* 4
el **camión (México)** *bus (generally truck),* 1
en camión (México) *by bus,* 1
la **camisa** *shirt,* 8
la **camiseta** *t-shirt,* E
el **campo** *countryside,* 4
el **canal** *channel,* 9
el **canal de televisión** *T.V. station,* 6
la **canasta** *basket (as in basketball),* 7
la **cancha** *court (as in tennis),* 5
la **canción** *song,* 1
cansado(a) *tired,* 12
cantar *to sing,* 1
los **cantantes** *singers,* A2
las **cañas finas** *fine sticks,* A3
el **cañón** *canyon,* 12
la **capa** *coating,* A6
la **capital** *capital,* E
el **capítulo** *chapter,* 7
la **caravana** *trailer,* 4
el **carboncillo** *charcoal,* A5
cariñoso(a) *affectionate,* 10
la **cara** *face* 8
la **carne** *meat,* 2

caro(a) *expensive,* 2

la **carpeta** *folder; binder,* 7

la **carrera** *major; career,* 7

las **carreras anotadas** *runs scored,* 5

las **carreras impulsadas** *runs batted in,* 5

la **carta** *letter,* 11

el **cartel** *poster,* E

la **casa** *house,* 3
   en casa *at home,* 4

las **cascadas** *falls,* A3
   casi *almost,* 10
   castaño(a) *brunette,* E

el **castillo** *castle,* A1

las **cataratas** *waterfalls,* 12

la **catedral** *cathedral,* 12
   catorce *fourteen,* E

la **cebolla** *onion,* A1
   celebrar *to celebrate,* 3

la **celebración** *celebration,* 3

los **cementerios** *cemeteries,* 3

la **cena** *dinner,* 2

el **centímetro** *centimeter,* 12

el **centro** *downtown,* 1

el **centro comercial** *shopping center,* 1
   cepillarse (los dientes) *to brush (one's teeth),* 8

el **cepillo de dientes** *toothbrush,* E

la **cerámica** *pottery,* 8
   cerca *nearby,* 1
   cerca de *near,* 4

el **cereal** *cereal,* 2
   cero *zero,* E
   cerrar (e>ie) *to close,* E

el **certificado** *certificate,* 11
   el **certificado de estudios** *school transcript,* 11
   el **certificado médico** *health certificate,* 11

el **chaleco** *vest,* 8
   el **chaleco salvavidas** *life jacket,* 5

el **champú** *shampoo,* E

el **chapulín (México)** *grasshopper,* A1

la **chaqueta** *jacket,* 8
   chao *bye,* E

el/la **chavo(a) (México)** *guy; girl; kid,* 1

el **cheque** *check,* 10
   el **cheque de viajero** *travelers check,* 11
   ¡Chévere! (Puerto Rico) *Great!,* 5
   chicano(a) *Mexican-American,* A5

el/la **chico(a)** *boy; girl,* E

los **chiles** *chili peppers,* 2

la **chiringa (Puerto Rico)** *kite,* 5

el **chocolate** *chocolate,* 2

el **cielo** *sky,* A3
   cien *one-hundred,* E

los **científicos** *scientists,* A3
   cima *top,* A1
   en la cima *on the top,* A1
   cinco *five,* E
   cincuenta *fifty,* E

el **cine** *movie,* E

la **cinta** *adhesive tape; tape cassette,* E

el **cinturón** *belt,* 10

el **círculo** *circle,* A2

la **ciudad** *city,* E

la **Ciudadela** *Citadel,* 1
   ¡Claro que sí! *Of course!,* 3

la **clase** *classroom; class,* E

el/la **cliente/clienta** *client,* 2

el **coche** *car,* 1
   en coche *by car,* 1
   cocido(a) *cooked,* A6

la **cocina** *cuisine,* 2; *kitchen,* 4
   cocinar *to cook,* E

el **código postal** *zip code,* E

la **cola** *tail,* A3
   colgar (o>ue) *to hang,* A2

la **colina** *hill,* A4

el **collar** *necklace,* 10

el **colono** *colonist; settler,* A5

el **color** *color,* E
   los **colores vivos** *bright colors,* A2

el **comedor** *dining room,* 4
   comer *to eat,* E
   cómico(a) *funny,* 9

la **comida** *food; meal; dish,* 2
   la **comida (México)** *lunch,* 2
   la **comida rápida** *fast food,* 2

como *like; as; since,* A1
¿Cómo? *How?,* E

la **cómoda** *chest of drawers,* 4
   cómodo(a) *comfortable,* 4
   compartir (e>i) *to share,* 2

la **composición** *composition,* 7
   comprar *to buy,* 1

las **compras** *purchases,* 10
   de compras *shopping,* E
   comprender *to understand,* 7

la **computadora** *computer,* E

las **comunidades** *communities,* 4
   con *with,* E
   ¿Con quién? *With whom?,* 1

el **concierto** *concert,* 1

el **concurso** *contest (game); competition,* A3
   conducir *to drive,* 8

el **conjunto** *building complex,* 1

los **conjuntos** *(musical) groups,* A2
   conmigo *with me,* 1
   conocer *to know,* 3
   conocido(a) *known,* 11
   consagrado(a) *consecrated,* A6

el/la **consejero(a)** *counselor,* 11

el **consejo** *advice,* 6
   conservar *to conserve,* 6
   construir *to build; construct,* A4

el **consulado** *consulate,* 11
   contar (o>ue) *to relate; to tell a story,* 10
   contento(a) *glad; happy,* 12

el **contestador automático** *answering machine,* 8
   contestar *to answer,* 1
   contigo *with you,* 1

el **control remoto** *remote control,* 9
   copiar *to copy,* A5

el **corazón** *heart,* A2

la **corbata** *necktie,* 10

la **cordillera** *mountain range,* 12

el **coro** *choir, 7*

el **correo** *post office, 4*

por correo *by mail, 4*

el **correo electrónico** *e-mail, A3*

correspondiente *corresponding, A5*

cortar *to cut, A2*

cortés *courteous, 11*

corto(a) *short, E*

los **cortos** *(movie/video) clips, 9*

la **cosa** *thing, E*

la **cosecha** *harvest, A6*

la **costa** *coast, 11*

costar (o>ue) *to cost, 8*

la **costumbre** *custom, 11*

el **coto** *natural reserve, A4*

la **cotorra** *parrot, A3*

crear *to create, 1*

la **crema (México)** *sour cream, A1*

cruzar *to cross, A3*

el **cuaderno** *notebook, E*

los **cuadrados** *squares, A5*

cuadricular *to make a grid, A5*

el **cuadro** *painting, A1*

¿Cuál(es)? *what; which, E*

cualquier *any, A4*

cualquier otra cosa *anything else, A4*

en cualquier lugar *anywhere, 8*

¿Cuándo? *when?, E*

¿Cuánto(a, os, as)? *How much?; How many?, E*

¿Cuánto cuesta(n)? *How much does it/do they cost?, E*

¿Cuánto mide(n)? *How tall is it/are they?, 12*

¿Cuántos años tienes? *How old are you?, E*

cuarenta *forty, E*

el **cuarto** *room, 4*

el **cuarto de baño** *bathroom, 4*

cuatro *four, E*

cuatrocientos *four hundred, E*

cubano(a) *Cuban, 10*

cubrir *cover, A6*

la **cuchara** *spoon, 2*

la **cucharada** *tablespoon, A1*

el **cuchillo** *knife, 2*

el **cuello** *neck, 12*

el **cuento** *short story, 7*

la **cuerda** *string; rope, A2*

el **cuero** *leather, 10*

de cuero *made of leather, 10*

cultivar *to cultivate, A6*

la **cultura** *culture, 11*

el **cumpleaños** *birthday, E*

D

la **dama** *lady, E*

dar *to give, 10*

de *of; from, E*

¿De dónde eres? *Where are you from?, E*

¿De qué color es? *What color is it?, E*

¿De qué es? *What is it made of?, 10*

de... a *from . . .to, E*

del (de+el=del) *of/from the, 1*

debajo de *under, 4*

deber (de) *to have (to); to ought (to), 6*

No debes salir sin... *You shouldn't go out without . . . , 6*

decir (e>i) *to say; to tell, 11*

las **decoraciones** *decorations, 3*

decorar *to decorate, 3*

dejar *to leave behind, 7*

dejar enfriar *to let cool, A4*

dejar secar *to allow to dry, A2; to let dry, A4*

delante de *in front of, 4*

delicioso(a) *delicious, 2*

dentro de *inside, 4*

el **deporte** *sport, E*

el **deporte acuático** *water sport, 5*

la **derecha** *right, E*

a la derecha (de) *to/on the right (of), E*

derecho *straight, 1*

desarrollando *developing, A6*

el **desayuno** *breakfast, 2*

descubrir *to discover, 1*

desde *since, A4*

el **desierto** *desert, 12*

desear *to desire; to wish, 2*

desesperado(a) *hopeless, 11*

después *after, E*

detalle *detail, A4*

detrás de *behind the, 4*

devolver (o>ue) *to give back; to return, 10*

devorando *devouring, A1*

el **día** *day, E*

Día de los Muertos *All Soul's Day, A2*

el **día del santo** *saint's day, 3*

todos los días *everyday, 4*

dibujar *to draw, E*

los **dibujos animados** *cartoons, 9*

el **diccionario** *dictionary, E*

diciembre *December, E*

diecinueve *nineteen, E*

dieciocho *eighteen, E*

dieciséis *sixteen, E*

diecisiete *seventeen, E*

los **dientes** *teeth, 8*

diez *ten, E*

diez mil *ten thousand, 8*

difícil *difficult, E*

el **dinero** *money, 5*

el **dinero en efectivo** *cash, 10*

el **dios** *god, A6*

la **dirección** *address, E*

el **disco compacto** *compact disc; CD, 1*

la **discoteca** *disco; dance club, 1*

divertirse (e>ie) *to have fun, 11*

divertido(a) *fun; funny; amusing, E*

doblar *to fold, turn, A3*

doce *twelve, E*

el **documental** *documentary, 9*

el **documento** *document, 11*

el **dólar** *dollar, E*

el **domingo** *Sunday, E*
¿Dónde? *Where?, E*
dormir (o>ue) *to sleep, 12*
el **dormitorio** *bedroom, 4*
dos *two, E*
dos mil *two thousand, E*
doscientos *two hundred, E*
ducharse *to take a shower, 8*
dulce *sweet, 2*
los **dulces** *candy, 3*
la **duración** *duration, 11*
durante *during, 6*

E

e *and (before a word that starts with an i), 1*
la **edad** *age, 1*
todas las edades *all ages, 4*
el **edificio** *building, A1*
la **educación física** *physical education, E*
educativo(a) *educational, 9*
EE.UU. *U.S., 10*
el **el** *the, E*
el (la, los, las) más... *the most . . . (-est), 12*
el...de... *the . . . of . . ., E*
él *he, E*
la **electricidad** *electricity, 6*
el **electricista** *electrician, 7*
ella *she, E*
ellos/ellas *they, E*
emigrar *to migrate, A1*
emocionante *exciting, 5*
empezar (e>ie) *to begin, 7*
el **empleo** *job, A5*
en *in/on/at, E*
Encantado(a). *Nice to meet you., 3*
encantar *to love; to delight, 5*
¡Me encanta! *I love it!, 5*
encender (e>ie) *to turn on, 9*
la **enchilada** *enchilada, 2*
encontrar (o>ue) *to find, E*
encontrarse (o>ue) *to meet each other, 8*

enero *January, E*
enfermo(a) *ill; sick, 7*
el **enigma** *mystery, A6*
la **ensalada** *salad, 2*
enseñar *to teach, show, 4*
la **entrada** *entrance, A1; (theater) ticket, 8*
entrar en contacto con *to touch, A6*
entre *between, 4*
entrenamiento *training, A5*
entretenido(a) *entertaining, 9*
la **entrevista** *interview, E*
el **equipo** *team, 3; equipment, 5*
el **equipo deportivo** *sports equipment, 5*
las **escaleras** *stairs, A4*
escoger *to choose, E*
escribir *to write, 2*
escribir un diario *to keep a diary, 12*
el/la **escritor(a)** *writer, 7*
el **escritorio** *desk, E*
escuchar *to listen, E*
la **escuela** *school, E*
la **escultura** *sculpture, A2*
escurrir *to drain, A6*
ese(a, o, os, as) *that; those, 10*
el **esnórquel** *snorkel, 5*
España *Spain, 7*
el **español** *Spanish (language), E*
español(a) *from Spain, E*
especial *special, 3*
espectacular *spectacular, 12*
el **espectáculo** *show, 12*
el **espejo** *mirror, 4*
los **esqueletos** *skeletons, 3*
esquiar *to ski, 6*
establecer *to establish, A5*
la **estación** *station, 1*
la **estación de radio** *radio station, 9*
la **estación del año** *season, 6*
el **estadio** *stadium, 1*
el **estante** *bookcase, 4*
estar *to be, E*
estar a disposición *to be available, A5*

está nublado *it's cloudy, 6*
la **estatua** *statue, A1*
el **este** *east, 6*
este(a, o, os, as) *this; these, 10*
el **estéreo** *stereo, 9*
las **estrellas** *stars, 5*
estudiar *to study, 7*
el/la **estudiante** *student, E*
los **estudios** *studies, 11*
la **estufa** *stove, 4*
el **examen (los exámenes)** *exam(s), 7*
la **excursión** *excursion; outing, 7*
la **excusa** *excuse, 7*
existir *to exist, A5*
la **experiencia** *experience, 12*
el **experimento** *experiment, 7*
explicar *to explain, E*
la **exposición** *exhibition, 7*
la **exposición de arte** *art exhibit, 8*
extenderse *to stretch, A4*
extraescolar *extracurricular, 7*

F

fabuloso(a) *fabulous, 5*
fácil *easy, E*
la **falda** *skirt, 8*
la **familia** *family, E*
famoso(a) *famous, 3*
fantástico(a) *fantastic, 9*
la **farmacia** *pharmacy, E*
fatal *awful, 7*
favorito(a) *favorite, E*
febrero *February, E*
la **fecha** *date, E*
la **fecha de nacimiento** *date of birth, 11*
la **fecha de vencimiento** *expiration date, 10*
¡Felicidades! *Congratulations!, 3*
¡Feliz cumpleaños! *Happy Birthday!, 3*
feo(a) *ugly, E*
la **feria** *fair, 10*
la **Feria de abril**

April Fair, 7
la feria del libro
book fair, 4
el **festival de danza** *dance festival, 12*
el **fichero** *card catalogue, 7*
la **fiesta** *party, 3*
filmar *to film, 12*
el **fin** *end, 3*
el **Fin de Año** *New Year's Eve, 3*
el **fin de semana** *weekend, E*
fino(a) *thin, A6*
la **finca** *farm, 4*
la **física** *physics, 7*
el **flan** *custard, 2*
la **flor** *flower, 3*
el **folleto** *brochure, E*
el **folleto turístico** *travel brochure, E*
la **fonda** *inexpensive restaurant, 2*
la **forma** *shape, A2*
formar *to form, A6*
la **fórmula** *formula, 7*
la **fortaleza** *fortress, A4*
la **foto** *photograph, 1*
el **francés** *French (language), 7*
el **fregadero** *sink, 4*
freír *to fry, A1*
fresco(a) *fresh, 2*
los **frijoles** *beans, 2*
frío(a) *cold, 2*
el **frisbi** *Frisbee, 5*
la **frontera** *border, 1*
la **fruta** *fruit, 2*
la **fuente de tomar agua** *water fountain, 7*
fuera (de) *outside (of), 4*
funcionar *to work, A4*
fundar *to establish; found, A1*
el **fútbol** *soccer, E*
el **fútbol americano** *football, E*

la **galleta** *cookie, 3*
el/la **ganador(a)** *winner, A5*

ganar *to win, 7*
la **ganga** *bargain, 10*
el **garaje** *garage, 4*
la **gasolinera** *gas station, 4*
los **gastos de envío** *shipping charges, 10*
el **gato** *cat, E*
generalmente *usually, 1*
¡Genial! *Cool!, 3*
la **gente** *people, E*
la **gente despierta** *people who are "up-to-date", 9*
la **geografía** *geography, E*
la **geometría** *geometry, 7*
gigantes *giant, A6*
gigantesco(a) *giant, A6*
el **gimnasio** *gym, E*
el/la **gitano(a)** *gypsy, 8*
el **globo** *balloon, 3*
el/la **gorro(a)** *hat; cap, 6*
la **gota** *droplet, A6*
grabar *to record, A2*
gracias *thank you; thanks, E*
el **grado** *degree (temperature), 6*
la **graduación** *graduation, 3*
la **gráfica de barras** *bar graph, 1*
gran *great, 6*
grande *large, E; great, A1*
a lo grande *on a grand scale, A5*
la **granja** *farm, 4*
gratis *free, 4*
gris *gray, E*
el **guacamole (México)** *guacamole, 2*
el **guajolote (México)** *turkey, 2*
los **guantes** *gloves, 6*
guapo(a) *handsome; pretty; good-looking, E*
guardar *to keep, A6*
el/la **guía** *guide, A3*
el/la **guía turístico(a)** *travel guide, 12*
la **guitarra** *guitar, 3*
gustar *to like; to be pleasing to, 2*

H

había *there was/there were, 10*
los **habitantes** *inhabitants, 10*
hablar *to speak; talk, E*
hacer *to be (with weather expressions), 6*
hace buen tiempo *the weather is nice, 6*
hace calor *it's hot, 6*
hace fresco *it's cool, 6*
hace frío *it's cold, 6*
hace mal tiempo *the weather is bad, 6*
hace sol *it's sunny, 6*
hace viento *it's windy, 6*
hacer *to do; to make, 3*
hace más de. . . *more than . . . ago, A6*
hacer el itinerario *to plan the itinerary, 11*
hacer la maleta *to pack the suitcase, 11*
hacer la reserva de avión *to make plane reservations, 11*
hacer los trámites *to do the paperwork, 11*
el **hambre** *hunger, 2*
la **hamburguesa** *hamburger, E*
la **harina** *flour, A6*
hasta *up to, A1*
Hasta luego. *See you later., E*
Hasta mañana. *See you tomorrow., E*
hay *there is/there are, E*
hecho(a) *made, A5*
la **hectárea** *hectare (2,471 acres), A1*
el **helado (de vainilla)** *(vanilla) ice cream, 2*
los **helechos** *ferns, A3*
herencia *heritage, 7*
la **hermana** *sister, E*
el **hermano** *brother, E*
los **hermanos** *brothers and sisters/siblings, E*

hermoso(a) *beautiful*, 12
el hielo *ice*, 6
el hierro *iron*, A6
la hija *daughter*, 3
el hijo *son*, 3
los hijos *sons; children*, 3
el/la hispano(a) *hispanic*, 4
la historia *history*, E
las historietas *comics*, 9
¡Hola! *Hi; Hello!*, E
el hombre *man*, 6
el homenaje a *in honor of*, A5
honrar *to honor*, 3
la hora *time; hour*, E
¿A qué hora? *At what time?*, E
¿Qué hora es? *What time is it?*, E
el horario *schedule*, E
el horno *oven*, A4
horrible *awful; horrible*, 2
la hospitalidad *hospitality*, 5
el hotel *hotel*, 4
hoy *today*, E
hoy (en) día *nowadays*, A2
los huevos *eggs*, 2
el huracán *hurricane*, 6

I

ibérico(a) *Iberian*, A4
la idea *idea*, E
ideal *ideal*, 4
el idioma *language*, 11
la iglesia *church*, 1
las imágenes *images; pictures; statues*, A2
el imperio *empire*, 11
el impermeable *raincoat*, 6
impresionante *awesome; impressive*, 12
el impuesto *tax*, 10
incluir *to include*, E
increíble *amazing; incredible*, 12
inflar *to inflate*, A2
la influencia *influence*, A4
la información *information*, E

la informática *computer science*, 7
informativo(a) *informative*, 9
el informe *report*, 7
el inglés *English (language)*, E
el inodoro *toilet*, 4
el instrumento *instrument*, A2
inteligente *intelligent*, E
el intercambio *exchange*, A3
interesante *interesting*, E
interesar *to be interested in*, 7
¿te interesan . . . ? *Are you interested in . . . ?*, 7
la inundación *flood*, 6
los investigadores *researchers*, A6
el invierno *winter*, 6
la invitación *invitation*, 3
el/la invitado(a) *guest*, 3
invitar *to invite*, 3
ir *to go*, 1
ir al extranjero *to go abroad*, 11
la isla *island*, 5
la Isla de Pascua *Easter Island*, A6
islámica *Islamic*, A4
el italiano *Italian (language)*, 2
el itinerario *itinerary*, 11
la izquierda *left*, E
a la izquierda (de) *to/on the left (of)*, E

J

el jabón *soap*, E
el jamón *ham*, 2
jaque mate *check mate*, A4
el jardín *garden*, 4
el jardinero *outfielder*, 5
el jazz *jazz*, 9
los jonrones *home runs*, 5
joven *young*, E
los jóvenes *young people*, 1
la joya *jewel*, 10

la joyería *jewelry store*, 10
judío(a) *Jewish*, 8
el jueves *Thursday*, E
jugar (u>ue) *to play*, 6
el jugo *juice*, 2
los juguetes *toys*, 3
julio *July*, E
junio *June*, E
junto a *next to; by*, 1
juntos *together*, E

K

el kilo *kilo*, 12

L

la(s) *the*, E; *her/it/(them)*, 9
el laberinto *maze*, A3
el laboratorio *laboratory*, 7
el lado *side*, 4
al lado de *next to*, 4
los lagos *lakes*, A1
la lámpara *lamp*, 4
la lana *wool*, 12
de lana *made of wool*, 12
lanzar *to pitch; throw*, 5
el lápiz *pencil*, E
largo(a) *long*, E
a lo largo *throughout*, A5
a lo largo (de) *along*, 4
la lástima *shame*, E
la lata *can*, 6
latino(a) *of Latin decent*, A4
el laúd *lute*, A4
el lavaplatos *dishwasher*, 4
lavarse *to wash oneself*, 8
le *to/for him, her, it, you*, 10
la leche *milk*, 2
la lechuga *lettuce*, 2
el/la lector(a) *reader*, 7
leer *to read*, E
las legumbres *vegetables*, A1
lejos *far*, 1
lejos de *far from*, 4

la **lengua** *language*, A1
lento(a) *slow*, 9
los **lentes de sol** *sunglasses*, 5
les *to/for them, you*, 10
la **libra** *pound*, A1
el **libro** *book*, E
la **librería** *bookstore*, 1
la **licuadora** *blender*, A1
la **Liga Caribeña** *Caribbean League*, 5
lijar *to smooth with sand paper*, A6
la **limonada** *lemonade*, E
limpiar *to clean*, A5
las **líneas** *lines*, A6
la **lista** *list*, 3
listo(a) *ready*, 8
la **literatura** *literature*, E
llamar *to call*, 8
llamar por teléfono *to phone*, 8
llamarse *to be named*, E
las **llaves** *keys*, 8
llegar *to arrive*, 7
llenar *to fill out*, 11
llevar *to carry; to bring*, 5; *to wear; to take*, 6
llover (o>ue) *to rain*, 6
Llueve a cántaros. *It's raining cats and dogs.*, 6
la **lluvia** *rain*, 6
lluvias torrenciales *torrential rain*, 6
Lo siento, no puedo. *I'm sorry, I can't.*, 3
lo(s) *him/it/(them)*, 9
el **lobo** *wolf*, A1
los *the*, E
los **lugares** *places*, 1
el **lujo** *luxury*, 8
la **luna** *moon*, 1
el **lunes** *Monday*, E
los **lunes (martes, etc.)** *on Mondays (Tuesdays, etc.)*, E

M

la **madera** *wood*, 12

de madera *made of wood*, 12
la **madrastra** *stepmother*, E
la **madre** *mother*, E
la **madrina** *godmother*, 3
el **maíz** *corn*, 2
mal *badly*, E
la **maleta** *suitcase*, 11
la **mamá** *mom*, E
el **mamey** *a tropical apricot-like fruit*, 10
los **mamíferos** *mammals*, A3
mandar *to send*, A3
manejar *to drive*, 8
la **mano** *hand*, E
la **manta** *blanket*, 12
la **mantequilla** *butter*, 2
la **manzana** *apple*, 2
mañana *tomorrow*, E
la **mañana** *morning*, E
de la mañana *in the morning*, E
el **mapa** *map*, E
el **maquillaje** *makeup*, 10
las **máquinas de ejercicios** *exercise machines*, 8
el **mar** *sea*, 5
las **maravillas** *wonders*, A4
los **mariachis** *members of a mariachi band*, 1
la **mariposa** *butterfly*, A1
los **mariscos** *shellfish*, 2
marrón *brown*, E
el **martes** *Tuesday*, E
marzo *March*, E
el/la **más** *the most*, 12
más... que *more ... than*, 9
más de *more than (with number expressions)*, A1
más o menos *so-so; more or less*, 5
la **masa** *dough*, A6
la **máscara** *mask*, 12
la **máscara de bucear** *diving mask*, 5
las **mascotas** *pets*, E
las **matemáticas** *mathematics*, E
la **materia** *subject*, E

mayo *May*, E
me *to/for me*, E
el/la **mecánico(a)** *mechanic*, 7
mediano(a) *medium*, 10
el **medio ambiente** *environment*, 7
los **medios de comunicación** *media*, 9
medir (e>i) *to measure*, A3
mejor... que *better ... than*, 9
el **melón** *melon*, 2
menos... que *less ... than*, 9
menos de *less than (with number expressions)*, 10
los **mensajes** *messages*, A3
el **menú** *menu*, 2
el **mercado** *market*, 1
la **merienda** *afternoon snack*, 2
el **mes** *month*, 7
la **mesa** *table*, 4
la mesa de noche *night table*, 4
el/la **mesero(a)** *waiter/ waitress*, 2
el **metro** *subway*, E; *meter*, 12
la **mezcla** *mixture*, A2
mezclar *to mix*, A1
la **mezquita** *mosque*, 8
mi *my*, E
mí *me*, E
el **microscopio** *microscope*, 7
el **miembro** *member*, 7
el **miércoles** *Wednesday*, E
migar *to migrate*, A1
mil *one thousand*, 8
mil cien *one thousand one hundred*, 8
mil quinientos *one thousand five hundred*, 8
la **milla** *mile*, 6
las **millas por hora** *miles per hour*, 6
mirar *to watch; to look at*, E
el/la **misionero(a)** *missionary*, 4
el/la **mismo(a)** *same*, A4
misterioso(a) *mysterious*, 12

la **mochila** *backpack, bookpack*, E

la **moda** *fashion; style; trend*, 8
  de moda *in style*, 8
moderado(a) *moderate*, 6
moderno(a) *modern*, 1
mojar *to dampen; wet*, 6
el **molde** *mold*, A6
el **mole** *mole (a thick chili sauce)*, 2
molestar *to bother; disturb*, A3
el **momento** *moment*, 7
  en este momento *right now*, 8
el **monstruo** *monster*, A6
la **montaña** *mountain*, 6
  la **montaña rusa** *roller coaster*, A1
montar *to ride; mount*, E; *to assemble*, A6
  montar en bicicleta *to ride a bike*, E
el **monte de los chapulines** *grasshopper hill*, A1
morado(a) *purple*, E
morir *to die*, A3
mostrar *to show*, A5
la **moto** *motorcycle*, 7
el **múcaro** *owl*, A3
mucho(a, os, as) *a lot (of); many*, E
  Mucho gusto. *Nice to meet you.*, E
  mucho más *much more*, 1
los **muebles** *furniture*, 4
muerte al jeque *death to the sheik*, A4
los **muertos** *the dead*, 3
la **mujer** *woman*, 6
el **mundo** *world*, 9
el **museo** *museum*, 1
la **música** *music*, E
  la **música bailable** *dance music*, 9
  la **música clásica** *classical music*, 9
  la **música ranchera** *popular Mexican music*, 9
  la **música tejana** *Texan (country) music*, 3
  la **música Tex-Mex** *Tex-Mex music*, 9

el/la **músico(a)** *musician*, A2
los **musulmanes** *muslims*, A4
muy *very*, E
  Muy bien, gracias. *Very well, thank you.*, E

N

nacer *to be born*, A4
nada *nothing*, E
  Nada especial. *Nothing special.*, 3
nadar *to swim*, 5
nadie *nobody*, A6
la **naranja** *orange*, 2
la **natación** *swimming*, 5
la **naturaleza** *nature*, 11
la **navegación** *sailing*, 5
navegar *to sail*, 5
la **Navidad** *Christmas*, 3
necesitar *to need*, E
negro(a) *black*, E
nervioso(a) *nervous*, 12
nevar (e>ie) *to snow*, 6
ningún/ninguna *none*, E
el/la **niño(a)** *boy; girl; child*, A1
los **niños** *children*, A1
los **niveles** *levels*, 8
no *no; not*, E
la **noche** *evening; night*, E
  de la noche *in the evening; at night*, E
el **nombre** *name*, E
el **norte** *north*, 6
nos *to/for us; ourselves*, 10
nosotros(as) *we*, E
la **nota** *grade*, 7
las **noticias** *news*, 3
  el **noticiero** *newscast*, 9
novecientos *nine hundred*, E
la **novela** *novel*, 7
noventa *ninety*, E
noviembre *November*, E
el/la **novio(a)** *boyfriend; girlfriend*, 3
los **nudos** *knots*, A6
nuestro(a) *our*, 4
nueve *nine*, E
nuevo(a) *new*, E
el **número** *number*, E

el **número de zapato** *shoe size*, 10
el **número de teléfono** *telephone number*, E
nunca *never*, 6

O

o *or*, 2
obligatorio *mandatory*, 7
las **obras** *works*, A2
  las **obras de arte** *works of art*, 8
  las **obras de teatro** *theater plays*, A1
la **ocasión** *occasion*, 3
el **océano** *ocean*, 12
ochenta *eighty*, E
ocho *eight*, E
ochocientos *eight hundred*, E
octubre *October*, E
el **oeste** *west*, 6
la **oficina** *office*, E
  la **oficina de cambio** *exchange office*, E
  la **oficina de información** *information office*, E
  la **oficina del director** *principal's office*, 7
el **oficio** *trade*, 7
ofrecer *to offer*, 5
oír *to hear*, 8
  ¡Oye! *Listen!*, 8
la **ola** *wave*, 5
once *eleven*, E
las **orillas** *banks (of water)*, 12
el **oro** *gold*, 10
  os *to/for you (informal, pl.)*, 10
el **otoño** *fall/autumn*, 6
otro(a) *another; other*, E

P

el **padrastro** *stepfather*, E

el **padre** *father, E*

los **padres** *parents, E*

el **padrino** *godfather, 3*

padrísimo (México) *great, 1*

pagar *to pay, 10*

la **página** *page, E*

el **país** *country, E*

el **paisaje** *landscape, 12*

el **pájaro** *bird, E*

el **palacio** *palace, 1*

la **paleta** *paddle, 5*

el **pan** *bread, 2*

los **pantalones** *pants, 8*

la **papa** *potato, 2*

las **papas fritas** *French fries, 2*

el **papá** *dad, E*

el **papalote (México)** *kite, A1*

el **papel** *paper, E; role, 12*

el **papel de lija** *sandpaper, A6*

el **papel transparente** *see-through paper, A5*

para *for; in order to; to, 2*

el **paracaídas** *parachute, 5*

la **parada** *stop, 1*

el **paraguas** *umbrella, 6*

parar *to stop, A4*

sin parar *non-stop, 9*

la **pared** *wall, 4*

el/la **pariente(a)** *relative, 3*

el **parque** *park, 1*

el **parque de diversiones** *amusement park, A1*

los **parques nacionales** *national parks, 11*

participar *to participate; to take part in, 11*

el **partido** *game (sport), 7*

el **pasaje** *airline ticket, 11*

el **pasaporte** *passport, E*

pasar *to spend time; to happen; to pass, 7*

la **Pascua** *Easter, 3*

pasear *to take a walk; to stroll, 1*

pasear en bote *to take a boat ride, 1*

el **pasillo** *hallway, 7*

la **pasta** *pasta, 2*

la **pasta de dientes** *toothpaste, E*

la **pasta de guayaba** *guava paste, 10*

el **pastel** *cake, 2*

pata (Perú) *friend, 12*

patinaje *rollerblading, 4*

patinar *to skate, 1*

patinar sobre hielo *to ice skate, 6*

el **patio** *courtyard, 7*

la **paz** *peace, A5*

pedir (e>i) *to ask for; to order, 11*

pegar *to stick; glue, A2*

peinarse *to comb one's hair, 8*

el **peine** *comb, E*

la **película** *movie, 9*

peligro *danger, A3*

en peligro de extinción *in danger of extinction, A3*

pelirrojo(a) *redhead, E*

el **pelo** *hair, E*

la **pelota** *ball, 5*

la **península** *peninsula, A4*

peor (que) *worse (than), 9*

pequeño(a) *small; little, E*

perder(e>i) *to lose, A3*

pierde el turno *loses a turn, A3*

¡Perdón! *Sorry!; Excuse me!, E*

el **perejil** *parsley, A1*

perfectamente *perfectly, 11*

el **perfume** *perfume, 10*

el **periódico** *newspaper, 1*

el **periodismo** *journalism, 6*

pero *but, E*

el **perro** *dog, E*

la **persona** *person, E*

los **personajes** *characters, A2*

el **personaje mitológico** *character from mythology, A6*

el **pescado** *fish, 2*

los **pescadores** *fishermen, A3*

la **peseta** *Spain's currency unit, E*

el **peso** *Mexican currency unit, E*

los **pesos y medidas** *weights and measures, 12*

picante *spicy, 2*

el **picnic** *picnic, 3*

el **pico** *(mountain) peak, A3*

el **pie** *foot, 12*

a pie *on foot, 1*

la **piedra** *stone, 11*

las **pilas** *batteries, 6*

la **pimienta** *pepper, A1*

el **pincel fino** *thin brush, A4*

pintar *to paint, A3*

la **pintura** *painting, 8*

la **piña** *pineapple, 2*

la **piñata** *piñata, 3*

la **pirámide** *pyramid, 1*

la **piscina** *swimming pool, 5*

los **pisos** *floors, 4*

de (cuatro) pisos *(four) stories high, A6*

la **pizarra** *chalkboard; blackboard, E*

la **pizza** *pizza, E*

la **planta** *plant, 7*

el **plástico** *plastic, A6*

la **plata** *silver, 10*

el **plátano** *banana, 2*

el **plato** *plate, 2*

el **plato del día** *daily special, 2*

el **plato principal** *main course, 2*

la **playa** *beach, 5*

la **plaza** *square, 1*

la **población** *population, 10*

poco(a, os, as) *a little; not much/many; few, E*

poder (o>ue) *can; to be able to, 8*

el **poema** *poem, 7*

el **pollo** *chicken, 2*

el **poncho** *poncho, 12*

poner *to put; place, A1*

poner la mesa *to set the table, 2*

poner música *to play music, 9*

ponerse *to put on; to wear, 8*

popular *popular, 3*

por *by; for; through, 1*

por favor *please, E*

por medio de *through, A5*

¿Por qué? *Why?, E*

por supuesto *of course, A3*

por todas partes

everywhere, A4

porque *because, E*

el **postre** *dessert, 2*

practicar *to practice, 5*

los **precios** *prices, 2*

preferir (e>ie) *to prefer, 9*

preguntar *to ask, E*

la **pregunta** *question, E*

el **premio** *prize, A5*

el **premio Nobel** *Nobel Prize, 11*

preocupado(a) *worried, 12*

prepararse *to get ready, 8*

presta atención a *to pay attention to, 6*

la **primavera** *spring, 6*

primero(a) *first, E*

el/la **primero(a)** *(the) first one, E*

la **Primera Comunión** *First Communion, A2*

el/la **primo(a)** *cousin, 3*

la **probabilidad** *probability, 6*

probar (o>ue) *to taste, 2*

el **problema** *problem, 7*

el/la **profesor(a)** *teacher, E*

profundo(a) *deep, 12*

el **programa** *TV show; program, 9*

el **programa de concursos** *game show, 9*

el **programa de intercambio estudantil** *student exchange program, 11*

la **programación** *programming, 9*

el **promedio** *average, 5*

el **pronóstico del tiempo** *weather forecast, 6*

pronto *soon, 8*

el **propósito** *purpose, A5*

el **protector solar** *sunscreen, 5*

proveer *to supply, A2*

publicar *to publish, A2*

el **pueblo** *town, 4*

la **puerta** *door, 4*

los **puertorriqueños** *Puerto Ricans, 5*

el **puesto** *booth, 10*

la **pulgada** *inch, 6*

la **pulsera** *bracelet, 10*

las **puntas** *ends, A3*

el **punto** *point (in a game),*

los **puntos de interés** *sights, 12*

que *that, E*

¿Qué...? *What . . . ?, E*

¿Qué tal? *What's up?, E*

¿Qué talla/número usa? *What size do you wear?,*

quedar *to fit, 10*

Me queda pequeño/grande. *It's small/big on me., 10*

quedarse *to stay, 6*

querer (e>ie) *to want, 5*

querido(a) *dear, 3*

el **queso** *cheese, 2*

¿Quién? *Who?, E*

la **química** *chemistry, 7*

quince *fifteen, E*

la **quinceañera** *sweet fifteen, 3*

quinientos *five hundred, E*

el **quiosco** *newsstand, 1*

Ⓡ

la **radio** *radio, 4*

la **rana** *frog, A3*

el **rancho** *ranch, 4*

el **rap** *rap, 9*

rápido(a) *fast, 9*

el **ratón** *mouse, E*

la **razón** *reason, 11*

la **rebaja** *sale, 10*

recibir *to receive, A2*

el **recibo** *receipt, 10*

recordar *to remember, A6*

el **recuerdo** *souvenir; memory, E*

la **red** *net, 5*

el **refresco** *soft drink; soda, E*

el **refrigerador** *refrigerator, 4*

regalar *to give a present, 10*

el **regalo** *gift, 3*

regatear *to bargain, 10*

el **reggae** *reggae music, 9*

la **región** *region, 11*

las **regla** *rule, A5*

las **reglas del juego** *rules of the game, A3*

regular *so-so, E*

relajante *relaxing, 9*

rellenar *to fill, A2*

el **reloj** *watch; clock, 10*

remar *to row, 5*

los **remos** *oars, 5*

las **reparaciones** *repairs, 8*

el/la **representante de...** *representative of . . . , 11*

representar *to represent, A2*

los **requisitos** *requirements, 11*

la **reserva** *reservation, 11*

la **residencia de estudiantes** *student dorms, 11*

respetar las costumbres *to respect the customs, 11*

el **restaurante** *restaurant, 2*

el **restaurante al aire libre** *outdoor restaurant, 2*

el **restaurante de comida rápida** *fast food restaurant, 2*

la **revista** *magazine, E*

la **revista de espectáculos** *entertainment magazine, 9*

la **revista de moda** *fashion magazine, 9*

el **rey** *king, A2*

rico(a) *tasty, 2*

el **río** *river, 4*

los **ritmos** *rhythms, A2*

el **rock duro** *hard rock, 9*

rojo(a) *red, E*

romper *to break, 3*

la **ropa** *clothing, 5*

el **ropero** *closet, 4*

rubio(a) *blond, E*

ruidoso(a) *noisy, 9*

las **ruinas** *ruins, 11*

S

el **sábado** *Saturday, E*
saber *to know how to, 5*
el **sabor** *flavor, 2*
sacar *to take; to get, 1*
sacar el pasaporte
to get a passport, 12
sacar fotos *to take pictures, 1*
sacar buena/mala nota
to get a good/bad grade, 7
la **sal** *salt, A1*
la **sala** *living room, 4*
la **salida** *exit, E*
salir *to go out, 8*
salir a mochilear
(Chile) *to go back packing, 11*
salir temprano *to leave early, 1*
el **salón de actos**
auditorium, 7
el **salón de clase**
classroom, 7
la **salsa** *sauce, 2; salsa music, 9*
la **salud** *health, 7*
saludar *to greet, 6*
los **saludos** *best regards, 4*
el/la **salvavidas** *lifeguard, 5*
las **sandalias** *sandals, 10*
el **sándwich** *sandwich, E*
el **santuario** *sanctuary, A6*
el **sarape** *shawl; blanket, 1*
secarse *to dry oneself, 8*
la **sección** *section, 9*
la **sed** *thirst, 2*
seguir (e>i) *to follow; to continue, 7*
según *according to, 7*
el/la **segundo (a)** *second, 12*
seguro (a) *safe, A1*
seis *six, E*
seiscientos *six hundred, E*
seleccionar *to choose, 3*
la **selva** *jungle, 12*
la **semana** *week, E*
fin de semana
weekend, E
semanal *weekly, E*
el **semestre** *semester, E*
la **señal** *signal (beep), 8*
los **senderos** *paths, A3*

el **señor** *Mr.; Sir, E*
la **señora** *Mrs.; Ma'am, E*
las **señoras** *ladies, E*
la **señorita** *Ms.; Miss, E*
septiembre *September, E*
ser *to be, E*
Es la.../Son las... *It's . . . o'clock, E*
ser de... *to be from . . . , E*
la **serpiente** *snake, A1*
los **servicios** *restrooms, E; services, 3*
la **servilleta** *napkin, 2*
servir para *to be used for, 12*
sesenta *sixty, E*
setecientos *seven hundred, E*
setenta *seventy, E*
las **sevillanas** *typical dance of Seville, 7*
siempre *always, A2*
siete *seven, E*
la **sigla** *acronym, A4*
el **siglo** *century, 4*
significar *to signify; to mean, A4*
la **silla** *chair, E*
el **sillón** *armchair, 4*
simpático(a) *nice, E*
sin *without, 6*
la **sinagoga** *synagogue, 8*
sobre *about, 1*
¡Socorro! *Help!, 5*
el **sofá** *sofa, 4*
el **sol** *sun, 1*
la **solicitud** *application, 11*
sólo *only, 8*
solo(a) *alone, 8*
el **sombrero** *hat, 12*
la **sombrilla** *beach umbrella, 5*
el **sonido agudo** *high pitch, A2*
el **sonido grave** *low pitch, A2*
soñar (o>ue) *to dream, A5*
la **sopa** *soup, 2*
la **sorpresa** *surprise, 3*
el **sótano** *basement, 4*
su *your/his/her/ their, 4*
subir *to turn up, 9*
subir a *to climb, 12*
la **suerte** *luck, 7*

el **suéter** *sweater, 6*
el **supermercado**
supermarket, 1
el **sur** *south, 6*
los **sustantivos** *nouns, A6*

T

la **tabla a vela** *sailboard, 5*
la **tabla de surf** *surfboard, 5*
los **tacos** *tacos, E*
tal vez *perhaps, E*
la **talla** *clothing size, 1*
el **taller** *workshop, 1*
el **tamal dulce** *sweet maize dough wrapped in maize leaves, 2*
tamaño *size, A5*
también *also; too, E*
los **tambores** *drums, A3*
el **tanque de oxígeno** *oxygen tank, 5*
la **tapa** *cover, A2*
el **tapiz** *tapestry; carpet, 12*
la **taquería** *taco shop, 2*
tarde *late, 8*
la **tarde** *afternoon; in the evening, E*
de la tarde *in the afternoon; evening*
más tarde *later, 8*
la **tarea** *homework, 7*
la **tarjeta** *(greeting) card, E*
la tarjeta de crédito
credit card, 10
la tarjeta postal
post card, E
el **taxi** *taxi; cab, E*
el taxi acuático
ferry, 4
la **taza** *cup, 2*
el **té** *tea, 2*
te *to/for you (informal sing.), 10*
el **teatro** *theater, 1*
los **techos** *ceilings, A4*
los **tejidos** *woven goods, 12*
las **telas** *cloths; fabrics 12*
el **teléfono** *telephone, E*
la **teleguía** *TV guide, 9*
la **telenovela** *soap operas, 9*
la **televisión** *television, E*
el **tema** *topic, 11*

la **temperatura
    máxima/mínima** *high/low
    temperature,* 6
el **templo** *temple,* 1
el **tenedor** *fork,* 2
  tener (que) *to have (to),* E
  Ten cuidado. *Be careful.,* 6
  Tengo... años *I am
    . . . years old.,* E
  No tengo ganas. *I
    don't feel like it.,* 8
  No tiene miedo.
    He/She isn't afraid., 5
  **Tengo mucha
    hambre/sed.** *I'm
    very hungry/thirsty.,* 2
los **tenis** *sneakers,* 8
  terminar *to finish;
    to terminate,* A4
la **terraza** *terrace,* 3
el **terreno montañoso**
    mountainous terrain, 12
  ti *for/to you,* E
los **tianguis (México)** *outdoor
    markets,* 1
el **tiempo** *weather,* 6
la **tienda** *store,* E
  **la tienda de
    artesanías** *craft
    shop,* 1
  **la tienda de
    comestibles** *grocery
    store,*
  la tienda de música
    music store, 1
la **tía** *aunt,* 3
la **Tierra** *Earth,* A5
las **tijeras** *scissors,* A2
el **tío** *uncle,* 3
  típico(a) *typical,* 2
el **tipo** *kind; type,* 9
las **tiras** *strips,* A2
el **título** *title,* A2; *headings,* A3
la **tiza** *chalk,* E
  la tiza molida *powdered
    chalk,* A6
la **toalla** *towel,* 5
el **tocacintas** *cassette player,* 9
  tocar *to play (an
    instrument); to touch,* 3
  todavía *still,* 4
  todavía no *not yet,* 7

  todo(a) *all,* A1
  todos(as) *everyone; all,* 2
  tomar *to drink,* 2
  tomar el sol
    to sunbathe, 5
el **tomate** *tomato,* 2
las **toneladas** *tons,* A6
la **tormenta** *storm,* 6
la **torre** *tower,* 4
la **tortilla** *tortilla,* 2
la **tortuga** *turtle,* E
  trabajar *to work,* 6
el **trabajo** *job; work,* 6
el **traje de baño** *bathing
    suit,* 5
los **trámites** *paperwork,* 1
  transparente
    transparent, 5
las **transmisiones**
    broadcasts, 9
el **transporte**
    transportation, 1
  trece *thirteen,* E
  treinta *thirty,* E
el **tren** *train,* 1
  tres *tres,* E
  trescientos *three
    hundred,* E
  triste *sad,* 12
  triunfar *to succeed,* A2
  tu *your (sing.),* E
  tú *you,* E
la **tubería** *set of pipes,* A6
los **tubos de ensayo**
    test tubes, 7
el/la **tutor(a)** *guardian; tutor,* 11

U

  último(a) *last,* 7
  un/una *a; an,* E
  unir *to join,* E
  único(a) *the only,* 6
  uno *one,* E
  usar *to use,* 6
  usted (Ud.) *you (formal
    sing.),* E
  ustedes (Ud.) *you (formal
    pl.),* E

V

la **vainilla** *vanilla,* 2

  ¡Vale! (Spain)
    Sure!; OK!, 8
el **valle** *valley,* 12
los **vaqueros** *cowboys,* A2;
    jeans, 8
el **vaso** *glass,* 2
el **vecindario** *neighborhood,* 4
el/la **vecino(a)** *neighbor,* 3
  vegetariano(a)
    vegetarian, 2
  veinte *twenty,* E
  veintiuno(dos...) *twenty
    one(two . . .),* E
la **vela** *candle,* 3
el **velero** *sail boat,* 5
la **velocidad** *speed,* A4
  vender *to sell,* 1
el/la **vendedor(a)** *salesperson,* 1
  venir (e>i) *to come,* 1
la **venta** *sale,* 5
las **ventajas** *advantages,* 11
la **ventana** *window,* 4
  ver *to watch; to see,* 9
  verano *summer,* 6
  ¿verdad? *isn't it?; aren't
    they?; right?,* 2
  verde *green,* E
las **verduras** *vegetables,* 2
el **vestido** *dress,* 8
la **vez (pl. veces)** *time,* A2
  a veces *sometimes,* 6
  viajar *to travel,* 1
el **viaje** *trip,* 1
la **victoria** *victory,* 3
la **vida** *life,* A2
  la vida diaria *daily
    life,* A1
la **videocasetera** *video
    cassette recorder; VCR,* 9
el **videojuego** *videogame,* E
  viejo(a) *old,* E
el **viento** *wind,* 6
el **viernes** *Friday,* E
la **visa** *visa,* 11
los **visitantes** *visitors,* 4
  visitar *to visit,* 1
la **víspera** *eve,* 3
la **vistazo** *glance,* 9
  vivir *to live,* 4
el **vocabulario** *vocabulary,* 7
  **volar chiringas (Puerto
    Rico)** *to fly kites,* 6

el **volcán** *volcano, 11*
el **voleibol** *volleyball, E*
volver (o>ue) *to return, 8*
vosotros(as) *you (plural), E*
la **voz (pl. voces)** *voice(s), 9*
vuestro(a) *you (informal pl.)*

Y

y *and, E*
ya *already, E*
yo *I, E*
el **yogur** *yogurt, 2*

Z

la **zapatería** *shoe store, 1*
los **zapatos** *shoes, 8*
la **zona** *zone; area, 1*
las **zonas arqueológicas** *archaeological areas, 1*

GLOSARIO INGLÉS–ESPAÑOL

The **English-Spanish Glossary** contains the English equivalents of most words in the text. The number following each entry indicates the chapter in which the Spanish word or expression is first introduced. The letter *A* following an entry refers to the *Adelante* sections; the letter *E* refers to the *Encuentros* section.

A

a *un/una, E*
a lot of *mucho(a), E*
able: to be able *poder (o>ue), 8*
about *sobre, 1*
abroad *afuera, 9; al extranjero, 11*
to **accept** *aceptar, 10*
according to *según, 7*
to **acquire** *adquirir, 11*
activity *la actividad, E*
address *la dirección, E*
to **admire** *admirar, 12*
advantage *la ventaja, 11*
adventure *la aventura, 5*
advertisement *el anuncio, 9*
advice *el consejo, 6*
affectionate *cariñoso(a), 10*
after *después, E*
afternoon *la tarde, E*
afternoon snack *la merienda, 2*
age *la edad, 1*
agency *la agencia, 11*
air *el aire, 2*
airline ticket *el pasaje, 11*
airport *el aeropuerto, E*
algebra *el álgebra, 7*
all *todo(a), A1*
almost *casi, 10*
alone *solo(a), 8*
along *a lo largo de, 4*
already *ya, E*
also *también, E*
always *siempre, A2*
amusement park *el parque de diversiones, A1*
ancient *antiguo(a), 1*
and *y, E*
anniversary *el aniversario, 3*
another *otro(a), E*
to **answer** *contestar, 1*

answering machine *el contestador automático, 8*
apartment building *el edificio de apartamentos, 4*
apple *la manzana, 2*
application *la solicitud, 11*
April *abril, E*
aquatic *acuático, 5*
to **arrive** *llegar, 7*
art *el arte, E*
  art exhibit *la exposición de arte, 8*
article *el artículo, 10*
arts and crafts *las artesanías, 1*
to **ask** *preguntar, E*
to **ask for** *pedir (e>i), 11*
at *a, E*
audience *la audiencia, 9*
auditorium *el salón de actos, 7*
August *agosto, E*
aunt *la tía, 3*
authorization *la autorización, 11*
autumn *el otoño, 6*
avenue *la avenida, E*
average *el promedio, 5*
avocado *el aguacate, 2*
awful *fatal, 7*

B

backpack *la mochila, E*
bag *la bolsa, 10*
ball *la pelota, 5*
balloon *el globo, 3*
banana *el plátano, 2*
barbecue *la barbacoa, 3*
bargain *la ganga, 10*
to **bargain** *regatear, 10*
baseball *el béisbol, E*

basement *el sótano, 4*
basketball *el baloncesto, E*
bathing suit *el traje de baño, 5*
bathroom *el cuarto de baño, 4*
bathtub *la bañera, 4*
to **be** *estar; ser, E*
beach *la playa, 5*
beans *los frijoles, 2*
beautiful *hermoso(a), 12*
because *porque, E*
bed *la cama, 4*
bedroom *el dormitorio, 4*
before *antes de, 4*
to **begin** *empezar (e>ie), 7*
behind *detrás, 4*
belt *el cinturón, 10*
better (than) *mejor (que), 9*
between *entre, 4*
beverage *la bebida, 2*
bicycle *la bicicleta, 1*
biology *la biología, 7*
bird *el ave; el pájaro, A3*
birthday *el cumpleaños, E*
black *negro(a), E*
blanket *la manta, 12*
blond *rubio(a), E*
blouse *la blusa, 8*
blue *azul, E*
boat *el barco, 12*
book *el libro, E*
bookcase *el estante (de libros), 4*
bookstore *la librería, 1*
booth *el puesto, 10*
boots *las botas, 6*
border *la frontera, 1*
boring *aburrido(a), E*
born: to be born *nacer A4*
to **bother** *molestar, A3*
boy *el chico, E*
boyfriend *el novio, 3*
bracelet *la pulsera, 10*

bread *el pan,* 2
to **break** *romper,* 3
breakfast *el desayuno,* 2
broadcasts *las transmisiones,* 9
brochure *el folleto,* E
brother *el hermano,* E
brothers and sisters *los hermanos,* E
brown *marrón,* E
brunette *castaño(a),* E
to **brush (one's teeth/hair)** *cepillarse (los dientes/el pelo),* 8
building *el edificio,* A1
bus *el autobús; camión (México),* E
but *pero,* E
butter *la mantequilla,* 2
butterfly *la mariposa,* A1
to **buy** *comprar,* 1
bye *chao,* E

C

cafeteria *la cafetería,* E
cake *el pastel,* 2
calculator *la calculadora,* 7
calendar *el calendario,* E
to **call** *llamar,* 8
camera *la cámara,* 10
to **camp** *acampar,* 12
can *poder (o>ue),* 8
candy *los dulces,* 3
candle *la vela,* 3
capital *la capital,* E
car *el coche,* 1; *auto (Perú),* 12
card *la tarjeta,* E
  card catalogue *el fichero,* 7
to **carry** *llevar,* 5
cartoons *los dibujos animados,* 9
cash *el dinero en efectivo,* 10
cassette player *el tocacintas,* 9
castle *el castillo,* A1
cat *el gato,* E
cathedral *la catedral,* 12
to **celebrate** *celebrar,* 3
celebration *la celebración,* 3
centimeter *el centímetro,* 12
century *el siglo,* 4
cereal *el cereal,* 2
certificate *el certificado,* 11
chair *la silla,* E
chalk *la tiza,* E

chalkboard *la pizarra,* E
to **change** *cambiar,* 10
channel *el canal,* 9
chapter *el capítulo,* 7
check *el cheque,* 10
cheese *el queso,* 2
chemistry *la química,* 7
chess *el ajedrez,* 6
chicken *el pollo,* 2
child *el/la niño(a),* A1
children *los niños,* A1
chili pepper *el chile,* 2
chocolate *el chocolate,* 2
choir *el coro,* 7
to **choose** *escoger,* E
Christmas *la Navidad,* 3
church *la iglesia,* 1
circle *el círculo,* A2
city *la ciudad,* E
class *la clase,* E
classroom *el salón de clase,* 7
to **clean** *limpiar,* A5
client *el/la cliente/clienta,* 2
to **climb** *subir a,* 12
clock *el reloj,* 10
to **close** *cerrar (e>ie),* E
closet *el ropero,* 4
clothing *la ropa,* 5
coast *la costa,* 11
coat *el abrigo,* 6
coffee *el café,* 2
cold *frío(a),* 2
color *el color,* E
comb *el peine,* E
to **comb one's hair** *peinarse,* 8
to **come** *venir (e>i),* 1
comfortable *cómodo(a),* 4
comics *las historietas,* 9
community *la comunidad,* 4
compact disc; CD *el disco compacto,* 1
composition *la composición,* 7
computer *la computadora,* E
computer science *la informática,* 7
concert *el concierto,* 1
Congratulations! *¡Felicidades!,* 3
to **conserve** *conservar,* 6
consulate *el consulado,* 11
contest *el concurso,* A3
to **cook** *cocinar,* E
cookie *la galleta,* 3

Cool! *¡Genial!,* 3; *¡Qué bueno!,* 5
to **copy** *copiar,* A5
corn *el maíz,* 2
to **cost** *costar (o>ue),* 8
cotton *el algodón,* 4
counselor *el/la consejero(a),* 11
country *el país,* E
countryside *el campo,* 4
court (as in tennis) *la cancha,* 5
courteous *cortés,* 11
cousin *el/la primo(a),* 3
to **cover** *cubrir,* A6
cowboys *los vaqueros,* A2
to **create** *crear,* 1
credit card *la tarjeta de crédito,* 10
to **cross** *cruzar,* A3
Cuban *cubano(a),* 10
to **cultivate** *cultivar,* A6
culture *la cultura,* 11
cup *la taza,* 2
custard *el flan,* 2
custom *la costumbre,* 11
customs *la aduana,* E
to **cut** *cortar,* A2

D

dad *el papá,* E
daily special *el plato del día,* 2
dance *el baile,* 8
to **dance** *bailar,* E
dance music *música bailable,* 9
danger *peligro,* A3
date *la fecha,* E
daughter *la hija,* 3
day *el día,* E
dear *querido(a),* 3
December *diciembre,* E
to **decorate** *decorar,* 3
decorations *las decoraciones,* 3
deep *profundo(a),* 12
degree *el grado,* 6
delicious *delicioso(a),* 2
department store *el almacén,* 10
desert *el desierto,* 12
to **desire** *desear,* 2
desk *el escritorio,* E
dessert *el postre,* 2
detail *el detalle,* A4
dictionary *el diccionario,* E
difficult *difícil,* E
dining room *el comedor,* 4

dinner *la cena*, 2
disco *la discoteca*, 1
to discover *descubrir*, 1
dishwasher *el lavaplatos*, 4
diving mask *la máscara de bucear*, 5
to do *hacer*, 3
document *el documento*, 11
documentary *el documental*, 9
dog *el perro*, E
dollar *el dólar*, E
door *la puerta*, 4
downstairs *abajo*, 4
downtown *el centro*, 1
to draw *dibujar*, E
to dream *soñar (o>ue)*, A5
dress *el vestido*, 8
to drink *beber; tomar*, 2
to drive *manejar*, 8
drums *la batería*, A2; *los tambores*, A3
to dry oneself *secarse*, 8
duration *la duración*, 11
during *durante*, 6

E

e-mail *el correo electrónico*, A3
each *cada*, 6
eagle *el águila*, A1
earrings *los aretes*, 10
east *el este*, 6
Easter *la Pascua*, 3
easy *fácil*, E
to eat *comer*, E
educational *educativo(a)*, 9
egg *el huevo*, 2
electricity *la electricidad*, 6
electronic appliance *el aparato electrónico*, 9
empire *el imperio*, 11
enchilada *la enchilada*, 2
end *el fin*, 3
English (language) *el inglés*, E
enough *bastante*, 5
entertaining *entretenido(a)*, 9
entrance *la entrada*, A1
environment *el medio ambiente*, 7
equipment *el equipo*, 5
eraser *el borrador*, E

to establish *establecer*, A5
evening *la noche*, E
everyday *todos los días*, 4
everywhere *por todas partes*, A4
exam(s) *el examen (los exámenes)*, 7
to exchange *cambiar*, 10
   to exchange money *cambiar dinero*, 11
exchange program *el programa de intercambio*, 11
exciting *emocionante*, 5
excursion *la excursión*, 7
excuse *la excusa*, 7
exhibition *la exposición*, 7
exit *la salida*, E
expensive *caro(a)*, 2
experience *la experiencia*, 12
experiment *el experimento*, 7
to explain *explicar*, E
extracurricular *extraescolar*, 7

F

fabulous *fabuloso(a)*, 5
face *la cara*, 8
fair *la feria*, 10
fall *el otoño*, 6
family *la familia*, E
famous *famoso(a)*, 3
fantastic *fantástico(a)*, 9
far *lejos*, 1
farm *la granja; la finca*, 4
fashion *la moda*, 8
fast *rápido(a)*, 9
fast food *la comida rápida*, 2
   fast food restaurant *el restaurante de comida rápida*, 2
father *el padre*, E
favorite *favorito(a)*, E
February *febrero*, E
ferns *los helechos*, A3
ferry *el taxi acuático*, 4
few *pocos(as)*, E
to film *filmar*, 12
to find *encontrar (o>ue)*, E
   to find out *averiguar*, 2
to finish *terminar*, A4
first *primero(a)*, E
fish *el pescado*, 2
flag *la bandera*, A1
flavor *el sabor*, 2

flippers *las aletas*, 5
flood *la inundación*, 6
floor *el piso*, 4
flour *la harina*, A6
flower *la flor*, 3
to fly *volar*, 6
folder *la carpeta*, 7
to follow *seguir (e>i)*, 7
food *la comida*, 2
foot *el pie*, 12
football *el fútbol americano*, E
for *por; para*, 2
fork *el tenedor*, 2
formula *la fórmula*, 7
free *gratis*, 4
French (language) *el francés*, 7
French fries *las papas fritas*, 2
fresh *fresco(a)*, 2
Friday *el viernes*, E
friend *el/la amigo(a)*, E
frog *la rana*, A3
from *de*, E
fruit *la fruta*, 2
to fry *freír*, A1
fun *divertido(a)*, E
furniture *los muebles*, 4

G

game (sport) *el partido*, 7
game show *el programa de concursos*, 9
garage *el garaje*, 4
garden *el jardín*, 4
gas station *la gasolinera*, 4
gentleman *el caballero*, E
geography *la geografía*, E
geometry *la geometría*, 7
German (language) *el alemán*, 7
to get ready *prepararse*, 8
gift *el regalo*, 3
girl *la chica*, E
girlfriend *la novia*, 3
to give *dar*, 10
   to give a present *regalar*, 10
   to give back *devolver (o>ue)*, 10
glass *el vaso*, 2
gloves *los guantes*, 6
to glue *pegar*, A2
to go *ir*, 1

to **go backpacking** *salir a mochilear (Chile)*, 11
to **go out** *salir*, 8
to **go shopping** *ir de compras*, E
god *el dios*, A6
godfather *el padrino*, 3
godmother *la madrina*, 3
gold *el oro*, 10
good *bueno(a)*, E
  Good afternoon *Buenas tardes*, E
  Good evening *Buenas noches*, E
  Good morning *Buenos días*, E
  Good night *Buenas noches*, E
good-looking *guapo(a)*, E
goodbye *adiós*, E
grade *la nota*, 7
graduation *la graduación*, 3
grandfather *el abuelo*, E
grandmother *la abuela*, E
grandparents *los abuelos*, E
green *verde*, E
to **greet** *saludar*, 6
gray *gris*, E
grocery store *la bodega*, 10
guest *el/la invitado(a)*, 3
guitar *la guitarra*, 3
gym *el gimnasio*, E

H

hair *el pelo*, E
hallway *el pasillo*, 7
ham *el jamón*, 2
hamburger *la hamburguesa*, E
hand *la mano*, E
handbag *el bolso de mano*, 11
to **happen** *pasar*, 7
Happy birthday! *¡Feliz cumpleaños!*, 3
hat *el sombrero*, 12
to **have (to)** *tener (que)*, E
  to **have fun** *divertirse (e>ie)*, 11
he *él*, E
health *la salud*, 7
height *la altura*, 12
Hello! *¡Hola!*, E
help *la ayuda*, 8
  Help! *¡Socorro!*, 5
here *aquí*, E
Hi! *¡Hola!*, E

Hispanic *el/la hispano(a)*, 4
history *la historia*, E
homework *la tarea*, 7
horrible *horrible*, 2
horse *el caballo*, 12
hospitality *la hospitalidad*, 5
hot *caliente*, 2
hotel *el hotel*, 4
house *la casa*, 3
How? *¿Cómo?*, E
  How much does it/do they cost? *¿Cuánto cuesta(n)?*, E
  How much?; How many? *¿Cuánto(a, os, as)?*, E
  How old are you? *¿Cuántos años tienes?*, E
  How tall is it? *¿Cuánto mide(n)?*, 12
hunger *el hambre*, 2
hurricane *el huracán*, 6

I

I *yo*, E
ice *el hielo*, 6
ice cream *el helado*, 2
to **ice skate** *patinar sobre hielo*, 6
idea *la idea*, E
impressive *impresionate*, 12
in *en*, E
  in front of *delante de*, 4
  in the afternoon *de la tarde*, E
  in the evening *de la noche*, E
  in the morning *de la mañana*, E
inch *la pulgada*, 6
to **include** *incluir*, E
incredible *increíble*, 12
inexpensive *barato(a)*, 1
information *la información*, E
informative *informativo(a)*, 9
inside *dentro de*, 4
instruments *los instrumentos*, A2
intelligent *inteligente*, E
interesting *interesante*, E
interview *la entrevista*, E
invitation *la invitación*, 3
to **invite** *invitar*, 3
island *la isla*, 5
it *lo; la*, 9
Italian (language) *el italiano*, 2
itinerary *el itinerario*, 11

J

jacket *la chaqueta*, 8
January *enero*, E
jeans *los vaqueros*, 8
jewel *la joya*, 10
jewelry store *la joyería*, 10
job *el trabajo*, 6
journalism *el periodismo*, 6
juice *el jugo*, 2
July *julio*, E
June *junio*, E
jungle *la selva*, 1

K

to **keep** *guardar*, A6
keys *las llaves*, 8
kitchen *la cocina*, 4
knife *el cuchillo*, 2
to **know** *conocer*, 3; *saber*, 5

L

laboratory *el laboratorio*, 7
lady *la señora*, E
lakes *los lagos*, A1
lamp *la lámpara*, 4
language *la lengua*, A1; *el idioma*, 11
large *grande*, E
last *último(a)*, 7
  last name *el apellido*, E
  last night *anoche*, 7
to **learn how to** *aprender a*, 5
leather *el cuero*, 10
to **leave behind** *dejar*, 7
left *la izquierda*, E
lemonade *la limonada*, E
less *menos*, 9
  less . . . than *menos... que*, 9
  less than . . . (with number expressions) *menos de...*, 10
letter *la carta*, 11
lettuce *la lechuga*, 2
level *el nivel*, 8
library *la biblioteca*, 1
life *la vida*, A2
life jacket *el chaleco salvavidas*, 5

lifeguard *el/la salvavidas,* 5
to **like** *gustar,* 2
list *la lista,* 3
to **listen** *escuchar,* E
literature *la literatura,* E
little *pequeño(a); poco(a),* E
to **live** *vivir,* 4
living room *la sala,* 4
locker *el armario,* 7
long *largo(a),* E
to **look for** *buscar,* 12
to **lose** *perder (e>i),* A3
love *el amor,* A2
luck *la suerte,* 7
lunch *el almuerzo,* E; *(la) comida (México),* 2
luxury *el lujo,* 8

magazine *la revista,* E
main course *el plato principal,* 2
to **make** *hacer,* 3
makeup *el maquillaje,* 10
man *el hombre,* 6
mandatory *obligatorio,* 7
many *muchos(as),* E
map *el mapa,* E
March *marzo,* E
market *el mercado,* 1
mask *la máscara,* 12
mathematics *las matemáticas,* E
May *mayo,* E
me *me; mí,* E
meal *la comida,* 2
to **mean** *significar,* A4
to **measure** *medir (e>i),* 12
meat *la carne,* 2
media *los medios de comunicación,* 9
medium *mediano(a),* 10
to **meet each other** *encontrarse (o>ue),* 8
melon *el melón,* 2
member *el miembro,* 7
memories *los recuerdos,* 3
menu *el menú,* 2
message *el mensaje,* A3
microscope *el microscopio,* 7
to **migrate** *emigrar,* A1
milk *la leche,* 2

milkshake *el batido,* E
mineral water *el agua mineral,* 2
mirror *el espejo,* 4
Miss (Ms.) *la señorita (Srta.),* E
to **mix** *mezclar,* A1
mixture *la mezcla,* A2
modern *moderno(a),*1
mom *la mamá,* E
moment *el momento,* 7
Monday *el lunes,* E
money *el dinero,* 5
monster *el monstruo,* A6
month *el mes,* 7
moon *la luna,* 1
more *más,* 5
  more . . . than *más... que,* 9
  more than (with number expressions) *más de,* A1
morning *la mañana,* E
mother *la madre,* E
motorboat *el bote a motor,* 5
motorcycle *la moto,* 7
mountain *la montaña,* 6
mouse *el ratón,* E
movie *la película,* 9
movie theater *el cine,* E
Mr. *el señor (Sr.),* E
Mrs. *la señora (Sra.),* E
museum *el museo,* 1
music *la música,* E
my *mi,* E
mysterious *misterioso(a),* 12

name *el nombre,* E
napkin *la servilleta,* 2
national parks *los parques nacionales,* 11
nature *la naturaleza,* 11
near *cerca de,* 4
necklace *el collar,* 10
necktie *la corbata,* 10
to **need** *necesitar,* E
neighbor *el/la vecino(a),* 3
neighborhood *el vecindario,* 4
nervous *nervioso(a),* 12
net *la red,* 5
never *nunca,* 6
new *nuevo(a),* E

New Year's Eve *el Fin de Año,* 3
news *las noticias,* 3
newscast *el noticiero,* 9
newspaper *el periódico,* 1
newsstand *el quiosco,* 1
next to *al lado de,* 4
nice *simpático(a),* E
  Nice to meet you. *Mucho gusto.,* E; *Encantado(a).,* 3
night *la noche,* E
  night table *la mesa de noche,* 4
no/not *no,* E
Nobel Prize *el premio Nobel,* 11
nobody *nadie,* A6
noisy *ruidoso(a),* 9
non-stop *sin parar,* 9
none *ningún; ninguno(a),* E
north *el norte,* 6
notebook *el cuaderno,* E
notes *los apuntes,* 7
nothing *nada,* E
novel *la novela,* 7
November *noviembre,* E
now *ahora,* E
nowadays *hoy (en) día,* A2
number *el número,* E

oars *los remos,* 5
occasion *la ocasión,* 3
ocean *el océano,* 12
October *octubre,* E
of *de,* 1
  Of course! *¡Claro que sí!; ¡Por supuesto!,* A3
to **offer** *ofrecer,* 5
office *la oficina,* E
oil *el aceite,* A1
old *viejo(a),* E
on *en,* E
  on foot *a pie,* 1
  on sale *en rebaja,* 10
onion *la cebolla,* A1
only *sólo,* 8
to **open** *abrir,* 3
or *o,* 2
orange (color) *anaranjado(a),* E
orange (fruit) *la naranja,* 2
our *nuestro(a),* 4

English-Spanish Glossary

outdoors *al aire libre,* 2
outside of *fuera (de),* 4
owl *el múcaro (Puerto Rico); el búho,* A3

P

paddle *la paleta,* 5
page *la página,* E
to **paint** *pintar,* A3
painting *la pintura,* 8
palace *el palacio,* 1
pants *los pantalones,* 8
paper *el papel,* E
paperwork *los trámites,* 1
parachute *el paracaídas,* 5
parents *los padres,* E
park *el parque,* 1
to **park** *aparcar,* 8
parrot *la cotorra; (el) loro,* A3
to **participate** *participar,* 11
party *la fiesta,* 3
to **pass** *pasar,* 7
passport *el pasaporte,* E
pasta *la pasta,* 2
paths *los senderos,* A3
to **pay** *pagar,* 10
  to **pay attention** *prestar atención,* 6
peace *la paz,* A5
peanuts *los cacahuates,* A1
pen *el bolígrafo,* E
pencil *el lápiz,* E
people *la gente,* E
pepper *la pimienta,* A1
perfectly *perfectamente,* 11
perfume *el perfume,* 10
perhaps *tal vez,* E
person *la persona,* E
pets *las mascotas,* E
pharmacy *la farmacia,* E
to **phone** *llamar por teléfono,* 8
photograph *la foto,* 1
physical education *la educación física,* E
physics *la física,* 7
picnic *el picnic,* 3
pin *el broche,* 10
pineapple *la piña,* 2
to **pitch** *lanzar,* 5
pizza *la pizza,* E

places *los lugares,* 1
plane *el avión,* 11
plant *la planta,* 7
plastic *el plástico,* A6
plate *el plato,* 2
to **play** *jugar (u>ue),* 6
  to **play (an instrument)** *tocar (un instrumento),* 3
  to **play music** *poner música,* 9
please *por favor,* E
poem *el poema,* 7
popular *popular,* 3
population *la población,* 10
post office *el correo,* 4
postcard *la tarjeta postal,* E
poster *el cartel,* E
potato *la papa,* 2
pound *la libra,* A1
to **practice** *practicar,* 5
to **prefer** *preferir (e>ie),* 9
pretty *bonito(a),* E
price *el precio,* 2
principal's office *la oficina del director,* 7
prize *el premio,* A5
probability *la probabilidad,* 6
problem *el problema,* 7
programming *la programación,* 9
to **publish** *publicar,* A2
Puerto Rican *el/la puertorriqueño(a),* 5
purchase *la compra,* 10
purple *morado(a),* E
purpose *el propósito,* A5
to **put** *poner,* A1
  to **put on** *ponerse,* 8
pyramid *la pirámide,* 1

Q

question *la pregunta,* E

R

radio *la radio,* 4
  radio station *la estación de radio,* 9
rain *la lluvia,* 6
to **rain** *llover (o>ue),* 6

rain forest *el bosque tropical,* 6; *la selva,* 12
raincoat *el impermeable,* 6
ranch *el rancho,* 4
to **read** *leer,* E
ready *listo(a),* 8
reason *la razón,* 11
receipt *el recibo,* 10
to **receive** *recibir,* A2
to **record** *grabar,* A2
red *rojo(a),* E
redhead *pelirrojo(a),* E
refrigerator *el refrigerador,* 4
region *la región,* 11
relative *el/la pariente/ parienta,* 3
relaxing *relajante,* 9
to **remember** *recordar,* A6
remote control *el control remoto,* 9
to **rent** *alquilar,* 5
rental *el alquiler,* 5
repair *la reparación,* 8
report *el informe,* 7
representative *el/la representante,* 11
requirements *los requisitos,* 11
researcher *el/la investigador(a),* A6
reservation *la reserva,* 11
to **respect** *respetar,* 11
restaurant *el restaurante,* 2
restrooms *los servicios,* E
to **return** *volver (o>ue),* 8
rhythm *el ritmo,* A2
rice *el arroz,* 2
to **ride a bike** *montar en bicicleta,* E
right *la derecha,* E
ring *el anillo,* 10
river *el río,* 4
roller coaster *la montaña rusa,* A1
rollerblading *el patinaje,* 4
room *el cuarto,* 4
to **row** *remar,* 5
rug *la alfombra,* 4
ruins *las ruinas,* 11

S

sad *triste,* 12
to **sail** *navegar,* 5
sailboat *el velero,* 5
sailboard *la tabla a vela,* 5

salad *la ensalada, 2*
salesperson *el/la vendedor(a), 1*
salt *la sal, A1*
same *el/la mismo(a), A4*
sand *la arena, 5*
sandpaper *el papel de lija, A6*
sandwich *el sándwich, E*
Saturday *el sábado, E*
sauce *la salsa, 2*
to say *decir (e>i), 11*
schedule *el horario, E*
scholarships *las becas, A5*
school *la escuela, E*
   school transcript *el certificado de estudios, 11*
scientist *el/la científico(a), A3*
to scuba dive *bucear, 5*
sculpture *la escultura, A2*
sea *el mar, 5*
season *la estación del año, 6*
section *la sección, 9*
to see *ver, 9*
   See you later. *Hasta luego., E*
   See you tomorrow. *Hasta mañana., E*
to sell *vender, 1*
semester *el semestre, E*
to send *mandar, A3*
September *septiembre, E*
services *los servicios, 3*
shame *la lástima, E*
shampoo *el champú, E*
to share *compartir (e>i), 2*
shawl *el sarape, 1*
she *ella, E*
shellfish *los mariscos, 2*
shirt *la camisa, 8*
shoe *el zapato, 8*
   shoe size *el número de zapato, 10*
   shoe store *la zapatería, 1*
shopping center *el centro comercial, 1*
short *bajo(a); corto(a), E*
short story *el cuento, 7*
show *el espectáculo, 12*
to show *enseñar, 4*
sick *enfermo(a), 7*
side *el lado, 4*
sights *los puntos de interés, 12*
signal (beep) *la señal, 8*
silver *la plata, 10*
to sing *cantar, 1*

singer *el/la cantante, A2*
sink *el fregadero, 4*
sister *la hermana, E*
size *tamaño, A5; talla, 1*
to skate *patinar, 1*
skeletons *los esqueletos, 3*
to ski *esquiar, 6*
skirt *la falda, 8*
sky *el cielo, A3*
to sleep *dormir (o>ue), 12*
slow *lento(a), 9*
small *pequeño(a), E*
snake *la serpiente, A1*
sneakers *los tenis, 8*
snorkel *el esnórquel, 5*
to snow *nevar (e>ie), 6*
soap *el jabón, E*
soap operas *las telenovelas, 9*
soccer *el fútbol, E*
sofa *el sofá, 4*
soft drink *el refresco, E*
some *algunos(as), A6*
Something else? *¿Algo más?, 2*
sometimes *a veces, 6*
son *el hijo, 3*
song *la canción, 1*
soon *pronto, 8*
soup *la sopa, 2*
south *el sur, 6*
South America *América del Sur, 11*
souvenir *el recuerdo, E*
Spain *España, 7*
Spanish (language) *el español, E*
to speak *hablar, E*
special *especial, 3*
spectacular *espectacular, 12*
to spend time *pasar, 7*
spicy *picante, 2*
spoon *la cuchara, 2*
sport *el deporte, E*
spring *la primavera, 6*
square *la plaza, 1*
stadium *el estadio, 1*
star *la estrella, 5*
station *la estación, 1*
statue *la estatua, A1*
to stay *quedarse, 6*
steak *el bistec, 2*
stepfather *el padrastro, E*
stepmother *la madrastra, E*
stereo *el estéreo, 9*
still *todavía, 4*

stone *la piedra, 11*
stop *la parada, 1*
to stop *parar, A4*
store *la tienda, E*
storm *la tormenta, 6*
stove *la estufa, 4*
straight *derecho, 1*
street *la calle, E*
to stretch *extenderse, A4*
string *la cuerda, A2*
student *el/la estudiante, E*
   student exchange program *el programa de intercambio estudantil, 11*
   student exchange program agency *la agencia de intercambio estudiantil, 11*
studies *los estudios, 11*
to study *estudiar, 7*
subject *la materia, E*
suburbs *las afueras, 4*
subway *el metro, E*
sugar *el azúcar, A1*
suitcase *la maleta, 11*
summer *el verano, 6*
sun *el sol, 1*
to sunbathe *tomar el sol, 5*
sunscreen *el protector solar, 5*
Sunday *el domingo, E*
sunglasses *los lentes de sol, 5*
supermarket *el supermercado, 1*
surfboard *la tabla de surf, 5*
surprise *la sorpresa, 3*
sweater *el suéter, 6*
sweet *dulce, 2*
to swim *nadar, 5*
swimming *la natación, 5*
swimming pool *la piscina, 5*
synagogue *la sinagoga, 8*

T

T-shirt *la camiseta, E*
table *la mesa, 4*
tablespoon *la cucharada, A1*
tacos *los tacos, E*
to take *tomar, 1*
   to take a bath *bañarse, 8*
   to take a shower *ducharse, 8*
   to take a walk *pasear (por), 1*
   to take pictures *sacar fotos, 1*
to talk *hablar, E*

tall *alto(a)*, E
tape cassette *cinta*, E
to **taste** *probar (o>ue)*, 2
tasty *rico(a)*, 2
tax *el impuesto*, 10
taxi *el taxi*, E
tea *el té*, 2
to **teach** *enseñar*, 4
teacher *el/la profesor(a)*, E
team *el equipo*, 3
teeth *los dientes*, 8
telephone *el teléfono*, E
  telephone number *el número de teléfono*, E
television *la televisión*, E
  television set *el televisor*, 4
temple *el templo*, 1
terrace *la terraza*, 3
test tube *el tubo de ensayo*, 7
thank you *gracias*, E
that *que*, E; *ese(a,o)*, 10, E
the *el, la, los, las*, E
theater *el teatro*, 1
  theater play *la obra de teatro*, A1
  theater ticket *la entrada*, 8
there *allí*, E
there is/there are *hay*, E
these *estos(as)*, 10
thing *la cosa*, E
thirst *la sed*, 2
this *este(a)*, 10
those *esos(as)*, 10
Thursday *el jueves*, E
time *la hora*, E; *la vez*, A2
tired *cansado(a)*, 12
title *el título*, A2
today *hoy*, E
together *juntos*, E
toilet *el inodoro*, 4
tomato *el tomate*, 2
tomorrow *mañana*, E
tons *las toneladas*, A6
toothbrush *el cepillo de dientes*, E
toothpaste *la pasta de dientes*, E
topic *el tema*, 11
tortilla *la tortilla*, 2
towel *la toalla*, 5
town *el pueblo*, 4
toys *los juguetes*, 3
track and field *el atletismo*, 7
trailer *la caravana*, 4
train *el tren*, 1

training *el entrenamiento*, A5
transparent *transparente*, 5
transportation *el transporte*, 1
to **travel** *viajar*, 1
travel agent *el/la agente de viajes*, 8
travel brochure *el folleto turístico*, E
traveler's check *el cheque de viajero*, 11
tree *el árbol*, 4
trip *el viaje*, 1
Tuesday *el martes*, E
tuna *el atún*, 2
to **turn off** *apagar*, 9
to **turn on** *encender (e>ie)*, 9
to **turn up/down (the volume)** *subir/bajar el volumen*, 9
turtle *la tortuga*, E
TV station *el canal de televisión*, 9
TV guide *la teleguía*, 9
TV show *el programa de televisión*, 9
typical *típico(a)*, 2

U

U.S. *EE.UU.*, 10
ugly *feo(a)*, E
umbrella *el paraguas*, 6
uncle *el tío*, 3
under *debajo de*, 4
to **understand** *comprender*, 7
up to *hasta*, A1
upstairs *arriba*, 4
to **use** *usar*, 6
usually *generalmente*, 1

V

valley *el valle*, 12
vanilla *la vainilla*, 2
vegetables *las legumbres*, A1; *las verduras*, 2
vegetarian *vegetariano(a)*, 2
very *muy*, E
vest *el chaleco*, 8
victory *la victoria*, 3
video cassette recorder (VCR) *la videocasetera*, 9

videogame *el videojuego*, E
visa *la visa*, 11
to **visit** *visitar*, 1
visitors *los visitantes*, 4
vocabulary *el vocabulario*, 7
voice(s) *la voz (pl. voces)*, 9
volcano *el volcán*, 11
volleyball *voleibol*, E

W

waiter/waitress *el/la mesero(a)*, 2
to **walk** *caminar*, 1
wall *la pared*, 4
to **want** *querer (e>ie)*, 5
to **wash oneself** *lavarse*, 8
watch *el reloj*, 10
to **watch** *mirar*, E
water *el agua*, 2
water fountain *la fuente de tomar agua*, 7
water sport *el deporte acuático*, 5
waterfalls *las cataratas*, 12
wave *la ola*, 5
we *nosotros(as)*, E
to **wear** *llevar*, 6
weather *el tiempo*, 6
  weather forecast *el pronóstico del tiempo*, 6
wedding *la boda*, 3
Wednesday *el miércoles*, E
week *la semana*, E
weekend *el fin de semana*, E
weekly *semanal*, E
weights and measures *los pesos y medidas*, 12
Welcome! *¡Bienvenidos!*, E
west *el oeste*, 6
to **wet** *mojar*, 6
What? *¿Qué?*, E
When? *¿Cuándo?*, E
Where? *¿Dónde?*, E
  Where (to)? *¿Adónde?*, 1
white *blanco(a)*, E
Who? *¿Quién?*, E
Why? *¿Por qué?*, E
to **win** *ganar*, 7
wind *el viento*, 6
window *la ventana*, 4
winter *el invierno*, 6

to **wish** *desear,* 2
with *con,* E
without *sin,* 6
woman *la mujer,* 6
wonders *las maravillas,* A4
wood *la madera,* 12
woods *el bosque,* A1
wool *la lana,* 12
to **work** *trabajar,* 6
work *el trabajo,* 6
works of art *las obras de arte,* 8
world *el mundo,* 9
worse (than) *peor (que),* 9
to **write** *escribir,* 3
writer *el/la escritor(a),* 7

Y

year *el año,* E
yellow *amarillo(a),* E
yesterday *ayer,* 7
yogurt *el yogur,* 2
you *tú; usted; vosotros(as); ustedes,* E
young *joven,* E
  young people *los jóvenes,* 1
your/his/her/their *su; tu,* E

Z

zero *cero,* E
zip code *el código postal,* E
zone *la zona,* 1

ÍNDICE GRAMATICAL

Note: unless otherwise specified, verbs are in the present tense.
For irregular verbs, see the infinitive form.

A

a: use of **a** after a noun referring to a person 100
al (a + el) 50, 164

adjectives
  agreement with nouns 20, 98
  comparison of adjectives with **más/menos...que** 242
  demonstrative adjectives **este, estos, esta, estas, ese, esos, esa, esas** 260
  plural formation 20, 98
  possessive adjectives
    mi, tu, su 15, 118
    mis, tus, sus 21, 118
    nuestro(a, os, as) 118
    su(s) to mean it 118
  superlative constructions 308

agreement
  adjectives with nouns 20, 98
  definite articles with nouns 5
  indefinite articles with nouns 19
  muchos(as) 29
  pocos(as) 29

possessive adjectives
  mi(s), tu(s), su(s) 21, 118
  su(s) to mean *their* 118
  nuestro(s), nuestra(s) 118
alphabet (Spanish) 38

articles
  definite (**el, la, los, las**) 5
  indefinite (**un, una**) 19

C

commands
  informal (**tú**) commands for regular verbs (affirmative commands) 166
  informal (**tú**) commands for irregular verbs 292
  no debes + the infinitive of another verb 166
  tener que 166
conocer all forms 100

D

dar (present and preterite) 262
de used to show origin 11
(no) debes 166
decir 290
del (de + el) 116
demonstrative adjectives **este, estos, esta, estas, ese, esos, esa, esas** 260
demostrative pronouns **ésta, éste** 19

E

estar
  estoy, estás, está 9
  all forms 116
  present progressive 308
  estar contrasted with **ser** 310

G

gender
  adjectives (agreement with nouns) 20, 98
  articles (agreement with nouns) 5
  nouns 5

gustar
  gusta with **me, te, le** + infinitive of another verb 17, 68
  gusta with **no** 16, 68
  gusta(n) with **me, te, le** + noun 68
  use of **a mí, a ti, a usted, a él, a ella** or **a** + name of a person for emphasis or clarity 68
  gusta with **nos, les** + infinitive of another verb 164
  use of **a ustedes, a ellos, a ellas** or **a** + name of a person for emphasis or clarity 164

H

hacer present tense 100, preterite 196
hay 28

I

interrogatives
  adónde 50; **cómo** 7; **cuál** 7; **de qué** 29; **dónde** 4; **cuándo** 23; **cuánto(s)** 12, 18, 19, 31; **por qué** 27; **qué** 7
ir
  present tense (with **a** plus name of place) 50
    plus **a** + infinitive to express future time 50
  preterite 260
  question (**¿adónde?**) with **ir** 50

M

más or **menos** (+ adjective)
...**que** 242
mejor 242

N

nouns
gender 5
plural formation 5
numbers
0-10 page 6
11-99 page 12
greater than 99 page 31

P

peor 242
personal **a** 100
poder 212
ponerse 214
possessive adjectives
mi, tu, su 15
mis, tus, sus 21
nuestro (a, os, as) 118
su(s) to mean it 118
prepositions (to show location) 116
pronouns
demonstrative **ésta, éste** 19
direct object pronouns **lo, la, los, las** 244
indirect object pronouns **me, te, le, nos, os, les** 262
objects of preposition **mí, ti, usted, él, ella** 68; **ustedes, ellos, ellas** 164
reflexive pronouns **me, te, se, nos, os** 214
subject **yo, tú, usted, él, ella** 11; **nosotros, vosotros, ustedes, ellos, ellas** 21
tú vs. **usted** 8

pronunciation guidelines (Spanish) 39

punctuation marks
accents (stressed syllables) 39
exclamation mark, question mark 3
numbers 3

Q

question words (see interrogatives)
querer
quiero 32
all forms 148

S

saber 146
difference between **saber** and **conocer** 146
salir 212

ser
ser contrasted with **estar** 310
ser de 11
singular **soy, eres, es** 11, 98
plural **somos, sois, son** 21, 98

T

tener
tengo, tienes, tiene 18
all forms 166
tener que 166

V

ver 242
verbs
future time (**ir** + **a** + infinitive) 50
present progressive 308
reflexive verbs 214
regular **-ar** verbs
present tense 52
preterite 194
regular **-er** and **-ir** verbs
present tense 70
preterite 196
spelling change in the preterite: **sacar, jugar, empezar** 194, **leer** 196
stem-changing
(e>i) **pedir, decir** 290
(i>ie) **querer** 148
(o>ue) **poder, costar, volver** 212
(o>ue) **jugar** 164

ÍNDICE

357

CREDITS

Contributing Writers

Pilar Álamo, Luisa N. Alfonso, Adrián Collado, Eva Gasteazoro, Ron Horning, Saskia Gorospe-Rombouts, Stephen McGroarty, Daniel Montoya, Nela Navarro-LaPointe, Mariana Pavetto, Candy Rodó, Isabel Sampedro, Jeff Segall, Tanya Torres, Pedro Valiente, Walter Vega

Contributing Editors

Inés Greenberger

José Luis Benavides, Raquel Díez, Claudia DoCampo, Richard deFuria, Eva Garriga, Andrea Heiss, Elvira Ortiz, Margaret Maujenest, Sharon Montoya, Andrés Palomino, Timothy Patrick, Mercedes Roffé, Vincent Smith, Marta Vengoechea

Design/Production

Design: **Rhea Banker,**
Chuck Yuen, Sandra Schmitt
Production Management: Helen Breen,
Jo Ann Hauck
Electronic Production: Gwen Waldron,
Lynne Torrey
Photo Research: Rory Maxwell, Elisa Frohlich,
Omni-Photo Communications

Text Credits

Grateful acknowledgment is made to the following for permission to reprint copyrighted material:
El Museo del Barrio; Logo and information concerning membership and cultural mission of El Museo del Barrio, New York City used with permission.
MTV Latino, Inc.; MTV Latino and program titles:

Conexión™, MTV Clásico™, MTV Afuera™, Semana Rock™, and Insomnia™ are used by permission. © 1995 MTV Networks. MTV Networks, a division of Viacom International Inc. All Rights Reserved.
The Miami Herald Publishing Company; Copy and titles from El Nuevo Herald pages. Reprinted with permission of The Miami Herald.
Note: Every effort has been made to locate the copyright owner of material printed in this book. Omissions brought to our attention will be corrected in subsequent printings.

Art Credits

044 Nancy Doniger; 048 Manuel King; 062 Nancy Doniger; 062 Mike Quon; 067 Jennifer Bolten; 083 Janine Cabossel; 084 Barbara Samanovich; 086-087 Janine Cabossel; 092 Nancy Doniger; 096 Fanny Berry; 101 Barbara Samanovich; 110 Nancy Doniger; 110 Mike Quon; 114 Manuel King; 118 Teresa Berasi; 134-135 Janine Cabossel; 140 Nancy Doniger; 140 Mike Quon; 144 Darius Detwiler; 149 Scott MacNeil; 152 Scott MacNeil; 158 Nancy Doniger; 162 George Thompson; 165 Nancy Doniger; 182-183 Janine Cabossel; 192 Tim Eagon; 206 Nancy Doniger; 206 Mike Quon; 210 Philip Scheuer; 215 Philip Scheuer; 230-231 Janine Cabossel; 237 Nancy Doniger; 243 Loretta Gomez; 254 Nancy Doniger; 258 Ann Stanley; 261 Nancy Doniger; 262-263 Rita Lascaro; 278-279 Janine Cabossel; 284 Nancy Doniger; 302 Nancy Doniger; 306 Fanny Berry; 311 Nancy Doniger; 326-327 Janine Cabossel
Encuentros Art Chris Reed
Maps by Monotype Composition Company, Inc.

Photo credits

cover bottom left J.H.(Pete) Carmichael/ The Image Bank; cover bottom right George Holton/Photo Researchers, Inc.; cover center left Ira Block/The Image Bank; cover center right Henry Cordero; cover top Michal Heron; vi Ken Karp; xxx bottom center Robert Frerck/Odyssey/Chicago; xxx bottom left Robert Frerck/Woodfin Camp and Associates, Inc.; xxx bottom right Shelley Rotner; xxx top Robert Frerck/Odyssey/Chicago; xxx-xxxi Superstock; xxxi bottom left Vera Lentz; xxxi bottom right Daniel Aubry/Odyssey/Chicago; xxxi center Anna Elias; xxxi top Robert Frerck/Odyssey/ Chicago; 001 Johnny Stockshooter/International Stock; 002 Ken Karp; 003 Ken Karp; 006 Anna Elias; 007 Cristina Salvador; 010 bottom Anna Elias; 010 center left Giuliano du Portu; 010 center right Anna Elias; 010 top left Anna Elias; 010 top right Colin Fisher; 011 left Giuliano du Portu; 011 right Anna Elias; 012 bottom left Giuliano du Portu; 012 bottom left center Christine Galida; 012 bottom right Cristina Salvador; 012 bottom right center Cristina Salvador; 012 top Giuliano du Portu; 013 Anna Elias; 014 Colin Fisher; 033 Colin Fisher; 040 bottom left Stephen Ogilvy; 040 center bottom Stephen Ogilvy; 040-041 Robert Frerck/Odyssey; 042-043 Colin Fisher; 043 bottom Colin Fisher; 043 center Henry Cordero; 043 top Michal Heron; 044-045 Michal Heron; 046 left Henry Cordero; 046 right Henry Cordero; 046-047 bottom Michal Heron; 046-47 top Henry Cordero; 047 bottom Henry Cordero; 047 top Michal Heron; 052 bottom Colin Fisher; 052 top Henry Cordero; 053 Rob Gage/FPG International; 055 bottom Colin Fisher; 056 Michal Heron; 058 Lou Bopp; 058 Henry Cordero; 058 bottom Colin Fisher; 058 center Colin Fisher; 058 top Colin Fisher; 059 Dennie Cody/FPG International; 060-061 Colin Fisher; 061 bottom Colin Fisher; 061 bottom center Colin Fisher; 061 center Michal Heron; 061 top Christine Galida; 061 top center Henry Cordero; 062-063 Christine Galida; 064 bottom Michal Heron; 064 center Henry Cordero; 064 left Henry Cordero; 064 top right Henry Cordero; 065 Colin Fisher; 068 Michal Heron; 071 bottom Bob Daemmrich; 071 top Colin Fisher; 073 1995 Photodisc, Inc.; 076 left Colin Fisher; 076 right Colin Fisher; 076-077 Henry Cordero; 078 Henry Cordero; 078-079 Doug Bryant; 079 bottom Colin Fisher; 079 center Colin Fisher;

079 top Michal Lustbader/Photo Researchers, Inc.; 080 bottom Henry Cordero; 080 top Michal Heron; 081 top left Michal Heron; 081 top right Tim Davis/Photo Researchers, Inc.; 081bottom Colin Fisher; 083 Mexican Government Tourism Office; 085 bottom left Colin Fisher; 085 bottom right Colin Fisher; 085 top left Colin Fisher; 085 top right Colin Fisher; 086 bottom left Courtesty of Elena Climent; 086 top left Robert Frerck/Odyssey/ Chicago; 087 bottom right Joel Rogers/Tony Stone Images; 087 top right Henry Cordero; 088 left 1995 PhotoDisc, Inc.; 088 right Michael Friedman; 088-089 David Muench; 090-091 Robert Frerck/ Odyssey/Chicago; 091 bottom Robert Frerck/ Odyssey/Chicago; 091 bottom center Henry Cordero; 091 center Lou Bopp; 091 top Henry Cordero; 091 top Henry Cordero; 091 top center Henry Cordero; 091 top center Henry Cordero; 092-093 Henry Cordero; 094 bottom Courtesy of Gloria Mendez; 094 bottom center Christine Galida; 094 center Personal Collection; 094 top Courtesty of Pilar Álamo; 094 top center Henry Cordero; 095 Shelley Rotner; 098 Lou Bopp; 099 Stephen Simpson/FPG International; 100 Henry Cordero; 101 bottom 1995 PhotoDisc, Inc.; 101 top 1995 PhotoDisc, Inc.; 102 Henry Cordero; 102 Shelley Rotner; 102 Shelley Rotner; 106 left Jack Parsons/Omni-Photo Communications, Inc.; 106 right Robert Frerck/Odyssey/Chicago; 108-109 Henry Cordero; 109 bottom Robert Rieff/FPG International; 109 bottom center Reagan Bradshaw; 109 top Shelley Rotner; 109 top center Christine Galida; 110-111 Shelley Rotner; 116 Christine Galida; 119 Reagan Bradshaw; 122 left Stephen Ogilvy; 122 right 1995 PhotoDisc, Inc.; 122-123 1995 PhotoDisc, Inc.; 124 bottom Christine Galida; 124 top Robert Reiff/FPG International; 126-127 Al Rendon/Southwest Images; 127 bottom Superstock; 127 center Arista Texas; 127 top Henry Cordero; 128 left Clark Evans; 128 right San Antonio Convention & Visitors Bureau; 129 bottom Clark Evans; 129 bottom center Superstock; 129 center Clark Evans; 129 top John P. Endress/The Stock Market; 129 top center Henry Cordero; 130 Steve Niedorf; 131 bottom Ken Karp; 131 top 1995 PhotoDisc, Inc.; 132 Henry Cordero; 133 bottom center Henry Cordero; 133 bottom left Henry Cordero; 133 bottom right Henry Cordero; 133 top center Henry Cordero; 133 top left Henry Cordero; 133 top right Henry Cordero; 134 Thomas Dimock/The Stock Market; 134-135 Christine Galida; 135 bottom Lowell Wolff; 135 top Bruce Hands/Stock Boston; 136-137 Robert Frerck/Odyssey/Chicago; 137 left Lou Bopp; 137 right Lou Bopp; 138-139 Bill Romerhaus/North Shore Photography; 139 bottom Henry Cordero; 139 center Markus Boesch/Allsport; 139 top Ulli Seer/Tony Stone Images; 139 top center Mitchel Layton/Duomo; 140-141 Tony Stone Images; 142 bottom left David Madison/Tony Stone Images; 142 bottom right Steve Lucas/International Stock Photo; 142 center Ulli Seer/Tony Stone Images; 142 top left James Andrew Bareham/Tony Stone Images; 142 top right Sunstar/Leo de Wys Inc.; 143 Bachmann/PhotoEdit; 146 Suzanne Vlamis/ International Stock Photo; 149 1995 PhotoDisc, Inc.; 150 Paul Barton/The Stock Market; 151 Markus Boesch/Allsport; 152 Lou Bopp; 154 left Michael Ponzini/Focus on Sports; 154 right Mitchel Layton/Duomo; 155 left Henry Cordero; 155 right Henry Cordero; 156-157 Chris Huxley/Leo de Wys Inc.; 157 bottom Grace Davies/Omni-Photo; 157 bottom center David Young-Wolff/Photo-Edit; 157 center Comstock; 157 top Harvey Lloyd/The Stock Market; 158-159 Harvey Lloyd/The Stock Market; 160 Henry Cordero; 164 Paco Elvira; 165 Lou Bopp; 166 David Young-Wolff/PhotoEdit; 167 Grace Davies/Omni-Photo Communications, Inc.; 168 Thomas R. Fletcher/Stock Boston; 170-171 Comstock; 171 Farrell Grehan/Photo Researchers, Inc.; 172 Henry Cordero; 174 Frans Lanting/Photo Researchers, Inc.; 174-175 Thomas R. Fletcher/Stock Boston; 175 bottom Raymond A. Méndez/Animals Animals; 175 center Fenton Furrer; 175 top center J. C. Carton/Bruce Coleman Inc.; 175 top right Suzanne Murphy-Larronde/DDB Stock Photos; 176 bottom Wolfgang Kaehler; 176 center Fenton Furrer; 176 top Suzanne Murphy-Larronde/DDB Stock Photo; 176-177 John Mitchell/Photo Researchers Inc.; 177 Wolfgang Kaehler; 179 Arthur Tilley/FPG; 180 bottom center Stephen Ogilvy; 180 bottom left Stephen Ogilvy; 180 bottom right Stephen Ogilvy; 180 top Bob Daemmrich/Stock Boston; 181 bottom center Stephen Ogilvy; 181 bottom left Stephen Ogilvy; 181 bottom right Stephen Ogilvy; 181 center Stephen Ogilvy; 181 top Bill Galley/Stock Boston; 182 Courtesy of Nancy Hoffman Gallery; 182-183 Douglas Faulkner/Photo Researchers, Inc.; 183 bottom David Young-Wolff/PhotoEdit; 183 top Dr. Seth Shostak/Science Photo Library/Photo Researchers, Inc.; 184 left Anna Elias; 184 right Stephen Ogilvy; 184-185 Oliver Benn/Tony Stone Images; 186-187 Anna Elias; 187 bottom Anna Elias; 187 bottom center David Simson/Stock Boston; 187 center Anna Elias; 187 top Anna Elias; 187 top center Paco Elvira; 188-189 Joseph Razzo; 190 background 1995 PhotoDisc, Inc.; 190 bottom left Anna Elias; 190 bottom right Anna Elias; 190 center left Anna Elias; 190 center left Anna Elias; 190 center right Anna Elias; 190 top left Anna Elias; 190 top right Courau/Explorer/Photo Researchers, Inc.; 194 Anna Elias; 196 Robert Frerck/Woodfin Camp & Associates; 199 Jim Cummins/FPG International; 200 Anna Elias; 201 Anna Elias; 201 bottom left Anna Elias; 201 bottom right Anna Elias; 201 top left Anna Elias; 201 top right Anna Elias; 202 Anna Elias; 204-205 Paco Elvira; 205 center Anna Elias; 205 top Anna Elias; 205 top center Paco Elvira; 206-207 Anna Elias; 212-213 Ken Karp; 213 Jim Cummins/FPG International; 214 Anna Elias; 217 Anna Elias; 218 bottom M. Zapke/Image Pool Andalusia; 218 top Anna Elias; 218-219 Anna Elias; 218-219 bottom Robert Frerck/Odyssey/Chicago; 219 bottom Anna Elias; 219 top Adam Woolfitt/